復刻版

復興経済の原理及若干問題

福田徳三 著
山中茂樹 井上琢智 編

関西学院大学出版会

復刻版

復興経済の原理及若干問題

復刊の辞

東日本大震災と原発事故という想定外と未曾有の災厄に見舞われた二〇一一年、この書を刊行できる運びになったのは、ある種、定めに導かれ、この前進拠点にたどり着くことができたようにも思え、感慨ひとしおである。阪神・淡路大震災から十年の二〇〇五年、関西学院大学が災害復興制度研究所を立ち上げた際、「人間復興」というZ旗を掲げた。「自助努力」「自力再建」という名の下に被災者の再起がなおざりにされてきたこの国の復興行政に対する異議申し立てであったが、もとより浅学の身、最初に「人間の復興」の理念を唱えた福田徳三の存在さえ知らず、復興の定義もあいまいなままであった。

しかし、研究所を取り巻く研究者や復興リーダーとの交流の中で、関東大震災の折、後藤新平の「帝都復興の儀」の対抗軸ともなる「営生（労働と生活）権」の概念を打ち出した経済学者の存在を知り、著書『復興經濟の原理及若干問題』の入手が至上命題となった。ところが、古書市場には出回っておらず、ようやく大阪府立図書館で探し当てたが、なにせ十七万二千字という大作、しばしためらったが、大仰に言えば運命的な出遭いのように思え、私費で膨大な複写をとった。

読み進むに連れ、この書をもう一度、世に出し、災害復興の主体を「都市＝空間」から「人間」及び「人間の集団」に置き換えるパラダイム・シフトの必要性を痛感するようになった。研究所一期（二〇〇五年―二〇〇九年）で、復興基本法試案を発表し、たまたま二期目の大きな仕事として、研究所運営会議で、この書の復刻を提案したところ、研究所発足当初から、学長室とのリエゾン・オフィサーとしての副所長として後見役的立場にあった井上琢智・経済学部教授（現学長）が、なんと福田徳三の研究者であることを知り、驚くとともに、これぞ天の配剤とも思え、いよいよ復刻への想いが強まった。

とはいえ、復刻には技術的な問題に加え、各方面の了解も必要なことから、当初は、研究所二期（二〇一〇年―二〇一四年）のうちに手がけることとしていた。ところが、地震学者や防災学者が自己批判に追い込まれるほどの大地震が東北を襲った。しかし、政権党は「コンクリートから人へ」のスローガンを掲げる民主党だ。しかも、阪神・淡路大震災から十六年が経ち、災害復興については大変な知見の積み上げがある。画期的な「人間復興が実現される」と期待もしていた。

ところが、どうだろう。東北の復興の遅れは目を覆うばかりだ。戦後政治の末期的症状に加え、災害を奇貨として東北を日本経済再起のバネにしようと画策する惨事便乗型復興論の動き、一方通行の誹謗中傷か、過剰弁護に終始する利害集団……。津波、地震、放射能という災厄が一度に飛び出した平成ニッポンというパンドラの箱に、果たして「希望」は残っているのだろうか、と暗澹たる思いにかられ、四度にわたって政策提言をし、仲間の先生たちは自腹を切ってボランティアバスを走らせ、関西まで避難してきた人たちの支援にも手をつけた。

しかし、東日本大震災復興構想会議は、再生可能エネルギーの拠点形成や水産業への企業導入といった日本経済の再生を図る先導的役割を、満身創痍になった被災地に担わせるビジョンを美辞麗句で謳いあげ、被災者の生活再建や人権の回復には言及しなかった。高台移転とそびえ立つような防潮堤の建設という、相も変わらぬ土建復興と日本経済の再生という新自由主義的復興論が横行する今こそ、「人間復興論」を世に出すときだ。焦燥感の中で、井上学長に無理を言い、今年度中の復刻版発行を決断した。

とはいえ、粗雑な素人のコピーではOCR（Optical Character Reader ＝光学文字読み取り装置）も効かない。井上学長や関西院大学出版会のお骨折りで、福田徳三の御遺族野間口萬里子様および原典の出版社「同文館出版」に復刻版発行の許可をいただき、原典を保存している一橋大学図書館では原典のコピーを許していただいた。また、旧字体の原典をタイピングし、読者のためにルビを振ってくださった高木久留美さんの根気のいる作業がなければ、そもそも刊行にこぎつけることはできなかった。この場を借り、この書の刊行に携わってくださったみなさまに感謝申し上げるとともに、東日本大震災の人間復興に携わるすべての人たちに連帯のエールを送りたい。

二〇一二年

関西学院大学災害復興制度研究所　山中茂樹

凡例

一　復刻に際して使用した版は、『復興經濟の原理及若干問題』（大正十三年七月一日印刷、大正十三年七月三日発行、四七〇頁）である。この原典は一橋大学図書館の「左右田文庫」（Ｂｂ―１７６Ａ）に含まれる版である。この原典の利用を許可していただいた一橋大学図書館、出版社である同文館、および福田徳三のご遺族野間口萬里子様に深く感謝いたします。

二　原典は旧漢字・旧用語法等が用いられているが、原典を尊重する立場から、原典のまま復刻した。ただし、読者の便を考慮し、ルビをカタカナで振った。また、文中に現代では不適切な文言とされるものがあるが、歴史的文書という観点から原典のまま復刻した。

三　『復興經濟の原理及若干問題』は『福田徳三経済学全集』第六集四（一七五九―二一一九頁〈「本書に対する批判一班」および「著者への書簡集より」を含む〉のちに廉価版も出版された）に所収されている。

四　『復興經濟の原理及若干問題』の第三「復興経済の厚生的意義」は福田徳三『厚生経済』（山田雄三解説、講談社学術文庫、一九八〇）に所収され、読者のためにルビも振られているが、一部省略されている。なお、福田徳三『生存権の社会政策』（板垣與一「ヴィジョンの書」、赤松要「社会政策の古典的名著」、講談社学術文庫、一九八〇）も復刊されている。

目次

復興經濟の原理及若干問題

序の一

歐洲の大戰爭は、社會諸科學に取つての大試錬であつた。他の學問のことは姑《シバラ》く措いて、私の專門とする經濟原理、經濟政策、社會政策等の學問は、與《アタ》へられた現實の多くの問題に適切な解答を與《アタ》ふることが出來ないで、殆んど落第の觀があつた。然《シカ》し、其れが非常に有力な刺戟となつて、最近此等の學問に於ける英《イギリス》獨《ドイツ》佛《フランス》墺《オーストリア》伊《イタリア》瑞《スイス》蘭《オランダ》諸國の學者の研究は、著しく緊張したものとなつたことは、疑を容れざる所である。私共は、幸にも戰亂の舞臺を距《ヘダ》つる遠い處に住んで居る爲め、戰時及戰後の悲慘を嘗《ナ》めることなきを得たことは、甚《ハナハ》だ之を欣《ヨロコ》ばなければならないが、落第した歐洲の學問を受賣する身の悲しさ、歐洲の學者の後塵《コウジン》を拜して、同じく落第者の群に呻吟《シンギン》するに止り、之を濟《スク》ふの力も勇氣もなく、殆んど呆然《ボウゼン》として自失する外なかつたのは、如何《イカ》にも腑甲斐《フガイ》なく又た殘念千萬な次第である。

茲《ココ》に大正十二年九月一日我關東地方を襲つた大震災は、端《ハシ》なくも、我等に、其の力と勇氣とを振ひ起さしむ可《ベ》き機會を與《アタ》へた。私は、同學諸君の驥尾《キビ》に附して、此の試驗に應ず可《ベ》く、一方書齋內に於いて、他方街頭に出《イ》でて、自分の微弱なる心力と體力の及ぶ限り、或は思索し、或は奔走し、或は調査し、或は勸說することを努めた。本書は、其等の結果として、其時々に雜誌又は、新聞紙に投稿したものを、集錄して、後考《コウコウ》に供せんとするものである。初めの三篇は、主として、復興經濟の原理に關する考察を披瀝《ヒレキ》したもの、中の四篇は、復興當面の諸問題を論じたもの、後の五篇は、其等の諸問題中最も急切なる失業及火災保險問題に關する調査と對案とを記述したものである。何《イズ》れも、鍛錬、推敲の遑《イトマ》なく、殊《コト》に殆んど連日東京市中を奔走しつゝ、夜間疲れ切つた足腰を撫しつゝ、辛《カロ》ふじて文を綴つたものであつて、平靜な生活に復歸した今日之を見るときは、意に滿たざる廉尠《トコロスクナ》くないのである。其代り、水筒を肩に、ゲートルばきで、トラックや馬力の絡繹《ラクエキ》たる巷《チマタ》を驅ずり廻つた間に執筆した跡が歴々《レキレキ》として居るから、談理放論《ダンリホウロン》の文字の間に一片生々の氣の通つて居るものはあるかと思ふ。此れは、恐らく二度と得られざる貴い體驗であつて、私は其の體驗の記錄として、執筆當時の姿を其儘《ソノママ》に存して置きたいと思ふ。仍《ヨツ》て若干の補正を試みた外は、何等の加筆を企てなかつたのである。

今此書の校正を了《オワ》り、序文を草せんとするに方《アタ》り、眼を閉ぢて災後數ケ月のことを追想すると、私は一種言ふ可《ベ》からざる悲哀を感ずると共に、他面又た勃然《ボツゼン》として勇躍し來る心の鼓動を禁じ得ないのである。私は、自身が震害の最も甚《ハナハダ》しかつた土地に生れ、育ち、而《シカ》して自ら此の震災の與《アタ》へた教訓を十二分に味ふことの出來たことを、心から、感謝せずして置かれないのである。私は、本書に集めた諸文を、一面に於いて、此の感謝を言表すものとしたいと希《ネガ》ふものである。然《シカ》し其れにしては、餘りに貧弱な餘りに粗笨《ソホン》なものであることを、深く愧《ハ》ぢざるを得ない。況《イワ》んや歐洲大戰に刺戟せられた彼《カノ》邦々の諸學者の近來の業績に比べて、餘りに甚《ハナハダ》しく劣れるものなることを嘆《ナゲカ》ぜざるを得ない。私は、向後《コウゴ》の努力を以つて、些少《サショウ》なりとも、其の埋合せをす可《ベ》き義務を有つことを痛感して居るものである。

終りに、災後私の行衛《ユクエ》不明と傳へられたとき、非常なる配慮を給つた大阪神戸に於ける學友諸君、就中《ナカンズク》、關博士(一)、坂西(二)教授、車谷、中谷(三)兩學士、箱根籠城中私を勞《イタ》はつて下さつた乾博士(四)、日向利兵衛君、更らに又た失業調査に私と勞を共にした商大學生諸君、私を激勵して忙中猶筆硯《ボウチユウナオヒツケン》と遠ざかることを免《マヌガ》れしめて吳《ク》れられた改造社(五)の山本、上村兩君等に對して、深き感謝の意を表したい(六)。又私の不在中、兩兒を保護し、罹災親戚を扶助し、私の東京奔走に屢々《シバシバ》行《オコナイ》を共にして、私をして不案內な江東の地區に道を失ふことなからしめ、家に歸りては夜更《フ》くるまで、私に侍して、私の執筆を助けて吳《ク》れた妻に對して、此の機會に於いて、改めて禮を言つて置くことを許されたい。

大正十三年五月末日芽出度御饗宴第一日の夜十二時
中野本郷の茅屋に於て認む

福田徳三

序の二

本書中、私が主張した若干の問題、殊《コト》に、生存權、生活本據權の擁護としての住宅立法と、營生《エイセイ》機會（一）の確保としての失業防止の對案とに就《ツ》いて、恰《アタカ》も本書校了間際に於いて、私の主張の一部が容れられた二つの重要なる事項が決定せられたことを、私は大なる喜びを以つて茲《ココ》に記錄して置きたいと思ふのである。二の重要なる決定とは、一昨五月三十日帝國經濟會議總會に於いて可決せられた住宅問題に關する立法改正の件と、昨五月三十一日中央職業紹介委員會に於いて可決せられた職業紹介事業改善案との兩者である。

第一の決議が幸にして、政府及議會に於て嘉納《カノウ》せらるゝならば、震災地に於ける借地、借家の問題に就《ツ》いては、岩田宙造（二）博士等の『法律上何等の保護を受けざるものとす』などと云ふ冷酷極る宣言は 本書第一〇一頁參考 最早《モハヤ》憐れなる罹災者に對して、其效力を失ふこととなり、法律は其當然の保護を彼等にも及ぼすこととなるのである。殊《コト》に今村所長が苦心慘憺《サンタン》、箒やバケツに賴んで、人間を保護して貰はれた 本書第一〇四頁參考 其の苦境を脫し、正々堂々と人間を人間として保護するのであると明言せられ得ることとなるであらう。更らに又た第二の決議にして、幸ひに其大部分が實現せらるゝならば、失業防止及其の救濟に於いて、可なり著しき進歩を見るであらう。而《シカ》して此の二の決議が成立したに就《ツイ》ては、前者に關しては、末弘（三）博士及司法省當局の熱心苦慮が預つて最も有力であり、後者に關しては、永井亨（四）、賀川豊彦（五）兩君及社會局當局の誠意誠心の賜であることを、銘記して置かねばならぬ。今兩者に關する都下新聞紙の記事を左に摘錄《テキロク》して、讀者の參考に供して置かう。

（其　一）

五月三十一日　東京日々新聞記事

帝經の社會部住宅問題に關する答申案を審議すべき總會は卅日午後三時半より首相官邸に開會窪田社會部長、福田委員長より部會の經過並びに左記答申案を報告し何等修正意見もなく原案通り可決し同四時十分散會した。

希望表明　帝國經濟會議總會の決議したる答申に於ては昨年の大震火災の結果として借地借家の關係に生じたる各種の現象にして緊急に救治の策を講ずるを要すと認めたる大様左記の事項を擧げ之に對し適當なる立法其の他各種の手段を執らむこと《コト》の希望を表明したり

一、地代家賃の暴騰に加ふるに敷金權利金等の名義の下に借地人借家人の負擔《フタン》激增するの傾向を來たし往々此急迫なる事情利用して不當の要求を爲す者を生じたること《コト》

一、震火災の爲滅失したる多数家屋の借家人は家屋新築せらるゝも當然新家を賃借するの權利を有せざるを以て一朝にして其の地點を抛棄《ホウキ》せざるべからざるの窮狀に在り而《シカ》して其の結果は一面に於て震災當時の借家人にして現に假建築を建設し之に居住する者が將來家主により新築せらるべき家屋を賃借し得ざるを慮り容易に明渡《アケワタシ》を肯せず延いて罹災都市の復興に支障を生ぜざるやを憂慮すべき狀態を馴致《ジュンチ》したること《コト》

一、罹災地從來の借家人が從前の家屋の敷地に自ら家屋を築造して居住する者頗《スコブ》る多數に上り地主家主との間に幾多の紛爭を惹《ジャッ》起《キ》したること《コト》

一、借地借家の明渡《アケワタシ》强要に關する法律の手續充分ならざるものあり之に乘じ借地人借家人にして往々法律上條理上何等恕《ユル》すべき理由なきに拘《カカ》はらず不法に他人の土地家屋を占據して明渡《アケワタシ》を拒むものなきにあらずして借地借家の關係を惡化せしめたること《コト》

對策決議　以上の諸現象に對する救治の策として帝國經濟會議は大體左の各項の趣旨を斟酌《シンシャク》して速《スミヤカ》に適當の立法其の他の手段を執らんこと《コト》を希望する旨決議したり

一、地代家賃敷金其の他賃貸借の條件が明に不當なる時は裁判所は其の條件の變更を命ずるヿ《コト》を得べく裁判所が其の裁判を爲すに付ては特別の知識經驗ある者其他の適任者を以て組織する委員會の意見を求むるを得べきものとするヿ《コト》

一、地主又は借地人が震災に因り滅失したる自己の建物の敷地（土地區畫整理に依る換地を含む）に更に建物を建築したる場合に於て震災當時の借家人が新建物の完成前其の建物賃借の申込を爲す時は地主又は借地人は理由なく其の承諾を拒むヿ《コト》を得ざるものとするヿ《コト》

一、震災地の借家人が調停委員會に於て震災當時其土地の上に存在せる自己の建物の借家人に假建築物存置の爲その敷地の一時使用を承認したる時は地主は自己の承諾を得ざるの故を以て契約の解除をなすヿ《コト》を得ざるものとするヿ《コト》

一、不當に土地建物の明渡《アケワタシ》を拒む者に對し裁判手續の簡捷進捗《カンシヨウシンチヨク》を圖《ハカ》る爲調停事件の當事者をして調停委員會に出頭すべき義務を負はしめ借地借家の訴訟の繋屬《ケイゾク》する裁判所は職權を以て事件を調停に付し得べきものとし故なく建物明渡《アケワタ》しの强制執行を妨げたる者に對しては制裁を科するヿ《コト》

一、借地借家に關する司法並びに調停の手續を民衆的ならしめ其の處分を簡易敏活《ビンカツ》にし且《カツ》實際の經濟事情に適合せしむる爲め裁判所出張所の設置其の他適當の方法を講ずるヿ《コト》

一、適當の方法に依り一般民衆をして借地借家に關する立法の精神を善解せしめ地主家主に於て不安の念を懷《イダ》き爲に土地家屋の賃貸並に貸家の新築に躊躇するヿ《コト》なからしむるヿ《コト》

（其　二）

大正十三年六月一日　時事新報記事

職業紹介國營可決

希望附帶 ＝ 昨日の委員會

中央職業紹介委員總會は三十一日午後一時半から內務省社會局に於て開會、會長池田社會局長官並に四條、福田、三矢、永井、稲畑、末弘、賀川、山崎等の各委員及び天宅、福原兩幹事其他出席の上先《マ》づ特別委員長福田博士から職業紹介事業改善に關する施設（職業紹介國營要綱）に就《ツイ》ての特別委員會經過を詳細に報告し之に對して四條委員から『國營を必要とする理由』に就《ツ》き一二質問あり福田委員長及永井賀川兩委員は

　現在の制度でも從來相當好成績を擧げては居るが尚《ナ》ほ一層紹介事業の機能を發揮する爲めには本事業の性質及地方財政の關係等に鑑《カンガ》みても且《カツ》又將來失業保險實施の前提としても出來得る限り速《スミヤ》かに是を實施する必要がある

との旨を答へ次で稲畑委員の質問に係る『勞働組合とは如何《イカ》なる種類に對して連絡を保持せんとするか』に就《ツイ》ては福田委員長

具對的に如何《イカ》なる組合と連絡せしむるかは明記してないが苟《イヤシク》も一般的に組合と稱し得べきものとは十分連絡を執る必要がある

と答へ更に

　永井委員　政府に果して實行の誠意ありや當局としての池田長官の意見を承り度し

　池田長官　當局も委員として參加し議案を可決する以上十分の誠意を以て速《スミヤ》かに其の實行に着手すべく豫算の編成又は法律の改正を要するものは出來得る限り急速に之が準備に入る心算《シンサン》である

との問答があり之にて質問を終り結局原案に對し多少の字句を修正して可決し尚《ナ》ほ之と同時に左記の希望條項を當局に提出することゝして同四時散會した

職業紹介事業に關する希望

一、職業紹介事業の機能を發揮する上に於て電話の設備は一日も缺くべからず然《シカ》るに現在職業紹介所に於て未だ之が架設を見ざるものあり此等は特急架設の最も必要なるものと認むるを以て優先架設の方途《ホウト》を講じ速《スミヤ》かに電話を開通せしむること

二、職業紹介事務局は其の名稱を職業局に改め事務の簡捷《カンシヨウ》に資すること

右修正可決した職業紹介改善施設要綱は左の通りである。

五月二十七日　時事新報記事　修正を加除す

職業紹介改善の施設要綱

來三十一日委員總會に附議

中央職業紹介委員會は曩《サキ》に内務大臣より諮問せられたる『現時の失業情況に鑑《カンガ》み職業紹介機關の機能を一層發揮せしむるの緊切なるを認む之に對する適當なる方策如何《イカン》』に關する答申案は既報の如く委員總會に於て福田博士外四名を特別委員に選定し、調査審議中の處去る二十三日特別委員會に於て左の要綱案を決定したるを以て來る三十一日午後一時社會局に於て委員總會を開き福田委員長より之を報告し議決を經たる上答申すべしこと

職業紹介事業改善に關する施設要綱案

一、政府は職業紹介事業を國營とする方針を以て將來適當の時期に於いて之れが實行を期すること

二、政府は將來適當の時期に於て職業紹介制度と關聯《カンレン》して失業保險制度を設《モウ》くること

三、職業紹介所の全國的普及を圖《ハカ》る爲職業紹介法施行令第一條の規定を勵行《レイコウ》し必要と認むる市町村に對し職業紹介所の設置を命ずること

四、産業職業地方又は季節等の關係上特種の必要ある場合に於て專門的職業紹介所を設置すること

五、職業紹介法施行規則第九條に依り聯絡《レンラク》事務を掌《ツカサド》らしむる指定職業紹介所に對し國庫は其の費用の全部を交付すること
六、職業紹介事業の連絡統一を圖《ハカ》り且《カツ》其の機能を充分に發揮せしむる爲地方職業紹介事務局を增置し之を現業化すること
七、中央職業紹介事務局に產業に關する專門の學識經驗を有する職員を置き地方職業紹介事務局に產業別部門を設《モウ》くること
八、中央及地方職業紹介事務局に勞務官を置き管轄區域內に於ける產業狀態及勞働事情を調査し職業紹介機關の聯絡《レンラク》を圖《ハカ》り勞働移動の事務に從事すると同時に職業紹介所の事業の監督を爲さしむる𪜈《コト》
九、職業紹介所費國庫補助金は建築費及之に伴ふ初度調辨費の外經常其の他の諸費に對しても少くも二分の一に增額し尙《ナオ》宿泊所其他の附帶事業に對し同樣二分の一の國庫補助金を交付すること
十、職業紹介所職員の優遇並地位の安定を圖《ハカ》る爲必要なる職制を設《モウ》くること
十一、政府は職業紹介所職員の養成機關を設置すること
十二、大都市に於ける職業紹介所の內容の充實及擴張を圖《ハカ》ること
十三、主要なる地方に產業別職業別男女別及少年の職業紹介所を設《モウ》け又は職業紹介所內に各專門の部門を設《モウ》くること
十四、職業指導及撰擇の目的を達する爲職業紹介所に適當なる施設を講ずること
十五、職業紹介事務に關する通信及交通機關の利用に就《ツイ》ては料金の減免電話架設の急施《キュウシ》其の他出來得る限りの特典を與《アタ》ふること
十六、集團的解雇又は雇入の場合には事業主より豫《アラカジ》め地方職業紹介事務局に其の旨申告せしむること
十七、職業紹介所の利用を增進する目的を以て事業主より缺員あるときは之を職業紹介所に申告せしめ且《カ》つ職業紹介所に顧問委員會を設《モウ》けしむること但《タダ》し該委員には事業主及雇傭者の利益を代表し得ると認むる者を各同數加ふること
十八、職業紹介所の機能を發揮する爲勞働組合と聯絡《レンラク》を保ち殊《コト》に求人開拓に關しては共働するに務むること
十九、政府又は公共團體は失業者再敎育の目的を以て職業補導に關し職業紹介所と連絡して適當なる施設を爲すこと
二十、政府又は公共團體は都市及農村に於ける內職の紹介及輔導に關し適當なる機關を設《モウ》け且《カツ》內職制度の改善を圖《ハカ》ること
二十一、政府又は公共團體は官公營事業に於ける雇傭者の採用に就《ツイ》ては職業紹介機關を利用すること
二十二、政府又は公共團體は現下《ゲンカ》の實情に鑑《カンガ》み土木建築其の他の官公營事業を起興按配《キコウアンバイ》して勞務の需給調節に務ること

二十三、日傭勞働紹介の成績を擧ぐる爲職業紹介所に於ける賃銀立替拂の制度を設《モウ》け又就職を容易ならしむる爲勞働用具の貸付を行ふこと

二十四、政府又は公共團體は職業紹介所の事業に關聯《カンレン》し左の事項に付相當施設を爲すこと

イ、日傭勞働の供給請負制度の改善を圖《ハカ》ること

ロ、日傭勞働者の災害に對し適當なる扶助方法を講ずること

二十五、職業紹介所被紹介者にして必要あるときは就職地迄の旅費を貸付すること

二十六、職業紹介制度の改善に資する爲勞働者募集、工女供給組合、內職仲介、土工坑夫の親方、下請制度、家庭勞働、新聞廣告に依る職業紹介等を調査し適當なる方策を講ずること

二十七、有料又は營利を目的とする職業紹介事業の取締規則を速《スミヤカ》に制定すること

二十八、職業紹介法に依り設置する職業紹介所の外職業紹介所又は之に類似の名稱を用ゆることを禁止すること

六月一日朝記す

福田德三

序に申す。本書の最終文に示す如く、私は、東京市內外に於ける失業者總數を、十萬乃至《ナイシ》十一萬餘人と推定した。然《シカ》るに、震災救護事務局の發表した十一月十五日調査の總數は、九萬六千百三人である。私は、私の推計が右數に甚《ハナハ》だ近いものなるを見て喜ばざるを得ないものである。

復興經濟の原理及若干問題

目次

統計表

目次

目次（終）

一　復興經濟の第一原理

一

此度の大災による損失は、八十億、百億、或は二百億などと稱せられて居る。統計局に於いては、嘗《カツ》て國際聯《レン》盟からの要求に應じて作成した（日本全體の富の總額を大正八年に於いて八百六十億圓と計上した）『戰前戰後に於ける國富統計』大正十年十月刊行を基礎とし、其の推算方法に準據し、各項に就《ツイ》て火災による損害高を推算す可《ベ》く、目下其調査を急行中なりと聞く。新聞紙に散見する所では、大藏省は、逸《イチ》早くも其調査なるものを公表して、損害總額約百一億圓なりとしたさうである。卽ち十月九日夕刊の時事新報の記する處左の如し。

大震火災の損害見積總額約百一億圓　（大藏省の調査）

今回の大震災に伴ふ損害額の正確なる見積りは極《キワ》めて至難のことであつて殆ど幾百十億圓に達するか見當がつかぬ爲め英米等の各市場に於ては今回日本の蒙《コウム》つた損害を或は二百億圓と傳え種々我國に不利な宣傳も行はれて居るので大藏省に於ては過般來信《シン》憑《ピョウ》し得べき損害額の見積調査を始めてゐたが最近漸《ヨウヤ》く確定數を得るに至つた。卽ち大藏省の調査に依ると今回の震災に伴ふ官民損害高見積概數は約百一億圓であつて其內容は左の如くである。

（単位千圓）

區分	戸數	家屋	家財	商品	官公物有其他	計
東京市	六三八、五二五	三、八三一、一五〇	九五七、七八七	二、〇〇〇、〇〇〇		八、一五八、九三七
東京府	三四四、五六六	六八九、一三二	八六、一四一	五、〇〇〇		七八〇、二七三
横濱市	九三、五一〇	四六七、五五〇	一一六、八八七	二〇〇、〇〇〇		七八四、四三七
横須賀市	一五、七四一	四七、二二三	一一、八〇五	三、〇〇〇	（之略）	六二、〇二八
神奈川縣	一四二、五八六	一四二、五八六	三五、六四六	三、〇〇〇		一八一、二三二
埼玉縣	一七一、七三二	八五、八六六	八、五八六	二、〇〇〇		九六、四五二
山梨縣	四四、七二五	二二、三六〇	二、二三六	一、〇〇〇		二五、五九六
千葉縣	一一八、三五八	五九、一七九	五、九一七	二、〇〇〇	全區	六七、〇九六
計	一、五六九、七三三	五、三四五、〇四六	一、二二五、〇〇五	二、二一六、〇〇〇	一、三七〇、〇〇〇	一〇、一五六、〇五一

右は震災に伴ふ經濟機關の破滅金融の梗塞《コウソク》其他の事由に依り回收の見込立たざるに至れる債權關係の損害を含まず物的損害の大體に就《ツ》き概數を算出したるに過ぎず尙《ナ》ほ正確なる計數に就《ツイ》ては後日再調査に着手する筈《ハズ》であると云ふ。

右の調査なるものは、何を根據《コンキヨ》としたものであるか、又た其推算の方法は如何《イカニ》、何《イズ》れも、示されて居ないのであつて、我々は輕々しく之を受入るゝに躊躇するのである。思ふに大藏省としては、外國に對する日本の財政的信用を成る可《ベ》く毀《コワ》さぬ様《ヨウ》、震火災による日本の損害高を成る可《ベ》く大きく見せしめないことに苦心する必要があらうし、又た成る可《ベ》く早く損害の餘り大きくならざることを海外に知らせたいと欲《ホツ》するであらう。之れは財政責任者としては無理もないことではあらうが、併《シカ》し事の實際と餘り違つた數字を公けにすると、他日的確な材料に基いた調査額が、之れと大差を示さないとも限らない。其爲めに統計局を掣肘《セイチユウ》する様《ヨウ》な愚なことは爲すまいとは思ふが然《シカ》るときは、却《カエ》つて信用を害すること丶ならう。例へば東京市の家屋損害高は三十八億圓となつて居るが、東京市調と稱するものによれば、其れは十四億六千三百萬圓十月十三日時事新報とされて居る。前者は後者の二倍半强に當るのである。されば我々は統計局の調査も亦《マタ》不完全なる可《ベ》きを覺悟しつ丶も、少くとも、專門的推計に基く其調査の完了するまでは、損害額其ものに就《ツイ》ては、妄《ミダ》りに臆測を逞《タクマシ》うすることを避けねばならぬ。此點から云へば大藏省の發表は、早計の嫌《キライ》なしとは云へぬのである。從つて、一定の數字に基いて、被害の程度を考察することは今は見合はさねばならぬ。乍去《サリナガラ》私は決して之を悲觀せざるものである。何となれば、私の立場から見た經濟上の損失（ヱコノミツク・ロツス）なるものは、地震の爲めに倒され、火事の爲めに燒かれた富ではないからである。

此度の大災の爲めに滅亡に歸せられたものは、之れを金額に見積れば莫大なものであらう。然《シカ》し乍《ナガ》ら、日本の國民經濟の立場から、眞の損失と目す可《ベ》きものは、實は此等の破壞せられ燒却せられたものの凡《スベ》てゞはなく、其一部に過ぎないのである。假りに、此度の火災が東京、横濱の代りに、京都や奈良を襲つたものとするときは、我々は、永久に恢復《カイフク》し能《アタ》はざる損失を多大に被《コウム》るであらう。然《シカ》るに東京殊《コト》に横濱に於ては、永久に恢復《カイフク》し能《アタ》はざる損失となる可《ベ》きものは、實は寧《ムシ》ろ甚《ハナハ》だ尠《スクナ》いのであつて國寶の燒かれたものは何《ド》れ程あつたか知らぬが、恐らく大したものではあるまい大々部分は、向後《コウゴ》に於ける我々の努力次第で、晩《オソ》かれ早かれ、恢復《カイフク》せれる可《ベ》きものに屬するのである。語を換へて云へば、東京、横濱に於ける損害は、貨幣價値としては、實に莫大なもので或は二百億圓にも達するかも知れないが、我々の努力によつて、其の二百億圓を產み出しさへすれば、其れで十分に恢復《カイフク》せられたことになるのである。之れを經濟學の術語で云へば、此度の火災の滅ぼしたもの丶大々部分は、何《イズ》れも再生產物（レプロヂユシブル・グーヅ）に屬するのであつて、非再生產物（ノン・レプロヂユシブル・グーヅ）に屬するものは、單に其一部分にしか過ぎないのである。殊《コト》に横濱に於ては、金に換ふること能《アタ》はざるもの、卽ち將來の我々の經濟的努力によつて恢復《カイフク》し得られざるものは、殆んど横濱市史資料とか古美術品とかを除いては絶無と云つても大過《タイカ》ない。東京に於ては必ずしも左樣ではない。近い例が帝大の圖書館の如き、其の大々部分は金で買ひ得る再生產物に屬するであらうが、若干部分は、到底再生產し得られないものである。其の他本所の安田氏の文庫（二）を始め多くの學者、藏書家の手にあつた稀覯の古本、又は諸家珍藏の古美術品但し中には如何《イカガ》はしいものを有難がつて居たものも尠《スク》くはあるまいがの如き、湯島の聖堂を始め恢復《カイフク》に甚《ハナハ》だ困難なる歷史的諸建造物の如き、何《イズ》れも非再生產物に屬する。鎌倉に於いても若干此種のものが失はれた。此等は、向後《コウゴ》我々が如何《イカ》に努力するとも到底再び得る能《アタ》はざるものである。然《シカ》し淺草の觀音堂に於いて一例を見るが如く、此種のもの丶不思議にも救ひ出されたものもある。差引いて金に換へ得る損害の莫大であつた割合には、其然《シカ》らざるもの丶損失は輕微《ケイビ》であつたと云ひ得るかと思ふ。從つて此度の火災による有形的の損害は眞に永久に損失となるべきものは、世人の思ふが如く大なるものではない。建築物でも橫濱は更なり東京にだつて、金に換へ得難い、眞に惜しい永久的損失たるものは尠《スクナ》く、何れも金さへあれば直ちに再建し得られるものであつたかと思ふ。唯到底取り返しの附かぬ重大な損失は貴重なる人命の多くを各地に於いて失つたことである。其一人をも失ふことは惜しむ可《ベ》きである。其人命を何萬と云ふ數に於いて失つたヿ《コト》は、此度の損失中の最大なものであつた。殊《コト》に地震や火事ばかりでなく、途方もない宣傳流說の爲めに、又た人心の激動の爲めに、若《モシ》くは一部の奇妙な『國士』とか稱する人々の暴行の爲に、無辜《ムコ》な人命の失はれたことは、幾度之れを慨《ナゲ》いても、猶且《ナオカ》つ及ばざる大損失である。然《シカ》し、此れは、私が今考へんとする經濟上の事項に屬しないから問題外とせねばならぬ。

私は敢《ア》へて斷言する。此度の火災の齎《モタラ》した大損失は、其過去に屬する部分、卽ち地震、火事によりて眼前に滅ぼされた部分は寧《ムシ》ろ小である。何となれば、大部分は囘復し得られるものに屬するから。眞正なる囘復し得られざる損失の大部分は此等過去のものに存せずして、却《カエ》つて將來に存する。之を言換へて見れば復興日本が、其の順當の經濟生活に復興するに就《ツ》いて要す可《ベ》き所の將來の犧牲が、復興によりて得る所のものを償《ツグナ》はざる部分が、眞の損失となるのである。將來は、我々の經營如何《イカン》によつて左右せられるものであつて、固定不動のものではない。從つて、此損失は、決して固定不動のものではない、否將來に於ける我々の努力如何《イカン》によつて、之を著しく增すこともあらうし、又た其の反對に之を減ずることも出來るものである。我々の努力にして正しき道を踏み行くならば、或は此の損失を殆んど皆無にもなし得るものである。茲《ココ》に言葉の用ひ方によつて、右の區別を表はさうとすれば、震火災によつて直接に我々が被《コウム》つたものは、material harm マテリアル・ハーム（物的被害）である。其或ものは damage ダメーヂ（損害）となるであらうが、ダメーヂは必ずしも loss ロッス（損失）（茲《ココ》ではエコノミック・ロッス）（經濟損失）たるものではない。ロッスとは恢復《カイフク》の絶對に出來ない永久に失はれたもの、謂《イワレ》である。

二

以上の道理は、私が今事新しく申すまでもなく、經濟學殊《コト》に流通經濟の原理（二）を少し進んで學んだ人ならば、直ちに心付く可《ベ》きことであつて、歐洲の大戰後の經濟に就《ツ》いても、彼の國々の卓越した學者達が、繰り返し〳〵其國民に說き聞かせた所である。今一般讀者の爲めに、極《ゴ》く簡單に其說明を試みて見よう。普通我々が物を賣買するときには、一方に利用、他方に費用が必ず伴ふものである。私が帽子一個を金五圓で買ふときには、私に取つては、其の帽子の費用は金五圓であつて、其の帽子を買ふことによつて獲得する利益は、之を貨幣額に見積つては、金五圓以上の或額であるのである。然《シカ》らざる場合には、金五圓の費用を投じて、其の帽子を買ふのは愚である。買手たる私に取つては、其帽子が何程《イカホド》で生産せられたかと云ふ過去の事項は直接には何の關係もないことである。私に取つては、現に金五圓を投ぜざれば、其帽子を買ひ得ないと云ふことのみが意味を持つのである。トコロが、不幸にして、私は此度の火事の爲めに其帽子を燒いて仕舞つたとする。ソコデ私は新たに一個の帽子を買はねばならぬ、幸にも政府の暴利取締令(三)が帽子にまで及ぶものと假定して、私が今新たに前と全く同じい帽子を、燒跡のバラック店で金四圓五十錢で買ひ得たとする。然《シカ》るときは、火事によつて被《コウム》つた私の損失は、五圓でなくして四圓五十錢である。言直して見れば、災前に私の支拂つた額は、私の損失を示めすものでなく、災後に新たに私が支拂ふ可《ベ》き額丈《ダ》けが、私の損失を言顯《アラワ》して居るのである。私に帽子を賣る洋品商の立場から云つても同じことである。彼は從來四圓に仕入れた帽子を五圓に賣つて居つた。然《シカ》るに彼は火事の爲めに其帽子五十個を灰にして仕舞つた。彼の損失は二百圓であつたかのやうに考へられる。然《シカ》るに、災後帽子の卸値が下つて一個三圓五十錢で仕入れ得ることとなつたと假定せよ、彼の損失は、實は二百圓ではなくして金百七十五圓に過ぎないのである。以上の道理を經濟學では『再生產費の法則』と云ふ。曰く、物の價格を支配するものは、再生產物に就《ツイ》ては、其生產費ではなく、其再生產費であると。尤《モット》も此再生產費の法則から、如上《ジョジョウ》の例に至るまでは、多少込入つた說明を要するのであるが、其れは、本論に直接の關係のないことであるから略して置く。

私が玆《ココ》に復興經濟の原理と名《ナヅ》くるものは、實は新しい考案に成るものでも何んでもない。畢竟《ヒッキョウ》は、此の再生產費の法則の適用の一を指して云ふに外ならないのである。曰く、復興經濟の立場から見ての眞の經濟的損失(リアル・エコノミツク・ロツス)とは、復興によつて得らるゝ利用に超過する向後《コウゴ》の費用の總計に外ならないと。故に其利用が費用に超過すれば、結局は、何の損失を被《コウム》らないことになる。復興の利用小なるか、其の費用大なるかにより、後者前者に超過するときに於いて、始めて我々の眞の損失を指摘し得るのである。モ一つ言換へて見れば、日本國民經濟全體として又た罹災地の經濟全體として、向後《コウゴ》復興し行く間に於いて、我々の經濟生活を支へ行きつゝ享受する一切の經濟的利用が、災前の其れよりも小なるか、之を得るが爲めに我々の捧ぐる犧牲卽ち費用が大なるか、並に其二つともが事實である場合に於いて、我々は眞の損失者となるのである。從つて、我々が眞正の意味に於いて、結極損失者たるか否かは、獨り將來のみが決定する所の事項であつて、今の處では、實は分らないのである。今に於て分り得るものは、（其れも實は適確には到底分るまいが）唯だ如何れ丈《ダ》けの有形財が火災の爲めに滅ぼされたかの一事（卽ちマテリアル・ハーム）のみである。而《シカ》して其れは、我々の損害其ものとも、損失其ものとも決して同一物ではないのである。

三

地震並に火事の爲めに財物を失つたと云ふこと其事が、我々の生存に對して直ちに損害（ダメーヂ）たるのではない。燒け出された何萬の人々は恐らく、其燒いたものゝ中には、燒いても惜しくないものを必ず若干持つて居たらう。心持の上に於ては、或は、惜しいかも知れないが、生存を營んで行く事實の上からは、何等の損害と云ふ能《アタ》はざるもあつたらう。殊《コト》に日本の家庭には、隨分無用な家財、家具、衣服、日用品が何時の間にか堆積して居るのを常とする。屑屋に賣らうと思つても買つても吳《ク》れず、さればとて、態々《ワザワザ》捨てに行くのも面倒だから、其儘《ソノママ》に仕舞ひ込んであるものもあらう。多く物を持つ人ほど通例は、此種の無用の物品を多く持つて居る。又全く無用と云ふこと能《アタ》はず、屑屋は喜んで買つて行く樣なものでも、燒かれた人其人に取つては、永年の間一度も使用したことのない物品、年に一遍被《キ》るか被《キ》ないか分らない衣類（女で云へば裾模樣だの、男で云へば燕尾服、大禮服だの）もあらう。若《モ》しくは其れ程でなく從來は用のあつたものでも向後《コウゴ》の生活上、殊《コト》に罹災當時の緊張した嚴肅《ゲンシュク》な氣分の衰へざる限りは、其れがなくとも少しも生存上不利不便を感ぜぬものなども必ずあらう。其等のものを合せた高《タカ》は、一家庭毎に相應の高《タカ》に上つて居つたかも知れない。更に又一歩進めて、向後《コウゴ》著しく質素な（乍併《サナガラ》實質上充實した）生活振に改めるならば、なくとも事足る種類のものを之に加算したならば、其れは、場合によつては著しい高《タカ》に上るかも知れないと思ふ。此等のものが燒かれたことは、物の消滅破壞には相違ないが、向後《コウゴ》將來の我々の經濟生活の立場から云へば、何等の損失とならないものである。百億圓とか二百億圓とか云ふ中其等が何割を占めるかは、向後《コウゴ》の復興經濟の立て方如何《イカン》、向後《コウゴ》の我々各自の生活振り如何《イカン》によつて決定せられることで、今日の處其れは如何《イカ》にしても知り能《アタ》はざるのである。知り能《アタ》はぬ筈《ハズ》である。之を要するに、大災によつて我々が被《コウム》つた損失は、今日に於ては未知數である。其れを大なる數とするも、小なる數とするも、何《イズ》れも向後《コウゴ》將來に於ける我々の經濟の運營如何《イカン》によるのである。官公署、學校、其他の團體、銀行會社、商店工場等に就《ツイ》ても亦《マタ》全く同じ事である。

大震災の損害何億と云ふけれども、實は我々の現實の生存に對する其の價値は之によつて言表はされては居らぬ。到底貨幣額を以つて表示し得られない程莫大な眞正の價値の損失たるものもある。他方には、之れを作つたとき、買入れたとき何千圓とか何萬圓とかを要したと云ふ廉《カド》を以つて、其額丈《ダ》けに計上せられては居るが、現實には其の半分の價値もないもの、若《モシ》くは價値皆無のものなども、其中に含まれて居るのである。從つて過去存在物の消滅と云ふ眼から見ても今何億圓と稱せられて居る所謂《イワユル》損害（ダメーヂ）額なるものは、我々の現實の生活とは直接には沒交渉なものである。況《イワ》んや、眞の損失（リアル・ロツス）と、過去存在物の消滅とは、全く別の事であるに於てをや。眞の損失とは、我々が向後《コウゴ》の生存に於いて、大震災なかりしならば、我々が享受し得可《ベ》かりし利用の享受し得られなくなることの謂《イワレ》に外ならないのである。反對に大震災ありし爲に、殊《コト》に罹災後の緊張肅正せられた經濟の立て方により直接間接に新たに享受し得る樣《ヨウ》になつた一切の利用便宜は、其の得られざる利用便益から差引かれなければならぬのである。少し見方をかへて費用の上から云へば、向後《コウゴ》の我々の生活の爲めに我々が提供せねばならぬ費用中、火災がなかつたならば、當然提供せずして濟む可《べ》かりし費用丈《ダ》けが眞の意味にての損失となるのである。從つて復興費何十億と稱するも、其の一切が眞正の意味にての費用たるのではない。火災がなくとも、我々が支出せなければならぬ費用は、決して復興の費用でなく、唯だ一の費用項目が他の項目に轉還流用せられたに過ぎないのである。例えば救護費の重《オモ》な項目たる食料品衣料品の如きは、火災なくとも消費せらるゝを要するものである。否其費用の節約せられたものである。從つて其れは新しい費用ではなく、必ず不可兇人生の費用である。唯だ消費をする他方に徒手遊食《トシユウシヨク》して何等の富を作り出さないことが眞の損失眞の費用となるのである。換言すれば復興と云ふことがなかつたならば、提供することを全く必要としないであらう所のもののみが、眞正《シンセイ》に復興の費用と目せらる可《べ》きものである。

四

以上言ふ所を要約すれば、一方には、復興によつて得る一切の利用、他方には復興の爲に其れがなかつたなれば提供せずして濟むべき一切の費用、此兩者を對照して、後者が前者に超過する額丈《ダケ》が、我々が震火災の爲めに被《コウム》つた損失額となるわけである。此の道理は、流通經濟の第一原理から見れば、極《キワ》めて簡單明瞭な事柄であつて、特に國際貿易の理論に於いて、今から百餘年前に、英國の學者デヴヰツド・リカルド（四）が說き始めた所謂《イワユル》『比較的生產費の理論』（五）なるものは、此第一原理を最も明白に展示して居るのである。私はリカルド並に後年に於てジヨン・スチユアート・ミル（六）が、力を用ゐて說いた此理論は又た直ちに、此度の大災後の日本の復興經濟の第一原理たるものと信ずるのである。

一つの例をあげて見れば、東京市の調では東京市內の建物の被害額は、十四億六千三百萬圓である。前掲國富統計では日本全體の建物價格を四十九億三千萬圓としてあるから、其の三割强となるわけであるが、是れは無論過大に失すると思ふ。國富統計では東京府全體の建物數は七十三萬戶で、其價格は五億三千六百萬圓となつて居る。此割で行くと東京の燒失戶數三十七萬戶とすれば二億七千萬圓許《バカ》りの被害となるに過ぎない。是は又過少に失すると思ふ。況《イワ》んや、前掲大藏省調査の三十八億萬圓は過大に失するに相違ない。此數字は、住宅は坪當り二百五十圓、其の他の建物は坪當り三百五十圓を單價として、其れ〴〵の燒失坪數に乘じたものである。十月十三日 時事新報 此推算は、所謂《イワユル》被害調としては信を措くに足るものであらうが、坪當り二百五十圓の三百五十圓のと云ふ平均額に就《ツイ》ては疑を挾む餘地がある。加之《コレニクワエ》、燒失總坪數五百三十萬七千四百二坪、內住宅三百九十三萬九千九百五坪、官衙公署三十一萬五千八百八十六坪、官公舍一萬七千二坪、學校圖書館十四萬千百七十八坪、神社寺院會堂七萬二千七坪、銀行會社二十五萬千二十五坪、工場倉庫五十五萬七千九十一坪、劇場娛樂場三萬三百八十五坪、其他八萬四千九百十九坪などの內、向後《コウゴ》復興經濟に於て、眞になくてはならぬもの、之れなくば、我々が文明の生活を營むに事缺くものが何《ド》れ丈《ダ》けあるかは、右の調丈《ダ》けでは分らないのである。多くの建物の中には、三年、五年、十年の內には、改築又は修繕を加ふるに非《アラザ》れば、使用に堪へなくなる可《ベ》きものも、必ず尠《スクナカ》らず存して居たらう。其等を二百五十圓の三百五十圓のと見積ることは、過大に失するは云ふ迄もない。或は又其れあるが爲めに、却《カエ》つて不便不自由を感じ、改築したくとも、其れが兎《ト》に角《カク》存する爲めに、生活の改善を斷行することが出來なかつたものもあらう。從つて其坪當り價値は或は零であつたかも知れぬ、又或は、向後《コウゴ》全く其種のものを建設する必要の存せざるに至る可《ベ》きもの、寧《ムシ》ろ其の消滅が、健全なる生活の運營の爲めに希《ネガ》はしいものの等もあつたことゝ思はれる。此等の坪當り價値は、寧《ムシ》ろマイナスであつたと云ふ可《ベ》きである。其等のもの丶消滅したことは、決して丸々損害とは云へないのである。又た、或ものは、少しも損害とはならないものもあるであらう。或ものは、損害には相違ないが、坪當り二百五十圓、若《モシ》くは三百五十圓などと云ふ金額によつて表すべき損失とはならないものもあらう。現に建物として存在するからこそ之れに住ひ之れを使用して居るもの丶、其れは極《キワ》めて無駄に使用せられて居たものもあらう。我々の小さな生活に於ても、ツヒ買込んだ帽子が二つも三つもあつたり、靴が三足も四足もあつたりすることがある。二つも三つもあるから、時々取かへて被《カブ》るけれども、一個の帽子しかなければとて、別に不便不自由を感ぜぬのである。紳士が本宅の外に別宅の別莊のと何軒も住宅を有して居るときは、時々は居を移しても見るが、丸燒けの今日一軒の家しかないとなつても、其人の生活便益の享受は、三軒も四軒も家を有して居たときと必ずしも異らぬこともあらう。或は妾宅などが燒けて之を復興しない爲め、却《カエ》つて家內が圓滿になると云ふ積極的利益のある場合もあらう。之を大きく東京市、橫濱市などの自治體の上に就《ツイ》て見ても、若《モシ》くは日本國家全體の上に就《ツ》いて見ても、亦《マタ》同じ樣《ヨウ》なことが云ひ得るのである。官廳、公衙《コウガ》、官舍、官邸などの類、又は學校などの類にも、左樣云ふものが必ずあらうと思ふ。一般社會の立場から見れば、猶《ナオ》更らに然《シカ》りと云ふ可《ベ》きかと思ふ。思付いた一例をあぐれば東京には大學と云ふ名を冠したものが十許《バカ》りもある。日本の社會から見、日本の學問、教育の上から見るときは、此れは確かに無駄なことであつた。火災の爲め私立大學の中には、維持困難に陷つて、頻《シキ》りに政府の補助金を要請しつゝありとか云ふことであるが、十幾つかの大學がタトへ維持可能であつても、其の凡《スベ》てを復興さすべき必要はない。何處の文明國に一都會に十幾つの大學がある所があるか。十幾つの大學の中二つか三つかが燒け殘つた丈《ダ》けで、跡は皆全半燒したと云ふ、其の燒けたものを坪當り、三百五十圓と見て、之を損害額と稱することは出來ない。極端に云へば、燒けた方が寧《ムシ》ろ勝れりと云ふ可《ベ》き額が其中に含まれて居るに相違ない。然《シカ》るに若《モ》し、政府が其等十幾つの大學を悉《コトゴト》く補助して、何《イズ》れも災前の狀態を復舊させるとなるときは、我が社會の蒙《コウム》る損害は燒失額と同額或は其以上にも及ぶであらう。反對に、維持の困難な大學の幾つかを合併して、茲《ココ》に名實相副《ソ》ふ眞の大學を復興することにするならば、我々の損害額は或は甚《ハナハダ》小額となるか、或は却《カエ》つて利益の高《タカ》の方が多いことゝなるかも知れないのである。燒殘つた大學と燒失した大學とを合併し圖書館を合併增大し、研究室とか運動場とか寄宿舍とか、學生集會所とかの設備を充實し、或は郊外の空氣の良い處に移して、玆《ココ》に緊張し充實した大學生活を營ましむるやうにすれば教師全體としても學生全體としても、又社會全體としても享受する利用は非常に增大するによつて、其れに要する費用は多大であるとしても、優《マサ》に其れを償《ツグナ》つて餘あつて、大學の焼失は帝大圖書館藏（七）書中の或もの、焼失丈《ダ》けは、永久に免《マヌガ》れ得ざる眞の損失たるには相違ないが 日本社會、日本の學問に取つて、實は何の損害損失をも意味しないことになり得るかも知れないのである。卽ち其れが損失となるか否、其損失の高《タカ》はどれ程となるかは、火災が之を決定するものでなく、我々人間の努力、我々の將來に對する向背が之れを決定するのである。

五

右の一例で明らかなる如く、損失を最大ならしめる方法は、災前の狀態を其儘《ソノママ》恢復《カイフク》する復舊と云ふ方法是れである。何となれば、復舊、舊狀其儘《ソノママ》の恢復《カイフク》は、火災による物の破壞の全部其儘《ソノママ》を眞の損失に換價せしむる所以《ユエン》であつて、其小なり大なりの部分を免《マヌガ》れることを許さない方法であるから。故に他の點は姑《シバラ》く措き、經濟上の費用、經濟上の損失と云ふ一點からのみ見るときは、最惡最拙の經濟は復舊經濟是れであると云はねばならぬのである。更らに又た經濟以外の考慮から云つても、復舊は禍《ワザワイ》の全部を永久の禍《ワザワイ》とする所以《ユエン》であつて、俗に所謂《イワユル》禍《ワザワイ》を轉じて福と爲すことが出來ない、焼け太りでなく、焼細りの外ないのである。

此道理は、單に有形物のみに止るのではない、否利害の岐《ワカ》るゝこと最も大なるは、寧《ムシ》ろ無形の上に存するのである。從來行政整理と云ふと、必ず二割天引とか三割天引とか云ふことをやるが、之れは、最惡の經濟法である。行政機關の組み立て方を其儘《ソノママ》にして置いて、單に役人の數を減じ、勤務時間を長くし、甚《ハナハダ》しきは、暑休、半休を廢し、物件費を切り詰めたりして、能率を著しく減じ、唯金の費用を節した丈《ダ》けで、之を整理と名《ナヅ》くるのは、迂闊《ウカツ》も亦甚《マタハナハダ》しいことである。今日の行政には、其組立て方の上に於て、其の運營の上に於て、實に名狀《メイジヨウ》す可《ベカ》らざる程澤山の無駄をやつて居る。其れが一朝非常の事起るときは、誰人の目にも付くやうになるが、平生《ヘイゼイ》は、多くは無意識の間に過して居る。芝浦の滞貨は實は芝浦のみのことでなく、今日の官廳公衙《コウガ》には、實に芝浦に數倍した停滞人件、事件、物件が山の如くに存して居るのである。詰らぬ訴訟事件が三年も四年もかゝつて判決が下らないなどとはよく聞くことであるが、其れは決して獨り裁判所のみに限られたことではない。私は屢々《シバシバ》區役所の罹災者配給を目擊して居るが、朝私共が見た同じ人が晩歸途につくときに、未だ風呂敷やバケツをブラ下げて長い列を作つて、役所の前に立つて居るのを見受ける事がある。之れが日本の自治體、政府、否銀行會社を通じて一般に見る實際の事實である。此頃やかましい火災保險の事でも、保險に加入して保險金を拂つてから一ケ月たつても、未だ契約書を送つて來ぬ、而《シカ》して其の契約書には、被保險者が、夢にも見たことのない、地震其他の免責特約條項が記載してある。私の知つている人で幸ひ火事を免《マヌガ》れたからとて、災後數日直ちに火災保險を付けたが、私が執筆して居る今日迄まだ契約書の送附を受けぬとこぼして居た人がある。又他の一知人は昨年十二月横濱の某汽船で起つた火災の保險金をやつと十月十五六日頃受取つた云ふことを聞いてゐる。こんな例は、實に箒で掃くほど澤山あるのである。災後の郵便、電信、電話の恢復《カイフク》の遲鈍《チドン》さなどは實に馬鹿らしくて之を口にするだも面倒な次第である。九月二日の官報が大阪に配達せられたのは七日か八日のことであつたと云ふ、其れなら、日本は凡《スベ》て此の調子かと云ふと、決して左樣でない。大阪では東京の火災を二日か晩《オソ》くも三日には號外にして發行した新聞が幾つかあつたと云ふではないか。否郵便局では新聞の郵送を拒みつゝある間に丸焼けの東京の諸新聞は、殆んど一の除外例なく、皆殆んど全く恢復《カイフク》せられた紙面の新聞を發行するに至つたではないか。是れは殆んど皮肉的に、遲鈍《チドン》、敏活《ビンカツ》の兩極端を我々に例示して吳《ク》れたものと云ふ可《ベ》きである。但《シカ》し餘り敏活《ビンカツ》過ぎて鮮人云々《ウンヌン》の浮説(八)を大げさに宣傳したり、特別大號外を發行した新聞のあつたと噂あるのは、誠に閉口千萬の事で、而《シカ》も同じ新聞が今になつて東京市民の輕擧盲動を盛んに筆誅《ヒッチュウ》しつヽあるのは敏活《ビンカツ》過敏終《ツ》ひに健忘性に陷つたものであらう。

整理を要するものは、決して單に政府の行政のみではない、官となく私となく、遲鈍《チドン》經濟網が甚《ハナハ》だ手廣く張られてある、其の網を根本的に掃蕩《ソウトウ》するのでなければならぬ。然《シカ》るに若《モ》し、復舊を以つて方針とするときは、此の遲鈍《チドン》網は再び蜘蛛の巢の如くに張り渡されることとなり、大災の破壞の全部が永久に我々に實損となるより外はないのである。故に私は云ふ、復興經濟の最惡の方法は復舊と云ふことであると。

六

行政機關の組み立てに就《ツイ》て、私共が痛切に感じて居ることは、今の府縣の數の餘りに多いことである。殊《コト》に此度の罹災地たる東京と神奈川とが別々の府縣である爲めに、何《ド》の位、災後救濟の事業を妨げたか分らぬ。恐らく復興に就《ツイ》て最大の障碍《ショウガイ》となるものは、東京府、神奈川縣の分立之れであらう。此の一府一縣は、此度の火災によつて全く一つとなつて仕舞つた。殊《コト》に横濱が全滅した今日、神奈川縣廳などの今に存して居る事は、殆んど滑稽に近い。教育機關なども左樣である。專門學校や大學などの分合す可《ベ》きもの、左樣した方が、遙に、教育の効果を增し得可《ベ》きものが澤山にある。政府は燒失諸學校を唯復舊一天張りで八千萬圓とかの復舊費を計上して居ると云ふことであるが、こんな算盤を彈《ハジ》く前に、何故官公私立諸學校の根本的整理を大方針とせる分合を斷行しないのか。東大移轉論に對して經費が無い一天張りで對抗する前に、根本的整理上、東大移轉が可なりや否や、而《シカ》して其れに要する費用が辨ぜらる可《ベ》きや否やを考一考しないのか。一方には、復舊一天張り、而《シカ》して他方には義務教育延長も、昇格の實行も、封の儘《ママ》之れを高閣《コウカク》に束ねて仕舞ふなどとは、無精無責任にも程がある。私共の見る所では、復興日本の立場に立つときは、昇格の實行す可《べ》きものは、既定の年限などは一掃して卽時に之れを昇格し、單に情實から昇格の仲間入りをさせたものは、永久に之を打切るこそ損害を最少ならしむる方法である。義務教育の延長は、普通選擧の斷行と同時に決行す可《べ》き、賢き正しき教育經濟法であるのである。濫設《ランセツ》（私は敢《ア》えて云ふ）專門學校を根本的、系統的に整理し、諸學校に累々たる老朽無能の輩を淘汰するときは、教員の數に於いて著しい節約の出來る事は請合《ウケアイ》である。

極端に云へば私は極端とは思はないが高工を昇格して帝大工學部と合併し、商大を帝大の一學部とし、高師が昇格す可《べ》きものなら之を帝大文理科に合併するとすれば、帝大を郊外の地に移し、理想的の綜合大學を作ることは、左までの難事ではあるまい。神戸高商も卽日昇格して京大の一學部とするに何の不都合も見出し得ない。元より各校其れ其れ歷史あり傳統あるに相違ないが、其んなことを云つて居れば、結局は一切萬事復舊の惡經濟に墮《オト》して仕舞ふ外はない。

復興によつて、火災の損害を最小ならしめようと云ふには、災前の行きがかりや感情や其んなものは一切水に流して、眞に復興日本の大規模の上に立つて、新しい經濟網を編み出すのでなければならない。官廳でも鐵道省と遞信省、內務省と農商務省、陸軍省と海軍省などの分立は、甚《ハナハ》だ無駄なことである。合併したとて、何の不都合はない。否緊張充實した行政は、却《カエ》つて其の合併整理によつて、確かに實現し得ると信ずる。私は決して縮少、節約の消極經濟を主張するのではない。能率增進を標的として、單なる傳統、行きがかりから產れ出でたる機關の重複、錯雜《サクザツ》を單純化し、組織化し、其代りに官吏、公吏、教員等の待遇をズつと引上げ、人數を少くする代り、各人により大なる効程を責む可《べ》しとするのである。かくするにあらざれば、百億、二百億の物の損は眞の損となるのみならず、其れに複利が加はつて、莫大なものとなることを免《マヌガ》れないのである。天引整理は最惡な整理である。節約整理は最拙な整理である。

復舊的復興は最悪最拙の復興である。

七

今日現に行はれて居る救護事業は、以上の復興經濟の原理から見るときは、一生懸命に大災の損失を大ならしむ可《ベ》く努力しつゝあるチヤムピオンと云はなければならぬ。後段『營生《エイセイ》機會の復興を急げ』其他の拙文參照 今の救護とは、強制的に何萬と云ふ惰《ダ》民《ミン》を作りつゝ、他方には眞に救護を要するものに救護が甚《ハナハ》だ行渡つて居らぬのである。私の實驗した一例をあぐれば、或る罹災者は、災前相當の店を經營して居たのだが、銀行通帳も、郵便貯金帳も印形も皆燒失して燒トタン小屋に露《ロ》命《メイ》をつないで居たが、生れ落ちの東京子で、如何《イカニ》しても、配給米に生きて居るのが殘念で堪《タマ》らず、一日も早く自分でバラツクを立てゝ商賣をしたいと思つて居たが、役所では指定のバラツクへ行けと云ふ、マア少し考へさせて呉《ク》れと云ふ押問答、其中幸ひに若干金を融通して呉《ク》れる人があつて若干坪のバラツクを建てゝ、從前の商賣の外に雜貨品や食料品を信用借りにして來て店にならべたら、其日から相應の商賣があつて、翌日からは、配給米一切を貰はず、商賣の上り高で一家十數口を兎《ト》に角《カク》養つて行ける樣《ヨウ》になつたと云ふ。而《シカ》して其人の云ふには、自分の仲間内には、バラツクさへ建て得られゝば、何かしらの商賣は出來、自分のバラツクがある爲に、問屋でも信用して品物を渡して呉《ク》れるが、共同バラツクに這入《ハイ》つて居ては其道はトント付かず、さりとて、配給米を貰ひに行くのは、身を切られる樣《ヨウ》につらいと歎《タン》じて居る人が尠《スクナ》からずあるとのことであつた。此は左樣あらうと思ふ。復興は決して復興院(十)のみの仕事ではない、否眞の復興者は罹災者自らを措いて外にない。自ら生きんとする強い衝動、人らしく、又獨立獨歩の人間らしく、慈善によらず、救護に頼らず、自らの働きを以つて生きて行かんとする堅い決意を以て居る人が復興の最根本動力である。配給を受けることを絶大な恥辱《チジヨク》と感ずる意氣ある人によつてのみ、眞の復興が成し遂げ得られるのである。然《シカ》るに今日迄の救護は、災後數日のやり方を其の儘《ママ》繼續して居るに過ぎない。罹災者に復興營生の機會を與《アタ》ふると云ふことに就《ツイ》ては何をも爲して居らぬ。有形物の物質的被害の大なるに驚かされて、大災の爲めに人民の營生《エイセイ》の機會が滅ぼされたと云ふ無形の損害の甚大なることに氣が付かず、物の恢復許《カイフクバカ》りを念《オモイ》として、此の無形なる損害を恢復《カイフク》し、一日も早く人人皆生產活動を始め、各人に自らの營生《エイセイ》機會を獲得せしむることの急務なるを知らないのである。火災保險問題の處理《シヨリ》も失業者の處理《シヨリ》も此立場から急施《キユウシ》せられねばならぬのであるのに、混沌として一向見當が付いて居ない。後段『失業及火災險問題』參考 而《シカ》して何十萬と云ふ强制的惰民《ダミン》を持餘《モテアマ》して居るのである。實に馬鹿々々しい極である。私が他の文に於て 後段『誰か復興の經濟計畫者たる』 論じたやうに、自らの力でバラツクを建てゝ、營業並に生活の本據を作らうとする人々は、最も歡迎す可《ベ》き復興の實行者であるのに、燒跡建築問題に對する根本的の發令なく、唯幸ひに東京裁判所長の驚異す可《ベ》き大英斷による巡回裁判所の活動によつて、一條の活路が開かれたのに放任してあるのみである。私は屢々《シバシバ》此の巡回判事詰所たる小《サ》さやかなバラツクを見る毎に、厚き〳〵感謝の念に驅られ不思《オモワズ》敬禮せずしては通過し能《アタ》はぬのである。今の民法商法などと云ふ狹い束縛の下に立つ司法官でさへ、其人にして人間の眞意義に目ざめて居れば此れ丈《ダ》けの事は出來るのである。政府たるもの何んぞ其有する絶大なる權力を適當に行使して、復興の大恩人たる此等罹災者の自主自立的活動に、磐石《バンジヤク》の如き安心の基礎を與《アタ》ふることを圖《ハカ》らざる。政府の救護事業と云ふもの丶見當違ひなること、凡《オヨ》そ此の類《タグイ》である。

何十萬の强制的惰民《ダミン》は、其れ丈《ダ》け、日本國民經濟の復興豫算の借方を增すものである。彼等が何もせずして配給米に露命《ロメイ》をつなぐ一日は、永久に失はれたる一日であつて、之れ丈《ダ》けは、如何《イカ》にするも恢復《カイフク》し能《アタ》はざるものである。彼等にして適當なる營生《エイセイ》の機會だに與《アタ》へらるれば、まさに作り出したる可《ベ》き富は、彼等が徒手遊食《トシユユウシヨク》するによりて、永久に天地の間に其姿を顯《アラ》はさゞることになつて仕舞ふのである。彼等が向後《コウゴ》如何《イカ》に勉强するとも、此《カ》く失はれたる何日かは、とこしなへに消え去つたものとして、之を取返すことの出來ざるものである。否徒手遊食《トシユユウシヨク》の習慣が身に染み込むによつて、向後《コウゴ》業に就《ツ》くとき彼等の生産力は却《カエ》つて減じたるものとなるとも、決して增したるものとはならない。爲す可《ベ》かりしことの永久に失はるゝのみでなく、向後《コウゴ》爲す事の減ぜられることなきを保し得ないのである。思へば思へば、實に拙劣《セツレツ》なる經濟が救護の名の下に於いて營まれつゝあることよ。同じ事が精神的活動に就《ツイ》いても考へられ得る。帝大を始め諸所の珍書稀本は燒かれ、又た諸家所藏の古美術品は失はれたけれども、帝大の學者が勇猛一番して、向後《コウゴ》盛んに學術の研究に勉め、十年一日の古ノートを繰返すことを已《ヤ》めれば、所謂《イワユル》稀書珍本はなくとも、學問は大に進んで、災害は、事実上最少の損失にて濟むのである。災後間もなく帝大教授の數人者が諸方に奔走して書物の買集めに勉めたと云ふことが新聞にあつたが、之れは自らの力を以つてバラックを建て、配給米を辭して、獨立獨行、營《エイ》生《セイ》の機會を作り出した眞の東京つ子の健氣《ケナゲ》なる意氣に劣らざる眞の復興行動である。私は右の事を新聞紙上に見て不思《オモワズ》落涙せざるを得ざるほど愉快に感じた。美術家、文士の間にも同様の話は必ずあるであらうと思う。是れ我我の恢復《カイフク》し得られざる眞の損失を最小化する最有力の努力でなくて何であらう。之れに反し書物が燒けて仕舞つたからとて落膽《ラクタン》して學を廢したり又は之れを好《ヨイ》口實に更らに古ノートを其儘《ソノママ》にする人は、何時迄も配給米に甘んずる惰民《ダミン》に比す可《ベ》きものである。

八

復興經濟の第一原理は次の一事である。曰く、復興の實現行程並びに實現の効果に於いて、大災による眞の損害を最小化し、災後の日本國民經濟全體、殊《コト》に罹災地の經濟の運營が産み出す可《べ》き生活享受の利用便益を最大化すること是れである。

此の立場に立ちて觀るときは、私は新聞紙上に顯《アラ》はれた政府の復興に關する諸々の計畫が、其規模餘りに小に失すると《コト》を責めざるを得ないのである。然《シカ》るに世上の論客の大多數は、政府を責むるに其の規模の大に過ぐるを以つてして大風呂敷の何のと云ふ。私は實に之を恠《イブカ》らざるを得ないのである。第一、復興院と云ふ尨大《ボウダイ》な機關が設けられたけれども、其掌《ツカサド》る所を聞けば、要するに、都市計畫の一事を出でない。經濟復興のことに關しては、何の機關、何の施設あることをも聞かないのである。是れは、又た、實に驚き入つたケチな立案である。又た社會政策的の復興に關しても、何の新施設何の新抱負ありとも預り聞くを得ない。否、却《カエ》つて復興事業の爲めに、健康保險法の實施を無期延《エン》引《イン》すと傳へられるに至つては、其膽玉《キモッタマ》のケチポケなること實に呆《アキ》れ返らざるを得ない。健康保險の實施は關東一地方の問題ではない、日本全體に取りて一日も延引《エンイン》するを許さゞる根本的要求であると《コト》義務教育の延長にも勝るものである。我議會は旣に健康保險法を可決し、政府は之れを法律として公布し、其施行に要する法規の類《タグイ》は悉《コトゴト》く準備を終り、今や只實行の日來るを待つのみである。然《シカ》るに、九月一日關東一地方の地震の爲めに、政府は之れを抛《ホウ》り出して逃げ出すこと、大藏省、内務省、文部省の役人諸君が、重要書類の一切を打捨てゝ身一つにて逃げ出したと、同一態度に出《イ》でんとしつゝあるのである。三十間堀の税務署では、役人數名決死の努力を以つて重要書類をヅツク包として河中に投入して後ち逃げ出したと傳へられる。徳富氏の（十一）遭難記によれば、大森の或る商店の主婦は、天プラ鍋に厚き蒲團を被《カブ》らせ其上にバケツ一杯の水を置いて後、倒れ家から這《ハ》ひ出《イ》でたと云ふ。此《カク》の如き例は私は澤山之を聞いた。政府が今取らんとする態度は、三十間堀の判任官、大森の天プラ屋のおかみさんに對して恥づ可《べ》き臆病、小膽《ショウタン》にして卑怯なる態度と云ふ可《べ》きではあるまいか。まさに爲す可《べ》きことは、義務教育の延長でも健康保險の實施でも、皆十把一束《ジュッパヒトカラゲ》的にオッポリ出し、而《シカ》して其大聲に呼號する所謂《イワユル》復興機關は、一切の社會的施設を除外すとは。而《シカ》も之を評して規模大に過ぐの、大風呂敷のと云ふ。私は疑ふ。日本の國家は地震の爲めに、俄然《ガゼン》として、十分の一にも、二十分の一にも縮少したのではあるまいかと。地質學者は房總海岸の陷落、隆起を報じて居るが、日本國家其もの丶此の大縮小は、何人あつてか之を測量し、何人の手に於いて之を記錄して吳《ク》れるのか。

九

更らに、單に都市計畫丈《ダ》けに就《ツ》いて見るも五年間十億圓を以て復興一切請負云々《ウンヌン》と傳へらる。一體日本の富は何程《イカホド》あり、日本國民の全所得は幾らあるとして、之れを大規模なりと云ふのか。大と云ひ、小と云ふ、何《イズ》れも比較的の言葉に過ぎない。其大規模と云ふは、抑《ソモソ》も何に比較して大なりと云ふのか。私は之を諒解することが到底出來ないのである。私の最も畏敬する壯年統計學者汐見(十二)法學士は此頃獨逸《ドイツ》文を以つて、日本の國民所得に關する精緻《セイチ》なる研究報告を獨逸《ドイツ》の學界に於いて發表せられた。學士の研究の結果によると、日本國民の所得の發展は一九〇三年より一九一九年間に於て實に左の如くであつた。(Shiomi, Entwlckelung vom Volkselnkommen in Japan. 1903–1919. Heidelberger Seminarreferat. 1923.)

年	円
一九〇三	四九二、五六二、二九七
一九〇四	五一九、九七九、一三〇
一九〇五	五六九、一〇九、四四〇

一九〇六	六二五、七四八、〇六六
一九〇七	七一〇、六二七、九六九
一九〇八	八四二、二四三、五五三
一九〇九	八九一、五五五、五〇七
一九一〇	九二四、二三二、〇八六
一九一一	一、〇一二、七二三、四六九
一九一二	九六三、八六七、〇八一
一九一三	九九五、八九二、七五二
一九一四	九九五、一一七、六八一
一九一五	一、一九七、四〇二、六五三
一九一六	一、八〇九、七八一、六四〇
一九一七	一、八〇九、七八一、六四〇
一九一八	二、〇四〇、五八四、二七六
一九一九	三、一一一、四九三、一五三

汐見學士は一九二〇年以後に就《ツイ》ては、計數の基礎が異るとして之を省いて居られるから、同氏の嚴密な研究方法による最近數年の數字は之れを得ることは出來ないが、兎《ト》に角《カク》大正八年度に於て我が國民所得の總額は三十一億圓餘あつたのである。十億と云へば其三分の一である。

五十年（否徳川時代を合して三百餘年）かゝつて築き上げた東京の災後の新都市計畫が、其骨組み丈《ダ》けではあるが、國民年所得の三分の一で出來ると云ふ計畫が、如何《イカニ》して大に過ぐる計畫の、過當の經費の、大風呂敷のと云はれ得るか。實に解し難いことである。而《シカ》も此十億圓は、其全部が損失に歸するのではない、此れは單に復興の一費用である。

而《シカ》して其の費用たる復興經濟の依つて營まる可《べ》き日本全國の首腦たる東京の經濟網の道具立ての作り出しの爲めの費用であつて、此經濟網の道具立てなくしては、復興經濟を立てる事は出來ないのである。十億圓は何十億圓か何百億圓かの將來長い期間に渉《ワタ》る日本國民經濟の産み出す可《べ》き富の生産原費の一部である。復興經濟が幾干の大なる富を産み出す可《べ》きかは、此の根本網が適當の大さに於いて、適當の規模に於いて張られることを必要とする。十億圓は將來何百億かを産み出す爲めの元資であり投下資本である。若《モ》しも其産み出す富が、災前の規模による經濟網の産み出した富に超過するならば、此の生産費は一の損失ともならないのである。問題は生産費の大小でなく、生産高の大小である。生産費小なりとも、生産高小なれば、其事業は缺損となる。反對に、生産費大なりとも、生産高更らにより大なれば、却《カエ》つて餘剩利益を擧ぐることになるのである。此餘剩利益なくば、災害による損失を最小化し、災後に於ける厚生的利用を最大化することは絶對に不可能なのである。費用を節することが經濟ではない。餘剩を大にし損失を皆無にすることが經濟である。復興經濟も亦《マ》た此一般經濟の道理以外に立つものではない。復興經濟の第一原理は、一般經濟の其れと同じく、費用の取扱に終始す可《べ》きものでなく、效果、利用の最大化を以つて其の最終の標的と爲すべきものである。此の第一原理から見るときは、私は今日までに公けにせられた現政府の復興計畫は、其の規模一般的にも亦《マ》た特殊的にも餘りに小に過ぐるを憾《ウラ》まざるを得ない。之れに對して過大呼はりをする人は、抑《ソモ》も國民經濟の依つて活動する本體を全く度外視するものと斷ぜざるを得ないのである。私は世人が徒《イタズ》らに震災による損害額の大小を論ずる暇に、先《マ》づ節を屈して、歐洲大戰後に於ける各國の改造事業の經過を熟察せんことを切望せざるを得ぬ。大戰後の改造は、日本の復興を何十倍した大事業である。世人は先《マ》づ此の大事業に處《シヨ》した英米其の他の態度を考究して、而《シカ》して後日本の復興經濟に及ぶときは、私が、大災損害の最小化の可能性を主張し、政府の復興事業の規模の小に過ぐるを咎《トガ》むるの決して樂觀に偏するものでないことを發見するであらう。（十二・十・廿一稿）

追記。

稿し了《オワ》つた處へ東朝《トウチヨウ》の本日の夕刊が來た。其れに左の記事がある。

燒跡へ燒跡へと罹災者歸る

好天氣つゞきに元氣づいた避難民は漸《ヨウヤ》く燒跡に戻つてゆく、假小屋の數は現在八萬一千八百八十戸居住員は三十六萬三千四百五十名を算へられてゐる。警視廳十月十八日の調査によれば、最多數が淺草區で以下本所區深川區と言ふ順である。

	戸	人
淺草	一九、四八〇	一〇三、一〇〇
本所	一一、〇〇〇	五一、七〇〇
深川	九、四五〇	四四、八〇〇
下谷	八、七四〇	四二、二〇〇
神田	六、三〇〇	三三、三〇〇
京橋	四、一〇〇	二〇、三〇〇
芝	三、三〇〇	一五、〇〇〇
日本橋	二、九〇〇	一五、二〇〇
南千住	二、三七〇	一四、二〇〇
本郷	一、四〇〇	七、六〇〇
麴町	一、二〇〇	七、二〇〇
亀戸	八二〇	四、六〇〇
赤坂	三八〇	二、二〇〇
小石川	二六〇	一、五〇〇
四谷	一八〇	八五〇

之れは如何《イカ》にも其通り、而《シカ》して左樣なくては復興は不可能である。私は去十月五日來訪の每夕記者に同じ事を語つた。曰く、復興の意氣あるものは、一旦は田舍へ落延びても決して其處で營生《エイセイ》の機會を見出しはせぬ。必ず元の燒跡へ歸つて來る。今暫《シバラ》く見て居玉《イタマ》へ、東京人心理の上に立てられた此豫言は事實となるであらう。政府當局がムヤミに罹災民追拂ひ策を取るのは、東京人の心を知らないイナカ役人の大勘違ひであると。

モ一つ序に記して置く。帝大經濟學部教師獨逸《ドイツ》人ベルリナー氏は（十三）、近頃復興經濟何大原則とか云ふ一短文に於て復興の費用は悉《コトゴト》く不生産的支出と看做《ミナ》す可《ベ》きものなりとの意見を公表せられた由、今夜渡邊復興評議員から傳聞した。此れは驚く可《ベ》き謬論《ビュウロン》である。其然《シカ》る所以《ユエン》は私の本論文を通讀すれば明白であらう。ベ氏の説を聞いて、私は此の復興經濟の第一原理を草したことの無駄骨折でなかつたことを感ずるものである。何となれば此議論に基いて氏は復興費の公債支辨を一切排斥し増税支辨一天張り論を主張し、又た暴利取締、輸出制限を以て經濟の根本理法に叛逆する處爲《ユエ》であると斷言して居る。ベ氏は商業學者、私經濟學者として甚《ハナハ》だ有爲な人である丈《ダ》け、凡《スベ》て物の見方が、商人的、私經濟的で廣汎《コウハン》な國民經濟の問題には、例へば英國のピグー(十四)氏が『戰爭經濟學』其の他に於いて示した程の理解を持たないのであらう。獨逸《ドイツ》の戰後經濟の經驗を其儘《ソノママ》移して、災後の日本の復興經濟の標準とするのは、大なる間違である。兩者とも苦痛たることは共通ではあるが、其性質には著しい相違があるのである。私は切にベルリナー教授の再考を希《ネガ》ふものである。

―― 大正十二年十一月發行『改造』掲載 ――

二　歐洲の戰後經濟と日本の復興經濟

―倒ることの過大觀、興《オコ》ることの過小觀―

一

或る重要な任務を帶びた在留外人某此頃歸國に際して人に語りて云ふ、九月一日自分と家族とが先《マ》づ强震に脅され、續いて火災に襲はれ、命から〲逃げ出したときは、日本は全滅するのであらうと思つた。ソコデ、自分は數回本國へ打電して極力援助を要請したのだが、災後一ケ月の今日になって見ると、避難市民は續々田舍から復歸し、各地からの物資は腐敗を餘儀なくせられるほど東京に送り込まれ、市內到處《イタルトコロ》にバラックは建てられ、日本人の復興に對する物的並に心的の意氣の如何《イカ》にも旺盛なるを見るときは、倒れたもの、燒けたるものは、日本の極《ゴク》小部分で、日本は依然として渝《カワ》らざることを見、自分の恐怖觀の過大なりしことを恥づると共に、日本の復興力の意外に大なるに驚異の念を禁ずることが出來ないと。思ふに此《カ》くの如き錯感を抱いたものは決して獨り此の外人のみのことではあるまい。恐らく東京橫濱に居合わせた日本人と云ふ日本人、何《イズ》れも皆同樣《ドウヨウ》であつたらうと思はれる。右の外人は決して自ら愧《ハ》づるに及ばない、否外人として日本の復興力の大なるを逸《イチ》早くも看取《カンシュ》したことは、其の觀察力の鋭さを偲ばしめるに足るのである。然《シカ》るに、日本人であり乍《ナガ》ら、未だ此の事實に目さめないで、極《キワ》めて萎縮した復興觀を固執しつゝ、あるもの尠《スクナ》からざるは、甚《ハナハ》だ慨《ナゲ》く可《ベ》き、而《シカ》して愧《ハ》づ可《ベ》きことであると思ふ。

東京は日本の首都であつたには相違ない、乍併《シカシナガラ》東京が全燒に歸したとて、其れは東京が燒けたのであつて、決して日本が燒けたのではない。倒れたものは、日本全國から云へば僅《ワズ》かに其一部に過ぎない。日本其ものは少しも破壞せられたのではない。私は他の論文前段『復興經濟の第一原理』に於て、大災の爲めに、我々の被《コウム》る可《ベ》き損失を過大に見積るの非なるを切論して置いた。單に物の破壞（マテリアル・ハーム）と云ふ點丈《ダ》けから見ても、世人は餘りに之れを過大視して居る。大藏省の調査では、被害高を百一億圓と見積つてあると云ふことであるが、其れは、過去の存在物に就《ツイ》ては左樣であるかも知れないが、復興經濟の收支勘定の上から見れば、過去物の破壞の全部は決して我々の眞の損失（リアル・ロッス）となるものではない。我々は、幾多の無駄物を有して居つてそれを燒いた。復興の經濟に於ては、其んなものは、損失にも何もならぬものである。よく新聞などで見ることだが、泥棒が押込んで金一萬圓の財物を盜み去つたとある。さて聞いて見ると、其れは盜まれた衣類や器物を買つたときの値段で書き上げた合計で、今其れを捨賣《ステウリ》にすると千圓にも上らぬと云ふ。或紳士が盜難屆《トドケ》に何萬何千圓とかの被害と書き出して、新聞には、驚く可《ベ》き大賊とか何とか報じてあつたが、扨《サ》て其泥棒が警察に捕られ、贓物《ゾウブツ》を質屋に入れたのを取戻して見ると、タツタ百圓許《バカ》りに入質してあつたなどと云ふ滑稽話を聞いたことがある。東京の損害百一億圓はマサカ其んな勘定から來て居る高《タカ》ではあるまいが、然《シカ》し其中には、實際の五倍にも十倍にも計上されて居るものがあることかと思ふ。東京市の調では燒失家屋を坪當り住宅二百五十圓、其他の建物三百五十圓としてあつたが、私共の現に知つて居る處でも、取壞し家屋として賣つたら五十圓か三十圓位にしかならぬ住宅などはザラにある。役所や學校の建物の中には（內務、大藏、文部等）とても坪當り三百五十圓ドコロか百圓にも値せぬ部分が可なりあつた。內務省の會議室などは、少し雨や風があると、直に雨が洩《モ》り壁が落ちるので、茲《ココ》に會議を開かれるのは半ば命がけであつたことは、人のよく知つて居る處である。コンナものになんで三百五十圓の價値があるものか。否其價値はゼロ若《モシ》くはマイナスであつたかも知れぬ。然《シカ》るに、其の總計が十何億圓と計算されて居るのである。此れは寧《ムシ》ろ皮肉な數字と云ふ可《ベ》きであらう。

昨日到着した東洋經濟新報十月二十日號二四頁にムーア氏（一）の震災損失觀と云ふ一記事がある。此の人は罹災地一切の損失高を二十億圓以下であらうと見積つて居ると云ふことである。此の見積は、或ひは過小に失するかと思ふが、然《シカ》し二百億圓などと見積る過大觀よりは、遙かに事の眞相に近くはあるまいかと推測せられ得る。私は前段に掲げた文を脱稿し了《オワ》つた後に此の一記事を見て、外國人の方が遙かに多く卑見《ヒケン》に合する觀察をして居るのを見て、大いに心強く感じたものである。然《シカ》し大藏省の調査だと云ふから、其を土臺として考へて見ることにして、扨《サ》て其百一億圓の全部を損失と見る考へ方は甚《ハナハ》だ誤つた印象を與《アタ》ふるものである。百一億圓とは、大災のために消滅に歸した富の高《タカ》である。其れが損失となるか否かは、復興經濟の立て方如何《イカン》のみが之れを決するのであつて、今日直ちに其全額を損失と見るのは非常に偏した而《シカ》して誤れる考へ方である。此道理は前段一に於いて、少しく詳述して置いたが、本文に於て、私は右文に言洩らした他の一方面のことを指摘して見たいと思ふのである。其れは、歐洲の戰後經濟と日本災後の復興經濟との異同の點是れである。

二

畏友《イユウ》小泉信三（二）教授は『改造』九月號に於て次の如く云つて居られる『……凡《ス》べて此等の點に於ては、歐洲大戰の經驗に學ぶ可《ベ》き多くのものがある。併《シカ》し根本に於て、戰費は直ちに富の滅失を意味しないのに、災害は、有體財の破壞であるから、災害に處するには、自ら戰爭を遂行するのと別の處置を必要とする點が多からう。ピグーの『戰爭經濟學』に倣《ナラ》つて、平時經濟學に對する『災害經濟學』を編むのは學者今後の任務であらう』と。私は此言の一半《イッパン》に贊成すると共に他の一半《イッパン》に反對せざるを得ない。私は『災害の經濟學』なるものは、一向其必要のないものであると信ずる、之に反して、我々の要する所は『復興の經濟學』である。災害は單に、物の破壞（マテリアル・ハーム）を齎《モタラ》したに過ぎない、其の或ものは、經濟的損害（エコノミツク・ダメーヂ）であつたに相違ないが、其全部は必ずしも然《シカ》るのではない。乍去《サリナガラ》、我々の經濟生活（向後《コウゴ》の）に取つて、最も重大の意義を有すると《コト》は、經濟的損失（エコノミツク・ロツス）であつて、經濟的損害（エコノミツク・ダメーヂ）ではない。此點火災保險の問題が復興の問題として、特別の取扱を要求する所以《ユエン》である。火災保險金全部の支拂はダメーヂの處理《ショリ》の問題である。之れに反し其或部分殊《コト》に小額契約の支拂を確保すると云ふ現在の問題は、ダメーヂの問題でなく、ロツスの問題である。復興經濟の立場からは、ダメーヂの處理は附從的のものである、其主たる問題はロツスの問題であらねばならぬのである。卽ち火災保險金を拂はぬが爲めに、向後《コウゴ》の復興が如何《イカ》に妨げられ、向後《コウゴ》の國民經濟が何程《ドレホド》の損失を蒙《コウ》むるかと云ふ一事之れである。

小泉教授が、戰費は直ちに富の滅失を意味しないのに、災害は有體財の破壞であるから、災害に處するには、自ら戰爭の遂行とは別の處置を必要とすると云はれたのは、言葉の上では、私も全く贊成するが、意味の上では、私は極力反對せざるを得ない。小泉教授は餘りに多くピグーに囚はれて居られる。戰費が直ちに富の滅失を意味しないと、ピグーが極力說いた其の國民經濟的考慮は、全く同一の强さを以つて、復興の經濟に就《ツ》いても主張せらる可《ベ》きである。復興經濟の立場から云へば、大災によつて破壞せられた有體財は、必ずしも富の消滅と看做《ミナ》す可《ベ》きにあらざることは、戰爭に費消せられた有體物の消滅が亦《マ》た爾《ナンジ》かく看做《ミナ》す可《ベ》きものと限らないと、其理は全く同一であるのである。大災が有體物を破壞したこと、其の事は向後《コウゴ》の日本の復興經濟に、直ちに何等の意味をも有して居らないのである。破壞せられたもの、中には、無用のもの、なくて濟むもの、却《カエ》つて無い方が宜いものもある。

眞の損失は、破壞とは同一物ではないのである。故に小泉教授が別の取扱を要すと云はれた意味は、單なる災害破壞有體物の考察は、之を復興經濟の問題とす可《べ》からずと云ふ意味に解釋するならば、私は全く同感である。然《シカ》し小泉教授の此言葉の下に云はんとした意味は左樣ではなく、日本復興の費用と歐洲の戰費とを別のものとして扱へと云ふことに相違ない。而《シカ》して其意味に於いては、私は極力同教授に反對せざるを得ざるのである。

併《シカ》し私が此《カ》く云ふは、戰後の經濟と復興の經濟とを同一物と見よと云ふ意味では毛頭ない。私の意味は、ピグーが巧みに説いた戰費の經濟學的考察が、復興經濟の其れと同樣《ドウヨウ》たる可《べ》しと云ふ丈《ダ》けのことに限られて居る。卽ちハーム、ダメーヂ、ロッスを其れ〴〵別に看ると云ふ點に於いて、私は復興經濟の第一原理を立つ可《べ》しとするものである。併《シカ》し其れは、平時の經濟學に對抗して、一の特別の原理の編成を要するものなりと云ふものあらば、私は極力之れに反對する。私は前段一に於て説いて置いた樣《ヨウ》に、復興經濟の第一原理は依然として平時經濟學の其れ以外のものたるを要せず、又然《シカシ》ある可《べ》きものでないと確信するものである。而《シカ》して又、他面に於ては、歐洲の戰後經濟の事例を、日本の復興經濟に直ちにあてはめんとする學者に對して、私は極力其非を鳴らさずして措く能《アタ》はざるもので、此點に於いて、二者を別扱にせよと云ふ小泉教授の言葉（意味ではなく）には、全然贊成せざるを得ないものである。歐洲戰後の所謂《イワユル》『改造經濟』（ヴヰーダー・アウフバウ・ヴヰルトシアフト）（三）と日本災後の復興經濟とは、gleich und ungleich genüg（似た點も澤山あるが、似ぬ點も亦《マタ》澤山ある）と私は主張するものである。似た點とは主として、費用の國民經濟學的考察の上にある、似ぬ點とは、其他殆んど凡《スベ》ての考察の上にあるのである。

三

東京帝大の商業學教師たるドクトル・ベルリナー氏は、歐洲戰後の經濟的經驗に基きて復興經濟の何大原則とか云ふ意見書を復興院かへ提出せられたソウで、渡邊鐵藏(四)教授は、其所藏の謄本を一昨夜の二十三日會で私に見せて呉《ク》れた。其意見書は、日本を愛するの熱情の餘り草せられたものと思ふ。一の苦めるものは他の苦める者に最も深く同情する。獨逸《ドイツ》人たるべ氏が大災に遭つた日本と日本人とに同情して、獨逸《ドイツ》戰後の經濟難から得た經驗に基いて喞々《シヨクシヨク》の忠《チユウ》言《ゲン》を提供せられた至情に對しては、私は一日本人として、滿腔《マンコウ》の謝意を表せずして已《ヤ》む能《アタ》はざるものである。乍併《シカシナガラ》、其れと同時に、私は、大戰後の改造經濟と、大災後の復興經濟とを同一の眼孔を以て見られるべ氏の意見は大體に於いて、正鵠《セイコク》を失するものと認めざるを得ないことを茲《ココ》に告白せざるを得ないのである。べ氏は（一）復興の費用は悉《コトゴト》く不生産的支出である（二）不生産的支出を公債其他によつて支辨《シベン》するは、通貨の過大膨張（インフレーシヨン）を惹起《ジヤツキ》す、斷じて非なり（三）故に今後日本の復興費用は一切增税を以て支辨《シベン》す可《ベ》しと進言して居る。私は、此三點の何《イズ》れもに對して、全く反對の見解を持するものである。而《シカ》して其凡《スベ》ては歐洲の戰後經濟と日本の復興經濟とを同一視するといふ根本的誤謬《ゴビユウ》の上に築かれて居るものと思ふのである。

小泉教授が、『戰費は、直ちに富の滅失を意味しないのに、災害は有體財の破壞であるから』云々《ウンヌン》と云はれて居るのは、或度までべ氏の復興の費用は不生産的支出なりと云ふのと、同一水準に立つ誤謬《ゴビユウ》であると思ふ。戰費は必ずしも富の消滅を意味しないと云ふことは、戰争が有體物の破壞を意味しないと云ふこと〻、決して同一事ではない。否、歐洲大戰が有體物を破壞した程度は、日本の震災による有體物の破壞の程度を遙かに超越して居ることは、誰人も否定し得ざる處であらう。更らに無形物の破壞、經濟機關の破壞が日本の震災に數倍する事は言ふまでもない。小泉敎授は、インコムメンズラブル（五）なる二つのものを比較して『別の處置を要す』と云はれるので、其は始から自明《ジメイ》の理《リ》、若《モシ》くは一のコントラヂクチヨ・イン・アヂエクト（六）（形容矛盾）に陥つて居るものである。手近な例を引くならば、Aは、自動車に刎《ハネ》飛ばされて、慈善病院に收容された。彼は一錢の入院費を支拂ふ必要がない。Bは階子段から轉げ落ちて、慶大病院の一等病室に入院して、一日五圓づつ外に看護婦料三圓合計八圓づつを支拂はなければならぬ。小泉敎授曰く、Aの入院費とBの怪我とは自ら別の處置を必要とする點が多からうと。比較せらる可《ベ》きものは、Aの怪我とBの怪我、Aの入院費とBの入院費とでなくてはならぬ。其の如く、歐洲の戰費と比較せらる可《ベ》きものは、日本の復興費でなくてはならぬ、震災による有體物の破壞と比較せらる可《ベ》きものは、歐洲戰爭の戰費であつてはならぬ、此れによる有體物の破壞でなくてはならぬのである。然《シカ》らざれば、其は形容矛盾に墮《オト》したものである。

然《シカ》し強《シ》ひて、小泉敎授の議論を活かさうとなれば、戰費と復興費とを對照しないで、戰費と災後救護費とを對照すれば出來さうにも見える。戰爭に從事した兵員の食料、衣料と罹災民への配給米、衣服等の費用とは、同じ種類ものである。而《シカ》してかくする場合には小泉敎授の議論は活きるけれども、其代り兩者は別の取扱を要するのでなく、同一の取扱を要するのであるから、小さく活きて却《カエ》つて大きく死ぬ議論となる外はない。兵士は戰をせずとも食はなければならぬ、其食費の一切が戰爭の損害ではない。唯だ平素の費用以上かゝる費用丈《ダ》けが、戰爭の爲めの費用である。其如く罹災民は罹災せずとも食はなければならぬ。其食費の凡《スベ》てが大災の爲めの無駄遣ひとなるのではなく、平生《ヘイゼイ》よりも餘計にかゝつた部分丈《ダ》けが、大災の爲めの費用である。然《シカ》し、平生《ヘイゼイ》は大抵白米を食べて居た人々が、玄米を食ひ、副食物としては、澤庵か梅干位、中には腐つたものを仕方なく食べさせられなどして日を過したのだから、平生《ヘイゼイ》よりは、却《カエ》つて失費が少かつた場合も必ずあらうと思ふ。況《イワ》んや米國などから意外に澤山貰つたものは、燒け得となつた勘定である。

四

ベルリナー氏が、復興の費用を不生産的支出なりと斷ずるには、右小泉教授の議論が陷つた形容矛盾に更らにベグリフス・フエルヴヰルング(七)(概念の錯亂《サクラン》)を附け加へたものではあるまいかと思ふのである。

先《マ》づベ氏は復興と復舊とを混同して居るかと思ふ。復興は必ずしも復舊ではない。否、私は、他の機會前段一に於て申して置いた通り、復舊は最惡、最拙の復興なりと主張するものである。殊《コト》に經濟復舊は、最も損なる復興經濟法であると信ずる。禍《ワザワイ》を轉じて福となせと我々に教えられた渡邊鐵藏博士は、舊狀恢復《カイフク》を以つて禍《ワザワイ》を福と爲すものなりとは、決して主張せられまいと思ふ。復舊は、禍《ワザワイ》を其儘《ソノママ》禍と爲す最捷徑《ショウケイ》である。少しでも福を生み出さうと云ふには、其處《ソコ》に何等かの改善、改良の新案が立てられ、實現せられるのでなければならぬ。私は斷じて復舊を方針とする一切の復興計劃に反對する。殊《コト》に江戸式東京と其の時代後れな諸々の有形、無形造營物の舊態恢復《カイフク》を斷然排す可《ベ》しと主張するものである。ベ氏は日本人、殊《コト》に東京人の復興心理、經濟心理を理解せられないのであるまいか。此理解なくして、日本の東京の復興を論ずるのは、徒勞千萬な話である。私は過日横濱の居留地(八)の燒跡を見物した。其或る處では、異臭紛々《フンプン》鼻を突くこと、本所被服廠《ヒフクショウ》(九)とは又異るものがあつた。行路の人私に向つて語つて云ふ。西洋人は皆金錢其他貴重品を身に付けて居り、而《シカ》して財産觀念が强いから、警察でも迂濶《ウカツ》に死體を發掘すると《コト》が出來ぬ。彼等は日本政府に納稅するのせぬのとツイ此の間まで市役所を手古摺《テコズ》らして居たのであるから、此際警察も大いに自重して、本國から遺族か何か立會人の來る迄は、ウカと死體に觸るゝことを避けて居る。此甚《ハナハダ》しい異臭は、此の煉瓦の下に今に埋まつて居る死體から發せられるものであると。私は事の眞僞を究める暇もなくて其處を過ぎ去つたが、其異臭はたしかに死體から來るものには相違ないと思つた。但し其れを掘出さない理由は、右路人の語る如くであるや否やは知らないが、兎《ト》に角《カク》多くの死體が其儘《ソノママ》になつて居ることは事實であると思ふ。然《シカ》るに、其傍には殆んど各戸毎に Lot No. X The Property of ……と云ふ建札の立てられて居るのを見て、頗《スコブ》る不愉快に感ぜざるを得なかつた。彼等は、財産の故に死者を葬ることを躊躇するのか否かは分らないとしても、兎《ト》に角《カク》死者が其儘《ソノママ》に放擲《ホウテキ》せられて居る其處へ『何某の財産第何號』と云ふ建札をすることを忘れないのである。此の心理と日本人の心理との間には、可なり大なる距離があることは、誰人も（日本人のみならず、日本を能《ヨ》く理解する人ならば外人でも）之れを疑ふまいと信ずる。日本人は常に燒太りと云ふことを云ふ。此度の復興を復舊に甘んずる日本人は殆んどあるまい。復舊以上に、改善し、改良する爲めの費用は如何《イカ》なる眼から見ても、之れを不生産的支出と云ふことは出來ないのである。

私は前に内務省の會議室を例に引いた。今再び此例で云つて見よう。此會議室が假りに災前に於いて、モハヤ到底使用に堪《タ》へぬものとなつて居たが、役人の怠慢で其儘《ソノママ》の危險狀態に放任せられてあつたものと假定せよ。然《シカ》る場合、其れが大火の爲めに燒けたから、復舊を要するとする。此の場合、復舊は改善の外爲し能《アタ》はぬのである。燒ける前の危險狀態の會議室を其儘《ソノママ》復舊することは、事實不可能なことであり、又左樣な愚かなことは、經濟論にはならぬのである。又必ずしも極《キワメテ》危險狀態になく、私共が出入して居た頃の狀態にあつたとしても、其狀態に復舊すると云ふことは、到底問題にならないのである。卽ち名は復舊であるけれども、實は改築の外爲し能《アタ》はざるのである。ベ氏は其の費用を不生産的支出と云はれるであらうか。又見方を一つ換へて見よう。右會議室は早晩《ソウバン》改築せらる可《ベ》きものであつたに相違ない。然《シカ》る時は、改築に先つて取壞しが必要となる。其取壞しには何十人かの人夫を使役することを要する。然《シカ》るに大災の爲め、一人の人夫を要することなく其凡《スベ》てが丸燒となつた。取壞せば、材木や瓦は殘るであらう。然《シカ》し彼の會議室の腐れかけた材木に果して何れ程《ド》の價値があつたらうか、而《シカ》して其古材木の賣却代金と、取壞し用人夫の勞銀と果して何《イズ》れが多かったであらうか。假に後者の方が多かつたとすれば、火事の爲めに損をせず、却《カエ》つて得をした勘定になる。若《モ》しも大災がなかつたとして、取壞し改築するとき、ベ氏は、其費用を悉《コトゴト》く不生産的支出と呼ぶであらうか。左様なれば、官廳、學校などの改築費は、凡《スベ》て不生産的費用となつて我々はオルソドックス經濟學(十)の、教師や官吏は不生産的勤務者だと云ふドクマを信奉《シンボウ》せねばならないことになる外はないのである。態々《ワザワザ》遠く獨逸《ドイツ》から渡來せられたベ氏に其説を聞くとは、意外千萬なことである。丸焼けになつた帝大の圖書館は更なり焼残つた慶大、早大、商大の圖書館には、其様《ヨウ》な陳説を説いた古い經濟書は、持餘すほど澤山所藏せられて居り、其様《ヨウ》な經濟論で頭をかためた方々も、まだ此の東京にも多少は生き殘つて居られる筈《ハズ》である。

五

大災によつて失はれた有形物の中には、右會議室のようなものは、甚《ハナハ》だ尠《スクナ》からずあつた。又必ずしも腐朽しては居らずとも、改善改築の必要なもの、焼けても惜くないもの、向後《コウゴ》の復興生活には却《カエ》つて無い方がいゝものも少からずあつたことは、疑を容れない。其等を悉《コトゴト》く復舊するなどと云ふことは、以つての外であらう。殊《コト》に横濱などには、金に換へられない眞の貴重物と云ふものは、極《ゴ》く少しかなかつた。復舊と云つたとて、其等凡《スベ》てを其儘《ソノママ》に復舊することは、到底あり得ないのである。焼け太りと云ふ日本の諺は、他の意味と共に、此《カ》くの如きもの丶失はれることが、却《カエ》つて仕合せであると云ふ意味も含まれて居るのである。卽ち復興を復舊と解釋しても、文字通りの復舊と云ふことは、到底有り得ないことが、之で分るであらうと思ふ。

従つて復舊の費用は皆不生産的支出なりと假定しても、其れは机上の概念遊戯である丈《ダ》けに、日本が現實に行はんとする改善、向上を標的とする復興に就《ツ》いて、其の費用が悉《コトゴト》く不生産的支出であると云ふことは、概念の錯誤である。況《イワ》んや其れを全體の議論の出立點《シユツタツ》として、日本の財政經濟政策に方針を與《アタ》へようなどと云ふのは、之れを目《モク》してStubengelehrter（書齋先生）（十一）他人の國を誤ると言はざるを得ないのである。

然《シカ》し私は、ベ氏の學問に深い敬意を表する爲めに、更らに節を屈して、ベ氏の誤謬《ゴビユウ》を明白ならしむ可《ベ》く、復興事業の中、徹頭徹尾復舊以上に出でない場合に就《ツ》いて考察して見よう。箱根の鐵道は破壞せられた。之を舊狀通りに復舊するものとする。此工事には、若干の材料を要する。然《シカ》しレールは大抵其儘《ソノママ》使用に堪《タ》へるとする。唯だ之に工作を加へなければならぬ。主として要するものは工夫の勞働である。復舊費中の大なる部分は、工夫賃銀の支拂高である。假りに此れに要する工夫は、今まで熱海線工事に使用して居たものを轉用するによつて事足るとする。此場合ベ氏は、此の工夫への勞銀高を不生産的支出と呼ぶのであらう。然《シカ》るに、此度の地震の經驗によつて、熱海線は幹線鐵道としては不適當であることが發見せられた。根府川驛の慘落《サンラク》一事丈《ダ》けでも、此れは明白なことである。此の熱海線は何《イズ》れ改めて設計することを要する。従つて、此地震なければ、依然熱海線に使役せらる可《ベ》かりし工夫が、箱根線に轉用せられたのは、不生産的であるか。若《モ》し此地震なくば、同じ人數の工夫は、不適當なる熱海線に使用せられて行く。然《シカ》る場合ベ氏は、熱海線に使用せられた工夫への勞銀支拂は不生産的支出であると云はれるのなら、氏の議論は一貫する。併《シカ》し、其論法で行くと、不適當なる若《モシ》くは營業不振なる鐵道の建設に使用せられた工夫の勞銀支拂は皆不生産的支出であつたと云はねばならなくなる。否、凡《スベ》ての鐵道に就《ツイ》て其の利用の程度如何《イカン》によつて、鐵道建設費が生産的であるか、不生産的であるかゞ決定せられるまで待たねばならぬことになる。従つて鐵道公債の募集は、ベ氏によれば、全く爲す可《ベ》からざることゝなる外はない。

鐵道工夫は箱根線に使はれると、熱海線に使はれると、其何《イヅ》れの場合に於いても、生活して行くものである。其受取る賃銀は、彼等と其家族とを支へて行くものである。日本の國民經濟は、彼等の生存を何《ド》の道によつてか負擔《フタン》せねばならぬものである。唯彼等を生產的に使用することを勉めねばならないには相違ない。併《シカ》し箱根線復舊に使ふよりも、他の新線架設に用ゐれば、より多く生產的であるかと云ふに、一概には左樣には答へられない。政友會の引鐵政(十二)略の爲めにする實用甚《ハナハ》だ少き新鐵道、營業收入も不印なる新鐵道に、彼等が使用せられることが、箱根線復舊に使用せられるよりも、より多く生產的であらうか。べ氏の樣《ヨウ》な私經濟的立場に立つて考へても決して左樣は答へられまい。

箱根線が地震の爲めに破壞せられなかつたとして、今復舊に要す可《ベ》き工夫が、政友會用の鐵道又は熱海線に使役せられたとすれば、其工夫の勞働の生み出した新なる富は、其の貧弱な鐵道の經濟的利用の總計である。假りに其れを貨幣額に見積つて、一ケ年十萬圓とする。箱根線が破壞せられず、若《モシ》くは破壞せられても復舊せずに捨て置くときは、彼等は一ケ年十萬圓のものを生產する生產的勞働を營んだものである。然《シカ》るに、今箱根線は破壞せられ、之を復舊す可《ベ》く、彼等を使用する。然《シカ》るに東京、小田原、横濱、横須賀其他の復興の爲めに、多大の貨物、旅客が此線を利用するによつて、箱根線の收益は、災前の其れに超過すること一ケ年二十萬圓なりとする。若《モ》しも箱根線を復舊せずに置けば、十萬圓にしかならぬのであるから、差引十萬圓の剩餘利益が出る。然《シカ》るにべ氏は、此れを產み出す可《ベ》く勞働した工夫への支拂は、悉《コトゴト》く不生產的支出なりと云ふのである。べ氏は言ふであらう、箱根線が破壞せられずば、二十萬圓の增收と、熱海線若《モシ》くは政友會線の十萬圓と合計三十萬圓の收益がある可《ベ》きである。然《シカ》るに箱根線が破壞せられた爲めに、日本の鐵道增收は二十萬圓に止る。差引十萬圓の減收であると。私答、其れは、地震の爲の破壞の代價であつて、復舊の爲めの不生產的支出ではない。地震の爲めに破壞せられた損が十萬圓であると云ふことゝ、復舊費が不生產的であると云ふことゝは、全く別の事である。之れを同一として取扱ふことは、學問上、之れを概念の錯綜《サクソウ》と名《ナツ》ける。

今べ氏の提出する問題は地震の與《アタ》へた損害何程《ドレホド》と云ふことではない、復舊費が不生産的であると云ふ命題是れである。從つて、此の問題は、破壞が全くないか、又は其れは與定《ヨテイ》前提たるものとして然《シカ》る上にて決せられなければならぬ。而《シカ》して事實は、其後の場合である。卽ち、破壞は旣與《キテイ》の事實である。然《シカ》るときは、箱根線復舊に工夫を使用するか、熱海線又たは政友會線に使用するか、兩者の比較でなければならぬ。此比較に於いては、復舊に使用した爲めに二十萬圓より十萬圓を引いた、十萬圓と云ふ增收が得られる。卽ち復舊の方がより多く生産的であるのである。破壞がなかった場合の三十萬圓と比較するときは十萬圓はより少く生産的であるに相違ない。然《シカ》し其れは、復舊の不生産的であることを少しも示さない。何となれば破壞なくば、復舊も亦《マタ》あり得ないから。

破壞は無論不生産的である。然《シカ》し其れは、復舊が不生産的であることを當然に意味するものではない。べ氏は、過ぎ去つた破壞と、來る可《ベ》き復興とを概念的に錯綜《サクソウ》して復興は凡《スベ》て不生産的なりと云ふのである。其れは恰《アタ》かも、人を殺すことは罪惡である、從つて其罰として監獄に在ることも罪惡である。罪を悔いて、善根《ゼンコン》を積む所業も亦《マ》た罪惡であると云ふが如きものである。思ふに、べ氏は、歐洲戰後、獨逸《ドイツ》が嘗《ナ》め來り、今も猶嘗《ナオナ》めつゝある苦い經驗を痛感し、日本をして其轍《テツ》を覆《フク》まざらしめんとの深厚《シンコウ》な友情に燃ゆる餘り、日本の震火災を以つて歐洲大戰の慘禍《サンカ》と同一視し、復興經濟を見るに全く獨逸《ドイツ》の戰後經濟を見ると同じ眼を以てし、通貨の過當膨張、國債の巨大なる集積が、向後《コウゴ》の日本に起ることを、極力防止す可《ベ》きことを、我々に警告せんと熱望し、不知、不識《フシキ》の間に、經濟生活の根本理法に於いて形容矛盾、概念錯綜《サクソウ》の深みに落ち込まれたのであらう。從つて私は理性の上に於て氏に反對すると共に、情の上からは實に、言ひ盡くし難き、深き〳〵感謝の念を催すを禁じ難いものである。

大災の爲めに倒れたものは、日本の富の一部分にしか過ぎぬ。タトへ大藏省の調査なるものによるも百億圓である。ムーア氏によれば、二十億圓に過ぎぬ。日本の國民所得は、汐見學士の研究の結果によれば大正八年に於て三十一億圓を超過して居る。百億圓とすれば三ケ年半分の國民所得が倒され燒かれたに過ぎぬ。二十億圓とすれば、一ケ年分にも及ばぬのである。更らに國勢院調査の國富統計によれば、大正八年に於ける日本の國富総額は八百六十億七千七百七萬圓とせられて居る。百一億圓は其の一割一分八厘に當る。私は、大災の爲めに倒れたもの燒かれたものを過大視する人々に、此點を篤《トク》と考へて貰ひたいと思ふものである。其れと同時に、興《オコ》ることを過小視するの甚《ハナハ》だ誤れることを指摘せざる能《アタ》はざるものである。

六

百億圓が失はれた價値であるとしても、其れは向後《コウゴ》の復興經濟に於て、全部が損失となるのではない。我々の向後《コウゴ》の生活が、大災に促《ウナガ》されて、甚《ハナハ》だ緊縮充實したものとなるならば、失はれたるものゝ内復舊するを要せざる無駄なもの、省く可《ベ》きものが多々あるに相違ない。向後《コウゴ》の我々に取つて意味を持つものは、大災による物の破壞の大さではない、向後《コウゴ》我々の緊縮生活に於いて恢復《カイフク》し得られざるものゝ大さである。過去の消滅は唯間接に我々の損失に關係する。我々の損失其ものゝ如何《イカ》に大なるか、如何《イカ》に小なるかは、唯だ我々の向後《コウゴ》の生活と其活動とが之を決定するのである。破壞が我々の損失ではない、復興の過程に於て復舊し得られざるものが我々の損失である。

私はベ氏の復興全部不生産論を誤なりとするものである。乍併《シカシナガラ》、復舊は最も少く生産的であること、又其或部分は慥《タシ》かにベ氏の言ふ如く不生産的であることを極力主張するものである。我々の復興は出來る丈《ダ》け復舊を避けなければならぬ。我々の復興は改良、改善、向上でなければならぬ。興《オコ》ること愈々《イヨイヨ》大なれば、倒れたることを愈々《イヨイヨ》小とすることが出來る。反對に興《オコ》ること愈々《イヨイヨ》小なれば、倒れたるものは全部我々の損失となる。問題を決定するものは、倒れたるもの、燒かれたるものではない、興《オコ》ることの大小之れである。此點に於いて我日本の復興經濟は、歐洲戰後の諸國の所謂《イワユル》改造經濟とは、事態甚《ハナハダ》しく異るのである。

倒れたるもの、燒かれたるものは、多くは有形物である。而《シカ》も其大大部分は、金を以つて購《アガナ》ひ、勞働を以つて再生產し得るものである。金に換へられず、我々の努力を以つて再生產し得られざるもの、燒かれたる部分は、極《キワ》めて小である。有形物にして既に然《シカ》り、無形物に至つては、猶更《ナオサラ》である。今日前に於いては、無形物の活動は其道具たる有形物の恢復《カイフク》せられざるが爲めに妨げられて居るに過ぎない、決して消滅したのではない、倒され、燒かれたのではない。其善きものも、惡しきものも有形物の道具立てさへ復興されば、直ちに活動す可《ベ》く待ち構へて居る。其惡しきものを悉《コトゴト》く捨て去り、其善きものを助長して、此活動を災前よりより多く活動せしむるならば、其有形的道具の改良、改善に費された費用は悉《コトゴト》く生產的となる。其反對の場合にはべ氏の云ふ如く不生產的となる。復興の費用を生產的ならしむ可《ベ》きか、不生產的ならしむ可《ベ》きかは、主として、復興經濟に對する我我の經濟的如何《イカン》に存する。べ氏の云ふ如く、カテゴリカリーに不生產的の、生產的のと、初めから定つて居るのではない。私は敢《アエ》て云ふ、我々は、興《オコ》ることを最大にして、倒ることを最小にす可《ベ》き重き責務を荷《ニナ》つて居る。日本人の、東京人の復興の意氣旺盛にして、其の實現の意外に迅速に意外に大なるに、驚異の眼を見張つた某外人は、多くの日本人に勝りて、日本と日本人の眞骨髓を看取《カンシュ》したものである。日本人たるもの、何ぞ倒るゝことを過大視し、自ら興《オコ》る力を過小視するや。

（十二・十・廿四稿）

追

べ氏の増税論公債論等に就《ツ》いては、他の機會に、卑見《ヒケン》を開陳したく思つて居る。

＝大正十二年十一月『我觀』掲載＝

三　復興經濟の厚生的意義

一

私は豫見する。氣短かな東京人とそれに雷同する一部の人々は、餘り遠からざる將來に於て、復興と云ふことに嫌《ケン》厭《エン》を惹起《ジヤツキ》し、其前途を極端に悲觀するに至るであらう。而《シカ》して向上發展の意氣なき固陋因循《コロウインジユン》の實業家、政治家、學者、論客等は、其時の到來を蟄伏《チツプク》して待ちつつあるが故に、一度復興嫌厭《ケンエン》の聲が放たれると、此機逸す可《ベ》からずとして、あらゆる宣傳、あらゆる方略を應用して、反復興熱を煽《アオ》るに、彼等の『最善なる最惡』を盡すことであらうと。此危機は、現在の復興當局者の誤つた措置が、殊《コト》に其輕浮《ケイフ》なる態度が、最大の力を以つて釀成《ジヨウセイ》しつゝある所である。今の時に於いて、最も聲高く、復興々々と叫びつつある彼等當路の人々こそ、最も有効に、反復興熱の到來に勉めつゝある所の人と云はねばならぬ。何んとなれば、彼等は、實行の上に一の復興する所なくして、唯口舌《クゼツ》を以つて復興を唱《シヨウ》道《ドウ》しつゝあるのみであつて、復興の齎《モタ》らす可《ベ》き善き結果は一も之れを與《アタ》へず、否復興の宣傳に全力を傾け盡して、當面直下に施設す可《ベ》きことを一切高閣《コウカク》に束ねつゝあるによつて、罹災者は勿論非罹災者に至るまで、當《マ》さに與《アタ》へらる可《ベ》き營生《エイセイ》の機會を與《アタ》へられず、民衆の生存は、震災によりてよりも、寧《ムシ》ろ災後の當局者の怠慢放縱《ホウジユウ》失態の爲めに、彌々《イヨイヨ》益々《マスマス》脅さるゝ外ないからである。火災保険金問題一つすら未だ何等の解決を見ざる間に、九月は十二月となり、バラツクを襲ふ風と雨とは、震火に生殘つた人々に、却《カエ》つて其の生き殘つた事を一の咀《ソ》と感ぜしめるに至つて居る。天災は諦めることも出來よう、人災は諦め切れるものではない。私の此頃試みた推計によれば、現實の失業者十一萬人餘、それに其家族を合算すれば、三十萬六千人、更らに準失業者と看做《ミナ》す可《ベ》きもの、轉業者九萬二千餘人、新求職者五萬五千人、合計十四萬七千、其家族を合すれば、約四十萬人となる。かくて兩者通計約七十萬の罹災者は、復興の空聲に先《マ》づ失望落膽《ラクタン》すべき第一線に立つ人々である。復興の意義を如何樣《イカヨウ》に解決するとも、其の規模の大小を如何《イカ》に計劃するとも、復興第一の事業は、此の七十萬の人々に、其の全く若《モ》しくは一部分的に奪はれたる營生《エイセイ》の機會を恢復《カイフク》することであらねばならぬことは、誰人も之を疑ふ能《アタ》はざる所である。然《シカ》るに、今政府の爲しつゝある所を見ると、此一事に就《ツイ》て、殆んど何事をも施設して居らぬのである。最も手近な一例を擧げれば、東京市と農商務省とは、相議して、婦人罹災者に副業を授くる案を立て、果して如何《イカ》程の求職者あるか、其總數並びに其希望職業種類の調査を企てた。此れは甚《ハナハ》だ結構な思付きである。故に私共は、東京市の懇請を入れて、私共の微力の許す限り其調査を試み、甚《ハナハダ》不完全なるものではあるが、所要の結果を提出したのである。然《シカ》るに之れに對する吏員諸君の返答は曰く、調査の勞を多謝す、但し我等が要求したる二十萬圓の豫算は、上司の容るゝ所とならず、一擧にして拒まれた。我等は豫算なくしては、何事をも爲すことは能《アタ》はず、折角調査をなして貰つたが、其れは後日の參考に供するの外なく、目前直下、我等は其對案に就《ツイ》て何事をも爲すこと能《アタ》はざるものなるを諒とせよと。政府吏員の態度常に概《オオム》ね此類《タグイ》である。彼等は何事にも豫算々々と云ふ。畢竟《ヒッキョウ》彼等の能事《ノウジ》は、如何《イカ》にして上司を動かし、如何《イカ》にかして財政當局を驚かして、一錢にてもより多くの豫算を奪取し來るを得んかの一事に集中して居る。無論豫算潤澤にして、事績を擧げ得るに越したことはない。然《シカ》し乍《ナガ》ら限りある國家の歳入を以て限りなき吏僚の豫算慾を満たす可《ベ》き道は存するものではない。而《シカ》して甲の事を爲すに豫算、乙の事を始むるに豫算と、餓鬼の食を强請するに均しき態度を以て、復興の重大事に向つて居る。豫算取れざれば、一切の責務は、其瞬間に消滅するものと觀ずるが、今日の日本の官吏の共通心理であるのである。

二

廣い意味に於いては七十萬、狹い意味にては三十萬內外の失營生《エイセイ》機會者に、少くとも稍々《シヨウシヨウ》安定せる營生《エイセイ》の機會を與《アタ》ふることなくして復興を談ずるは、寧《ム》ろ暴《バク》に近い無責任の處業《シワザ》である。其の營生《エイセイ》機會の恢復《カイフク》は、事決して容易でなく、國費用途多端なりと雖《イエド》も、之れに要する支出は、國として決して辭するを得ない處である。道路、建物、港灣、運河の如きは、此の取扱に比すれば甚《ハナハ》だ從屬的の意義をしか有せぬものである、然《シカ》るに其等の從屬的なる、而《シ》かも必ずしも直下に急施《キユウシ》するを要せざる幾多の計劃を、單に机上に立案する爲めに數十萬圓の經費を要する復興院なるものを設け、屋上更らに屋、床下更らに床を架する底の各種の機關を設けつゝある政府は、焦眉《シヨウビ》目前の急施《キユウシ》を要する營生《エイセイ》機關恢復《カイフク》の事業は、平時さへ無能無爲の典型として知られた賣れ殘り吏員の一團に放任し、而《シカ》して、其吏員等は、日が照ても雨が降つても、唯豫算々々と御題目を唱へて徒手遊食《トシユウシヨク》しつゝあるのである。必要不可止經費なら、御題目を唱ふる暇を以つて、財政當局なり上司なりに、十分說明して聞かせて、之を支出せしむ可《ベ》きである。彼等はその決斷すら之れを持つて居らぬのである。

七十萬の罹災者は、決して永く慈善の目的物として放置す可《ベ》きではない。文明國民の意氣から云つても、慈善の目的物として取扱はるゝことは、一日も早く之を脫《ノガ》れ出でしめねばならぬのである。今日の處罹災者の爲めに、少くとも其の集團バラックに就《ツイ》て、若干の事項を擧げつゝあるものは、救世軍、東西本願寺、基督敎青年會、同愛會、同心會、櫻楓會(一)等少數の健氣《ケナゲ》なる人々のみであつて、而《シカ》して其れは言ふまでもなく、慈善救濟の意味に於いて力を盡くしつゝあるに過ぎない。バラック團に於いても憐れなる罹災者の爲めに、若干の世話を爲しつゝあるものは、自らも亦《マタ》罹災者たる有志の人々であつて、而《シカ》も其執務の爲めに、自らは營生《エイセイ》の事に從ふ能《アタ》はず、市區よりは壹錢の報酬をも供せられないものである。從て彼等は怨嗟《エンサ》の念に充たされつゝあつて、漸次《ゼンジ》罹災民ブローカー（私は其れが增加する傾向あることを茲《ココ》に斷言する）の手に移り行くことを免《マヌガ》れないのである。或る集團に於ては、其の役員等に配給上不正の事あつた廉《カド》を以つて、自治團は解散を命ぜられた。而《シカ》して無能なる市は、之れに代る可《ベ》きものを作らぬ、從來自治團の役員が、辛うじて周旋《シュウセン》しつゝあつた婦人內職の供給は全く其道を絕たれた。當局者は、私共が此事實を指摘して警告するまで、其樣《ヨウ》の事を夢にも知らなかつたと告白して居る。又他の集團では、數十世帶の病者、老廢者《ロウハイシャ》を別處に集置し乍《ナガ》ら、其が特別配給を要するものなることを全く打忘れて居た爲め、數日に亘つて殆んど絕食の狀にあつたと《コト》を發見した。私は戲《タワム》れに言つた。今の此世に『速成地獄』を見んと欲《ホッ》する人あらば、須《シバ》らく來つて此等のバラックを見よと。『速成地獄』は如何《イカ》にして作られたか、其手續は誠に簡單である。曰く、無能にして怠慢なる市區吏員に罹災者の取扱を放任することによりて。其放任の責任者は言ふまでもなく、最高位に在る復興空說者等である。凡《オヨ》そ人を殺す者は罰を免《マヌガ》る可《ベ》からず。私は、今の世に於いて、最大の殺人罪を以つて問はる可《ベ》きは、虐殺犯人何某大尉等にあらずして、却《カエ》つて時を得顏なる復興空說の當局者其人々たるを指摘せずして已《ヤ》む能《アタ》はざるものである。刀を執つて他を殺す者は、其事明白なる丈《ダ》け罪却《カエ》つて深からず、刀を執らず首に繩を擬することなくして、日に何千の悶死《モンシ》者を作り出すものは最も指彈せられざる可《ベ》からざる道德的殺人犯人と云はねばならぬのである。

三

私は今當局者糺彈《キユウダン》の爲めに筆を執るものではない。私は罹災者の現狀を見て、堪《タ》へ難き感傷に惱むものであるが、此の胸中を披瀝《ヒレキ》して、仁人志士《ジンジンシシ》に訴へんが爲めに此文を草するものではない。私は讀書生の分際として、其力を有せざることを十二分に自覺して居るものである。私は、私の分として冷靜に談理《ダンリ》せんが爲めに、此一篇を物するものである。私が上に言つたことは、復興咒咀《ジユソ》の第一聲が幾萬の罹災者其人々から發せられるに到るであらうことを明かにせんが爲めに過ぎない。私は飽迄《アクマデ》復興の前途を樂觀し、其可能性、殊《コト》に復興による損害の最小化の可能性を十二分に信じつゝあるものである。唯だ私は一方に於いて、實行の上に於いて、今の復興當事者が全然閑却《カンキヤク》する大問題が焦眉《シヨウビ》の急施《キユウシ》を要するものとして橫はるヿ《コト》を明かにし、而《シカ》して、他方に於いては、やがて來る可《ベ》き反復興熱に對して具《ソナ》ふ可《ベ》き冷靜の理論を說かんと欲《ホツ》するものである。現前の救濟問題を度外に措くことは、眞正なる復興を絕望的ならしめるものである。十一萬の失業者は、災前に於いて、其れ〴〵何等かの職業を有し、之れによつて、社會の一員たる資格を保障せられ、之れによつて、自己と其家族との營生《エイセイ》の機會を保持しつゝあつたものである。彼等の多く、若《モシ》くは、殆んど全部は、有形の財物を失つたものである。乍去《サリナガラ》、彼等は未だ無形の財物を全くは失つたものではない。彼等は其れ〴〵の職業に於いて、多かれ少かれ、之れに適應した技能、適性、塾錬、習慣性等を有して居たものであつて、其等は、彼等が今失業者たる間は全く活用の機會を與《アタ》へられて居ないものである。其等は、貴ぶ可《ベ》き無形の財物である。彼等の多くは、此の無形の財物の活用、運用によつて、有形の財物の消滅を、或は多く或は少く、補償し行く可《ベ》きものである。彼等が生く可《ベ》き道は、此外に存しない。此無形の財物は、之を活用す可《ベ》き營生《エイセイ》の機會、之を適用す可《ベ》き何等かの職業を見出すことによつてのみ、財物たり得るのである。配給品に生活し、慈善に命をつないで居る限り、彼等は唯だ生きて行くと云ふに止り、其有《モ》てる貴き無形の財物を、自己と社會との進歩に貢献せしむ可《ベ》き働きは全く閉されて居るのである。其損は彼等自らのみに止らない、國と社會とは、活用せられざる無形の財物の價値全部を損しつゝある。利用機會の閉塞が長期に亘るときは、此の無形の財物は、其の本體價値を永久に減損し若《モシ》くは滅却するに至るであらう。熟錬工業勞働者に就いては、此理は誰人も直ちに看取《カンシュ》する所であらうが、其れは決して熟錬勞働者のみに限られたことではないのである。不熟錬勞働と云つても必ずや或度までの習錬と適性とを要し又た之を有して居るものである。商業、公務自由業從事者に其の虞《オソレ》なしとも決して云へないのである。たとへ一歩を讓りて、職業的、技能的損毀《ソンキ》はないとしても、人の道徳的性格は、永く極窮の狀態にあるか、慈善の目的物たるに止るかによりて、著しく損毀《ソンキ》せられることを思はなくてはならぬ。集團バラックに於ける徳性の破壞に就《ツイ》ては、私は幾多の事例を目撃した。風紀などは言ふまでもないことであるが、私の最も恐るゝ所は生存の肯定力の薄弱化之である。殊《コト》に正しく人らしく生さんとする意思の減損是れである。從つて、今日の經濟生活の根本基調を成す營生《エイセイ》の衝動の惡化是れである。私はバラック踏査以前に執筆した或論文後段『經濟復興は先《マ》づ半倒壞物の爆破から』に於いて、配給米請取りに半日を潰すを惜まぬ罹災者、殊《コト》に借金してまでも獨立して自らのバラックを建てる人々を、生存權擁護の健氣《ケナゲ》なる實行者と呼んだ。集團バラック收容者の大多數に就《ツイ》ては、私は依然として爾く觀察する𪜈《コト》を渝《カ》へない。乍併《シカシナガラ》其或部分に就《ツイ》ては、私は此語を適用する𪜈《コト》を今日に於ては、多少躊躇せざるを得ぬものである。彼等は生きんとする人々には相違ない。問題は『如何《イカ》に』の點にある。獨力獨行生きんとする人々としては、彼等は漸次落伍《ゼンジラクゴ》しつゝある。此現象を一概に『依賴心が強い』と評し去ることは、事の眞相を窺ひ盡さないものである。私をして率直に云はしむれば、彼等の或者は極窮權の實行候補者たる考へ方を、段々培養せられつゝあるものではないかと思はなければならぬ。果して然《シカ》りとすれば、今日の文明生活の一員としての資性の上に於いて、大なる逆行の事實が横はるものでなければならぬ。今日の文明制度の基調の上に、妥當なる生存權主張を建て、行かうとする人々は、我等が最も深い感謝の念を禁ずる能《アタ》はざる人々であると共に、此基調を外にしてまでも、否、外にすることによつて、生きて行かうとする人々は、此の文明生活の爲めに甚《ハナハ》だ憂ふ可《べ》き又た恐る可《べ》き人々である。私が生存肯定力の薄弱化と呼ぶのは、單なる物理的存在の否定の謂《イイ》ではない。今日の文明生活の基調の上に生きて行くことの否定の謂《イイ》である。而《シカ》して私は、之れを無形の財物の破壞の最大項目に數へなければならぬものであると信ずるものである。此の意味に於ける無形財物の破壞は、復興の前途を著しく悲觀的たらしむること、恰《アタ》かも歐洲大戰後殊《コト》に現在の獨逸《ドイツ》の有樣に甚《ハナハ》だ接近するものと思ふのである。

四

私は他の機會に於て前段二歐洲大戰後の戰後經濟と、我日本現在の復興經濟との根本的差違を指摘することを試みて、東大教授ベルリナー氏の復興費不生產支出論の誤謬《ゴビユウ》を論じた。私は其際主として、支出の經濟的解剖の上に、私の論據を置いた。其れは慥《タシ》かに最重要の點であると思ふ。乍併《シカシナガラ》、其れと同時に民衆心理の方面あることを、今力說したいと思ふのである。私は、歐羅巴《ヨーロッパ》に於ける改造事業の遲々《チチ》たる進行の最大原因を心の上にあると屢々《シバシバ》論じた。拙著『經濟危機と經濟恢復』其他の文に於いて誠に、今日の歐羅巴《ヨーロッパ》又世界の改造の前途を暗黑にしつゝあるものは、國國と相嫉視《アイシツジ》し、民民と相憎み、而《シカ》して國中の各部分互いに相疑ひ相妬《ネタ》む人心の荒《ス》さみ實に是れである。戰爭による物質的破壞の大部分は、歐洲諸國年生產の四五年分にしか該當せぬものである。之を過大視することは、大なる誤謬《ゴビユウ》である。戰爭による物の破壞よりも、寧《ムシ》ろ戰後に於ける人心の荒廢が、今日の歐羅巴《ヨーロッパ》を苦惱の淵に沈めて居るのである。是れは、戰爭と云ふ人間悪が原因であり、戰後其の人間悪が同じ道程を辿つて更らに増大せられたからである。然《シカ》るに日本の被《コウム》つたものは、人間悪でない、天の降した禍《ワザワイ》である。之を天譴《テンケン》と見る人は見ても差支《サシツカエ》ないが、兎《ト》に角《カク》、九月一日の禍《ワザワイ》は、地震と云ふ不可抗自然力の產み出したものである。災前の日本人は悪化しつゝあつたのかも知れない。然《シカ》し乍《ナガ》ら其悪化が彼の地震を招來したのではない。否、地震とそれに續く大火との禍《ワザワイ》の爲めに、少くとも罹災人民は、一時は驚く可《ベ》き程善化したことは疑を容れない。其心理狀態はまさに大戰後の互に相疑ひ猜《ネタ》み合ふ歐羅巴《ヨーロッパ》の各國民の其れとは雲泥の相違がある。互に相いたはり相憐み合ふ人情美の極度まで發揮せられた有様は、極端に云へば人間が震火によつて此《カ》くも善化するものなら、寧《ム》ろ震火は歡迎す可《ベ》きものなりとまで考へさせられた位である。國中の人々の間が此《カ》く善化したのみならず、米國支那を始め、國際心理悪化の極度に陷つて居る獨《ドイツ》露《ロシア》佛《フランス》國民すら、我我日本人に對しては心からなる同情を寄せて吳《ク》れた。地球の表面は、少くとも或時間は、戰後の呪はれたる氛氣《フンキ》から脱出して、日本を中心に、純眞なる人道の支配する宇宙の一角と化し去つたかの觀があつたのである、我々の友人は或は壓死《アッシ》し、我々の親戚の多くは丸燒となり、我々自らも玄米飯に有りつけるかつけぬかの狀にあつたとき、我々は同時に、世界の此《カ》くの如き醇《ジュン》良化《リョウカ》の其中圈に立ち、世界各國民の美しい同情の對象となつて居ることを知つたとき、我々は我々の悲しみを忘れて、此《カ》くも幸なる身分となつたことを心から神に感謝せざるを得なかつたのである。私の住む町の隣り町では、町長の機轉によつて、米國からの救護品を配給するとき、米國の國旗を自動車に立てゝ町を奔走せしめた。之を見た罹災者の一人感歎すらく、燒け出されて須田町から上野へ、上野から日暮里へと逃げ廻つたときは、神も佛もないものと思つて怨んだが、今日見も知らず言葉も通ぜぬアメリカから、此《カ》く樣々の品物を送つて吳《ク》れたのを見ると、矢張り神も佛もちやんと在るものと知つて、一時怨んだのが如何《イカ》にも勿體ないような氣がすると。此れは、恐らく多くの罹災者の抱く感じであらうと思ふ。此の感じこそ私は復興の前途を樂觀せしむ可《ベ》き強大な心の力となるものであらうと思ふ。

此心の力のあることとは、戰後の歐洲とは、全く反對な現象であるのである。物質的破壞が假りに歐洲大戰に倍することありとも、災後の救濟の困難が歐洲改造の其れに勝ることありとも、彼れになくして、我にある此の感激、此の人情美より生ずる心の力は、我々をして、復興の前途を樂觀せしむるものである。況《イワ》んや物の破壞の程度、其恢復《カイフク》の困難は歐洲の其れよりも遙かに尠少《センシヨウ》なるに於てをや。物の上に於ても心の上に於ても私は到底日本の復興と歐洲戰後の恢復《カイフク》とを同視する一部の論者に贊同することは出來ないのである。

五

然《シカ》るに、何事ぞ、復興空說者を當局の長上に載くの結果は、此の美しい心的基調は今や漸《ヨウヤ》くにして破壞せられんとしつゝあるのである。曩《サ》きの感謝は漸《ヨウヤ》くにして怨嗟《エンサ》に轉化し、曩《サ》きの同情は漸《ヨウヤ》くにして嫉視《シツシ》に變ぜんとする傾向を見る。私は、それを最大の損害と見ざるを得ない。其れは折角の樂觀を悲觀に轉化せしめざれば已《ヤ》まないものである。かくて反復興心は暗默の間に偉大なる力を養ひつゝありと、私は觀ずるのである。復興を復舊たらしめようと虎視《コシ》眈々《タンタン》たる舊特權階級、特に資本主義的獨占權者等は、決して此の反動を利用せずして默過《モツカ》するものではない。彼等は待つて居ましたと云はん斗《バカ》りに、其の最善の最惡を傾倒して、復興卽復舊の輿論《ヨロン》を煽《アオ》り立つるに全力を用ゐるに相違ない。復舊は最惡最拙の復興經濟法である。何んとなれば復舊は、震火災による物的破壞の全部を、向後《コウゴ》の我々の生活に於ける借方勘定、損失勘定に記入せしむる所以《ユエン》であるとは、私が他の論文に於いて力說することを勉めた所である。人心の荒廢より來る反復興熱は、此の最惡最拙の經濟法を唯一の旗印として驀進《バクシン》し來るであらう。此《カ》くして復興に對する民衆の樂觀は急轉直下《キユウテンチヨツカ》大なる悲觀となる外はないのである。人心が緊張して居る限り、世界の同情に感泣した醇良《ジュンリョウ》の心が衰へざる限り、舊特權階級は如何《イカ》に焦慮《ショウリョ》するとも、復興を復舊に變形せしめて、私利私慾の飽實を圖《ハカ》ることは出來ない。化物は暗處《アンキョ》にのみ住む。民衆の心にして光明正大なる限り、化物は引込んで居るであらう。民心一度弛《ユル》むとき、ブルヂオア文化の特權化物は、更らに七つのより惡しき惡鬼を伴ひて歸り來るのである。復興は復舊に非《アラ》ずと大聲叱呼《タイセイシッコ》して起ちたる當局は、まさに自家の擁護の爲めからのみ言つても、民心の弛廢《シハイ》、復興悲觀の心理の蔓《マン》延《エン》を防ぐに、全力を傾けなければならぬ筈《ハズ》である。況《イワ》んや眞に日本復興の大事業を遂行せんとするに於てをや。

六

私は感傷を聯想《レンソウ》せしむ可《ベ》き言は一も之を發せないつもりで、本文に筆を執り乍《ナガ》ら、以上此ヂスクレシヨン（三）に裏切つたことに心付く。以下此のヂスクレシヨンを裏切ることなき談理《ダンリ》の立場に立返り、私の撰んだ着題たる復興經濟の厚生的意義を明かにすることを勉めねばならぬ。

今日の經濟生活は、貨幣經濟、價格經濟の殆んど最絕頂に到達した生活である。其改造とは、厚生經濟への進化でなくてはならぬ。是れが私が數年前から主張する所である。私は、其意味する復興經濟なるものは、此の進化の一道程たるものであると信ずる。此の道程ならざる復興經濟は復興の名あるも其實なきものであると信ずる。破壞せられたものを復舊するに止まる經濟には、此の進化はない、從つて其れは、何等の厚生的意義を有せないものである。之れに反して破壞によつて消滅した舊經濟に代へて、新しい經濟たる復興經濟を興《オコ》すことは、其の經濟の立て方によつては著しい厚生的意義を有することになる。復興經濟の內容、換言すれば、如何《イカ》に復興するかの方針は、其れが有する厚生的意義を、少くとも現在の狀態に於て可能的最大ならしむる事に存せねばならぬのである。更らに言換れば災前の我々の經濟生活に於て、價格經濟の缺陷、弊害たりし者を、可能的に撤去し、之に代るに、厚生的作用を助長すると《コト》であらねばならぬのである。價格經濟、殊《コト》に貨幣經濟のタームスに於てしか物事を考ふると《コト》の出來ない私經濟學、商業學、財政學等は、抑々復興經濟に容喙《ヨウカイ》すべき資格を全然有せざるものである。火災保險の現實の比較的に小なる問題に就《ツイ》てすらも、契約而《シカ》もプソイド・コントラクト（三）噓の契約神聖視論者は、何故に契約條款に明記してある地震原因火災免除の有効性が問題とせられつゝあるかを諒解する能力を缺いで居るのである。非常の時に際會して猶《ナオ》常時の法條に拘《コウ》泥《デイ》することは、勅語を以つて戒められてあることの眞意すら彼等は理解し能《アタ》はぬのである。此《カ》くの如き狹く囚はれたる價格經濟或人は之を資本主義經濟と呼ぶの渇仰者《かつごうしゃ》等に向つて、復興經濟の原理を談ずることは、或は徒勞であらう。乍併《シカシナガラ》、私は未だ失望せざるものである。何れ《イズ》の日か、狹きものを擴げ得るの望は、未だ全く去つたのではない。唯だ價格經濟の舊態の恢復《カイフク》に、ヴァイタル・インテレスト（四）を有する特權階級地主、實業家、政治家、從來の市區政關與《カンヨ》者等に至つては、殆んど無緣の衆生《シユジヨウ》である。私は彼等に向つて談理《ダンリ》するの勇氣を少しも有《モ》たないものである。

七

價格經濟は貨幣價値の得喪《トクソウ》を以つて、人間の經濟的努力の中心となし又其の標的とする。アダム・スミス（五）は普通には、此價格經濟の樹立者と看做《ミナ》されて居る。奚《ナ》んぞ知らん、彼は繰返して說いて云ふ『消費は一切の生産の唯一の目的と歸趣《キシユ》であらねばならぬ』と。商學研究掲載拙文（六）『厚生哲学の闘士としてのアダム・スミス』を見られたし今日の價格經濟は、決して消費を目的とする生產を營むものではない。より多くの價格、より多くの利潤を標的として生産を營んで居るものである。マルクス（七）は茲《ココ》に今日の資本主義經濟の內在的矛盾ありと云ひ、河上博士（八）は最とも忠實に其說をあらゆる機會に於いて說敎せらるゝ。私は此《カ》くの如き內在的矛盾の存在を否定する。資本主義經濟が外的作用によりて破られざる限り、營利本位にして、只管《ヒタスラ》により多くの價格獲得を標的とする今日の經濟生活は進展して行くものと信ずる。矛盾は資本主義に內在せずして外在する。換言すれば、資本主義經濟によつて生きつゝある我々人間の全生活の內に其の矛盾は存在する。(九)我々の人間としての要求或學者の所謂《イワユル》文化價値(十)は、價格經濟其ものゝ矛盾を彌々《イヨイヨ》痛感し行く。厚生經濟の主張と要求とは、此の痛感から產れ出て來つたものである。

現存する價格經濟の世界其ものが、未だ厚生經濟の主張と要求とに覺めざる以前、既に我々の人間性への反省は、暗默の間に働いて居る。其作用の發端は、今日の價格經濟學と雖《イエド》も之を度外に措くことが出來ないのである。其考慮其反省は幾多の原理的疑問を提示する。其最も顯著なるものゝ一は、數理經濟學者殊《コト》に最近物故した伊太利《イタリア》の經濟學者ヴヰルフレド・パレト(十一)によつて稍々《ショウショウ》明白に指摘せられた。所謂《イワユル》パレト法則は、此反省を私から見れば誤つた方向に向つて言明したものである。私は嘗《カ》つて『改造』に掲げた論文(十二)に、之に就《ツイ》て左の通り書いて置いた。

『今日までの勞働運動は、其理論的根據《コンキョ》を何《イズ》れも價格鬪爭論の上に置いてあるが爲めに、甚《ハナハダ》しき誤謬《ゴビュウ》に陷つて居るので、其爲めに過去に於ける勞働運動に害を成したこと、且《カツ》重大なるものありと云つても誣言《フゲン》ではないと思ふ。處が新らしい――或意味に於ては最も新しい――學者の中更らに同樣《ヨウ》なる誤れる立場から有力の一新說を唱出したものがある、其は數理經濟學者中現存の巨匠たる伊太利《イタリア》のヴヰルフレド・パレト氏である、氏は其『經濟學教科書』に於ても更らに又新著たる『經濟學綱要』に於ても、所得統計の研究を基礎とし、更らに詳密《ショウミツ》な數學的證明を加へて次の如き法則（之れを所得の『パレト法則』と名つく）を打立てゝ居る。

一 (a)最低所得の增大(b)所得間の不平均の減少は、所得が入口の增加よりもより速かに增加するに非《アラザ》れば、共に同時にも又は別々にも起り能《アタ》はぬ。

二 反對に、所得額の增加が、人口の增加よりも、より速かなる每に、換言すれば各個人平均の所得額が增す每に次の結果が同時にか又は別々にか生ずるものである　（一）最低所得額の増加　（二）所得平均の減少。從つて氏は斷言すらく、貧民生活改善の問題は、結局富の生産の問題である』と。

八

パレトの論は、一の『レドクチオ・アド・ブスルドム』(十三)（歸謬論理《キビユウロンリ》）であると私は思ふ。パレトが、容易に指摘せられ得可《ベ》き此矛盾論理を打立てたによつて、消極的に價格經濟の外在的矛盾を立證したものと斷じても、必ずしも他の鎗頭《ヤリガシラ》を執つて逆まに之れに向ふ次第ではあるまい。パレトは主として十九世紀に於ける所得統計を蒐集して、之れに數理的説明を下して云ふ。與《アタ》へられたる所得高をxとしx部を超過する所得を得る人の數をNとし、縱坐標をxの對數とし、横坐標をNの對數とする曲線を引くときは、此の曲線は粗《ホ》ぼ直線に近い線であるのみならず56°よりは3°又は4°しか距《ヘダタ》らぬ角に於いてxの軸に傾く。而《シカ》して $\tan 56° = 1.5$ なるが故に、x額より大なる所得の數がNに均しきときは、mの値が何程であつても、mxより大なる數は $\frac{1}{m^{1.6}} \cdot N$ に均しいと。『經濟學教科書』三〇六頁以下 之から二つの結論が生ずる。（一）一國の總所得高を増加することは、一般に云へば、同時に貧民所得の絶對額を増す。（二）其反面に於いて貧民所得の絶對額を増すことは、全體としての國民總所得を増すことによるの外全く不可能であると云ふ是れである。第一に、パレトが基礎とした所得統計の推論は、彼の如く一掃的に取扱ふことを許さないものである。パレトは、對數的所得曲線を、粗《ホ》ぼ直線に近いものと斷定した。併《シカ》し乍《ナガ》ら事實に於いて、所得曲線は、所得の種類の異るに從つて、異れる傾斜を有《モ》つもので、一切の所得に通じて同一の傾斜を有《モ》つものと云ふことは出來まい。タトへ其れは一様《ヨウ》に粗《ホ》ぼ接近的なる直線を現ずるものなりとするも、各直線は描かれたる坐標系に於いては、其れ〴〵に異つた度の傾斜を有するものである。更らに又た、所得額計算の時期の長短によつて、各直線自ら傾斜の度を同ふしないものである。此《カ》く異れる傾斜を有する所得諸線を共通の法則の基調とすることは、計算上のみから見ても誤謬《ゴビユウ》である。

パレトの如き卓越した而《シ》かも數の取扱に於て、今日の經濟學者中、類稀《タグイ》なる天才たる人が、此《カ》くの如く容易に指摘し得べき誤謬《ゴビユウ》に陷つた理由は、必ずしも之を遠方に探求することを要さない。パレトは數理的思索には長じて居るけれども、現在の經濟生活に於ける所得決定の事實――殊《コト》に流通經濟に於ける權力の作用(十四)の觀察を怠つたからである。而《シカ》して他方に於いて、彼は現在の價格經濟が、厚生經濟とは、其質を甚《ハナハ》だ異にするものなるを、殆んど全く度外に措いて、其の考察を進めた。從つて、彼は、所得決定の現社會的、現人間的方面を看取《カンシュ》することが出來なかつたのである。彼は凡《スベ》ての所得を同一否單一の法則によつて決定せられるものと見、其單一の法則は、厚生經濟に行はる可《ベ》きものが、直ちに現在の價格經濟に於て行はれて居るものと前提し去つたのである。故に彼は所得曲線の直線性を見出すや、直ちに其直線性は悉《コトゴト》く同一度の傾斜を現はして居るものと速斷して仕舞つたのである。彼が直線性を見出したことは、或は一の學問的業績であつたらう。乍去《サリナガラ》、其傾斜度が其れ〴〵に異ることを同時に見出し得なかつたことは見出したのかも知れないが之れを默殺《モクサツ》し去つたことは彼の業績を痛く毀《クジ》ける所の誤謬《ゴビユウ》と云はなければならぬ。茲《ココ》に我々は價格經濟の外在的矛盾を無視することの危險なる一の殷鑑《インカン》を見出さゞるを得ないのである。

乍去《サリナガラ》、私はパレトに對して出來る丈《ダ》け公平なる可《ベ》く、姑《シバラ》く右の統計的誤謬《ゴビユウ》を看過《カンカ》して、更らに他の點を考察して見たいと思ふのである。

九

假りにパレトの統計的基礎に一の誤謬《ゴビユウ》が存せぬものとして見る。然《シカ》るときに於いても、彼の描いた曲線は妥當を缺くものである。我我は彼れの描いたものよりは遙かに簡單なものを描いて見よう。卽ち橫坐標を以て所得の諸々の額を表はすものとし、縱坐標を以つて其等諸々の所得を得る人々の數を現はすものとする是れである。然《シカ》るときは、事實に忠實なる所得曲線は、其最高點に近づくに從ひ甚《ハナハ》だ迅《スミヤ》かに上昇的傾斜を示めし、其下方に向ふに從つて絕へず下降するものなることを見出すであらう。此れに似寄つた現象は、出來高拂による賃銀形態に於ける勞働者に就いて觀察し得られることは、嘗《カ》つて私の主張して置いた所である。『社會運動と勞銀制度』三四二頁以下并《ナラビ》に三七一頁以下　言葉を改めて平易に云へば、今日の經濟生活に於いては、平均所得額より遙かに少い所得しか得ぬ人々の數は甚《ハナハ》だ大であり、平均以上の所得額を得る人々の數は比較的に甚《ハナハ》だ少いのである。是れが今日の價格經濟組織に於ける現實の所得分布の狀態である。卽ち國民總所得の大部分は所得層の最下段に近い處に集中せられて居るものである。此事實は、端的に現在の價格經濟に於ける所得の分布は、厚生經濟の要求と甚《ハナハ》だ相隔つて居るものなることを物語るものである。

以上の事実を我邦に就《ツイ》て立證す可《ベ》く、私は玆《ココ》に云ふ單純曲線を大正十年の第三種所得統計に就いて試作して見た。別表を見よ。序に云ふ、パレト曲線を利用して我邦の所得曲線を描いたものに、汐見學士の甚《ハナハ》だ有益な研究がある。Entwickelung Volkselnkommen in Japan. 1903 – 1919. Fig.4

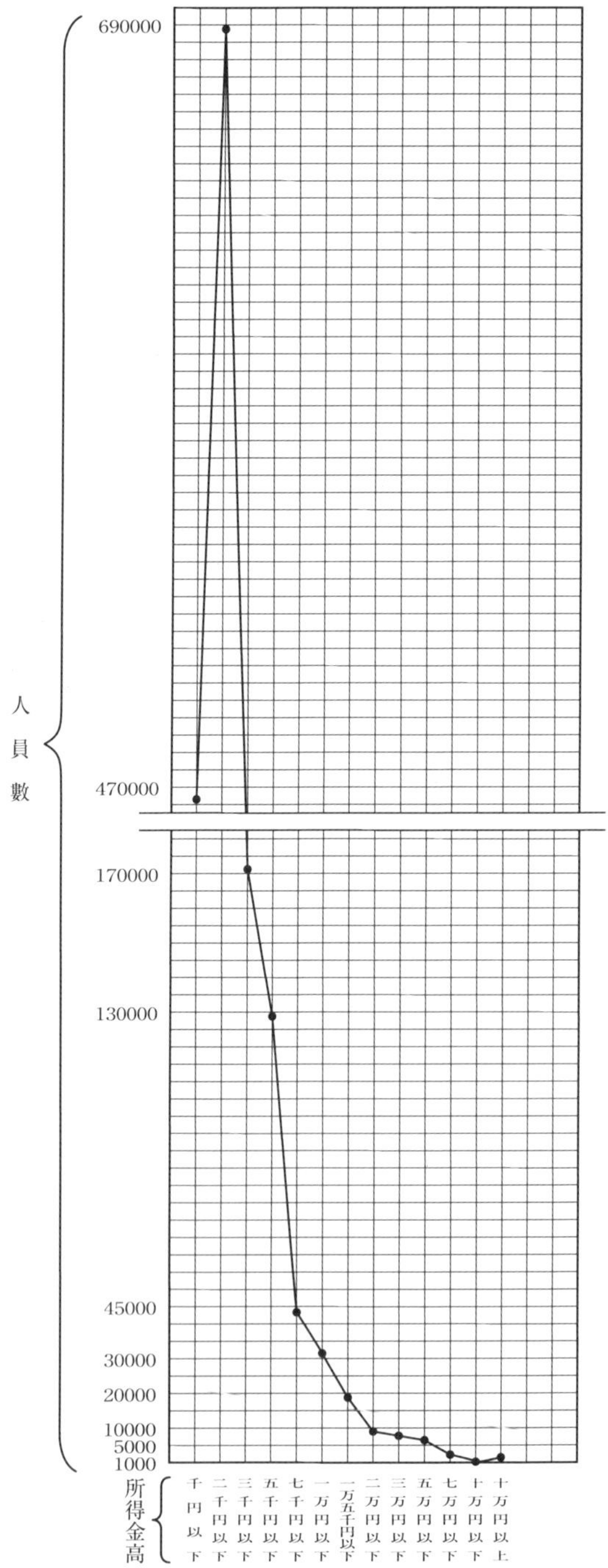
人員數
690000
470000
170000
130000
45000
30000
20000
10000
5000
1000
所得金高
千円以下
二千円以下
三千円以下
五千円以下
七千円以下
一万円以下
一万五千円以下
二万円以下
三万円以下
五万円以下
七万円以下
十万円以下
十万円以上

所得階級分布線圖

人の心的、物的稟性《ヒンセイ》、從つて其の生產營利能力は、右の曲線で示された様《ヨウ》に分布せられて居るものではない。從つて若《モ》しも各人の所得が其生產營利の能力に忠實に追從するものとするならば、所得曲線は右の如くになるべきではない。換言すれば、今日の價格經濟に於ける各人の產業營利能力と其實收する所得とは、甚《ハナハ》だ相異れる曲線に沿ふて分布せられて居るものである。厚生經濟とは、此二つの曲線が均しかる可《べ》き經濟態様《タイヨウ》の謂《イワレ》であり、前者の間隔が少しにても除却せられることは、其れ丈《ダ》け厚生的意義を增し加へる所以《ユエン》であるのである。私が復興經濟に厚生的意義ある可《べ》しと主張するのは、他の多くの事と共に、此兩線が如何《イカ》程にても相接近す可《べ》しとの謂《イイ》であるのである。

人の產業能力に從つて描き出さる可《べ》き、謂はゞ理想的の所得曲線と、今日の價格經濟に於ける現實の事實に基く所得曲線との相違は、種々の理由によつて產み出されるものである。其の重なるものは、（一）相續財產の有無並びに其多寡《タカ》（二）不勞所得の有無並びに其の多寡《タカ》（三）職業の特殊性——權力性——の有無並びに其强弱（四）所得の獨占性及强制——併稱《ヘイシヨウ》して奪掠性——の有無並びに其の强弱是れである。パレト法則の主張者自らも、後年の著作たる『經濟學綱要』に於ては多少此點に考慮を拂つたものと見へて次ぎの如く告白して居る『此法則は純經驗的なものである。此《カ》くの如き經濟法則は其れが經驗的に眞なるべきことが見出された制限以外に於いては、極少の若《モ》くは皆無の價値しか有せぬ』同書三七一頁以下と。此れは率直に云へば、此法則の妥當性の要求を自ら否認したものである。此間接的否認によつて、パレトは寧《ムシ》ろ甚《ハナハ》だ有力に價格經濟に纏綿《テンメン》せる外在的矛盾を肯定したものと云ふも決して過言ではないと思ふ。平易に云へば、彼れは（一）國民總所得の增加は必ずしも、貧民所得の增加を伴はざること（二）貧民所得の增加は必ずしも國民總所得の增加を須《マ》たずとも將來し得ることの二則を、反面的に肯定したものなのである。私は更らに一歩を進めて主張する。国民總所得が減少しても、或は下層民所得の增加することは、可能蓋然《ガイゼン》的であり、下層所得の增加は、国民總所得が減少する場合にも可能又た蓋然《ガイゼン》的である。而《シカ》して其可能性其の蓋然《ガイゼン》性は、價格經濟が厚生經濟への進化によつて基調付けられるものであると。殊《コト》に我々が今當面する復興經濟の建設は、此可能性、蓋然《ガイゼン》性を生じ得可《ベ》き見込を包藏するものである。何んとなれば、其建設は（一）相續の有無、多寡《タカ》てふ妨碍《ボウガイ》原因を著しく除却するものであり（二）不勞所得の多寡《タカ》を減ずる可能性を有するものであり（三）所得の掠奪性をよし全滅は爲し能《アタ》はざるも、著しく之れを輕減し得べき可能性を有するものであるから。其の反對に、復舊に墮落するときは、此等の可能性は一も存し得ない。從つて價格經濟に附帶する外在的矛盾は、其儘《ソノママ》に繼續せられるの外はないのである。而《シカ》して殊《コト》更らに大なる重みを、私は此點に關して現前の失業問題の上に置くものである。

十

此度の火災によつて、相續による所得の不平等が、著しく除却されたことを、我々は甚《ハナハ》だ歡迎せざるを得ぬものである。無論其れは日本國の全部に亘つてでないは言ふ迄もなく、又罹災地方にあつても、必ずしも普遍的なりとは云ひ得ぬのである。併《シカ》し乍《ナガ》ら少くとも、可なり多數の人々に就《ツイ》て、父祖傳來の相續による有形の財產並びに或度まで無形の貨幣財產の消滅し、又は著しく其價値を減じたことを知る。樂觀的なる東京人は之を丸燒てふ言葉によつて言明して居る。此意味に於ての丸燒は、甚《ハナハ》だ歡迎す可《ベ》きことである。若《モ》しも此度の大災なかりしならば、相續制度による不平均の此《カ》く迄の均一化は、他の作用によつて、決して實現し得られなかつたであらう。人或は言ふであらう。此均一化は全國的ではない、又普遍的でもない、從つて却《カヘ》つて不平均を甚《ハナハダ》しからしめたと云ふ害がある斗《バカ》りであると。私は答ふ、然《シカ》らず、タトへ國の一部に就《ツイ》てなりとも、不平均の取り除かれたと《コト》は、其れ丈《ダ》け、價格經濟の厚生化へ接近するものとして喜ぶ可《ベ》きことである。若《モ》し此事が人爲の何等かの方策によつて行はれたならば、タトへ其範圍の廣いと云ふ得はありとも、他方に、經濟心理的、社會心理的の危險が伴ふことを免《マヌガ》れない。誰人も咎《トガ》めらるゝことなく責を負ふことなくして、此れ丈《ダ》けの均一化が行はれ得たことは、不幸中の幸と云はねばならぬことである。況《イワ》んや此の不平均の取除けは、他の種々なる取除けと同時に行はれ、丸焼けは、想續分と否とを問はず、一樣《ヨウ》に行はれたのである丈《ダ》け、何等の特殊的なる弊害も危險も一般には左樣《ヨウ》でないかも知れないが伴ふヿ《コト》となしとの大得があるのである。不勞所得の――少なくとも――一時的停止も之れに劣らず歡迎せらる可《ベ》きことである。災前二千圓も値した土地が、百圓、二百圓に下落したと傳へらるゝことが、若《モ》しも實際の事實でありとしたならば、其れは、不勞所得の思ひ切つた減殺であつて、其れ丈《ダ》け厚生的意義を有《モ》つものと云はなければならないのである。所得の權力性と奪掠性とに就《ツイ》ても、亦《マ》た粗《ホ》ぼ同樣《ドウヨウ》の事が言はれ得るであらう。無論其れには、弊害は一般的に伴ふかも知れない。然《シカ》し乍《ナガ》ら其の特殊的弊害が減少したことは、少くとも、其れ丈《ダ》けとしては、甚《ハナハ》だ歡ばれなければならぬことである。此《カ》くの如くにして、價格經濟に就《ツイ》ては誤謬《ゴビユウ》である所のパレト法則が、却《カエ》つて普遍妥當性を獲得し得るに至る經濟生活の實現、眞正の厚生經濟のアドヴエント(十五)へ一歩にても近くことを得るならば、大災の禍《ワザワイ》は轉じて眞の福となり得るの外はないのである。私は、之を認めて復興經濟が、先《マ》づ其出立點に於いて『イン・ヌチエ(十六)』に於いて、有する厚生的意義なりと呼ばんと欲《ホツ》するものである。

十一

復興經濟は、其の命題に於いて更らに今一つの大なる厚生的意義を有《モ》つ。私は其れを新舊代替轉位の厚生作用と名《ナヅ》ける。此作用は、必ずしも復興經濟に特殊的なものではない。復興經濟の第一原理が特殊的のものたらざるが如くに、此の轉位の厚生作用は、平時の經濟原理に於ても、十分に說かれてなければならぬものであった。唯不幸にして、私經濟、資本主義經濟の使徒等は、此の原理の發見を敢《あえ》てするに及ばなかつたのである。乍去《サリナガラ》、私經濟的考察に甚《ハナハ》だ鋭く徹底した獨逸《ドイツ》の學者ロバート・リーフマンは、(十七)數年前の獨逸《ドイツ》社會政策學會の生產能率に關する討論に際して、此の原理の闡明《センメイ》に多大の貢献を爲した。私は、彼れの立論によつて甚《ハナハ》だ多く敎へられたものであつて、『國民經濟講和』に於いて若干の自己考察を述べたことがある。リーフマンの論は載せて當時のコンラッド年報(十八)にある 彼の思索に重大なる缺陷あるを知ると同時に、彼の徹底した立場の多くに對して心から共鳴するものである。子なるカール・メンガーは父メンガー(十九)の一生の大著作『經濟原論』を再版に附する序文に於て、理論經濟學は、獨逸《ドイツ》に於て閑却《カンキヤク》せられつゝある間に伊太利《イタリア》に於いて、和蘭《オランダ》に於いて又た瑞典《スウエーデン》、那威《ノルウエー》、デンマークに於いてスラヴ諸國に於いて墺太利《オーストリア》派の理論が認められ、就中《スナワチ》米國と日本とに於いて、理論經濟學の研究が、成功を以って營まれて居ると記して居る。一九二三年刊第二版編者序文第八頁 私は彼が日本を表中に加へたことを寧《ムシ》ろ不思議と感ぜざるを得ぬものである。併《シカ》し少くとも伊太利《イタリア》の諸學者を始め、リーフマン、シユムペーター、(二十)シユパーン、(二十一)アモン、(二十二)マックス・ウエバー(二十三)の近時の研究が日本に於て理解せられ祖述せらるゝことは、其代表的なるは高田保馬博士、土方成美敎授等である(二十四) 子なるメンガーをして此《カ》く言はしめたものであるかも知れない。是れは、日本の經濟學の手柄と云はんよりは、寧《ムシ》ろ價格經濟學が餘りに甚《ハナハダ》しく我々の理論的要求に孤負するが爲めと云ふ可《ベ》きであらう。少くとも、今私が論ぜんとする一事に就《ツイ》ての價格經濟學の怠りは、餘りに甚《ハナハダ》しいのである。

私は煩を讀者に課せざらんが爲めに、唯二人の卓越した價格經濟學者のみを引照するに止める。其一人は倫理學として盛名ありしヘンリー・シヂユウヰック(二十五)である。其の第二は、勞働問題の先覺として又た理論經濟學一方の驍將《ギヨウシヨウ》として、甚《ハナハ》だ重きを爲すジエー・エー・ホブソン(二十六)である。

シヂユウヰックは云ふ。『私的企業は、企業家が其企業が社會に與《アタ》ふる全純利益以下ならず其以上のものを占有する可能性を有《モ》つから、時としては社會的に不經濟的であり得る。何となれば、彼は一擧にして一方に利益、他方に損失を惹起《ジャツキ》す可《べ》き或る新舊轉置の利益の大部分を占領して、其れと同時に生ずる損失を全部他人に嫁することを爲し得るから。一例をあげれば、Aなる企業會社が、例へば鐵道の如き費用多き永久的機關を自己並びに公衆の利益の爲めに作つたとする。然《シカ》るに茲《ココ》にBなる他の會社があつて、旅客に取つてより便利なる新鐵道を布設し、其結果A會社の旅客と貨物との大部分を自會社に奪ひ去るとする。然《シカ》るに此場合新鐵道によつて社會一般が享受する利益は、其架設費に及ばないとせよ。而《シカ》もB會社は其の新鉄道を架設するであらう。何となればB會社は、其の新鐵道の利用とA會社の舊鐵道の生じた利用の大部分とを利益として收得し、其損失は之を社會一般に嫁することが出來るから』と。『經濟理論』四〇八頁　言ひ換れば、シヂユウキツクは此の新舊鐵道の轉位には、一方に利益を生むと共に、他に之れから當然差引かれねばならぬ所の損失なるものありと前提して居るのである。

ホブソンに至つては、更らに露骨に言明して云ふ。『近年に於いて新發明が基礎産業に採用せらるゝことの迅速《スミヤカ》なる割合は――其採用は、未だ用ゐ盡されざる利用の源たる費用高き設備や機械の大量の供給を伴ふ――大なる浪費の一淵源《エンゲン》である。吾人にして少しく思慮を旋らすときには、各種の改良を餘りに急速に産業に採用することは、産業を一の全體として見たときには、甚《ハナハ》だ浪費的であることを發見するであらう。或る僅《ワズ》かなる節約法の發見者が一擧にして、彼の競争者の全部の有する現存設備の全價値を全滅せしめ得る競爭制度の下に於いては、此《カ》くの如き浪費を防ぐ可《べ》き道が存せぬ。公的又は私的獨占の場合に於いては、タトへ改良が案出せらるるとも、之を採用するに方つては、舊設備の未だ用ゐ盡されざる利用の少くとも一部が用ゐられることを可能ならしむ可《べ》き緩慢なる速度に於いてのみ爲されるであらう。此《カ》くする方が遙かにより多く真に經濟的であるからである』と。『金と價格と勞銀』第二版一〇七―八頁

十二

右兩氏が言ふ所は、根柢に於いて、一の大なる眞理に立脚して居るものである。卽ち價格經濟に於ては企業者の得る利益は勿論のこと、其他の所得に於いても、各經濟單位の收得する所得餘剩は必ずしも、社會として見たる餘剩卽ち厚生餘剩と一致するものでなく、其れよりも少いこともあり得ると同時に、其れよりも遙かに多いこともあり得る、換言すれば社會は或所得者によつて其の厚生所得の一部を奪掠せられ得ると云ふことは是れである。卽ちパレト法則は、價格經濟に就《ツイ》ては妥當ならずてふ理論を他の方面から觀察した結果である。併《シカ》し乍《ナガ》ら、其の可能なる幾多の場合の一つとして、兩氏共に此の新舊設備の轉置を擧ぐることは、甚《ハナハ》だしい誤謬《ゴビユウ》に陷つて居るものと云はなければならぬ。其れは、價格經濟の缺陷を指摘せんとして却《カエ》つて自ら其の爲めに囚はれたものに外ならないのである。若《モ》しも此《カ》くの如き見解が妥當なりとしたならば、鐵道を布設しようとする者をして、ガタ馬車、人力車、馬力の經營者に補償金を支拂はしめ、市街自動車會社の設立に際して市電に若干の補償を交付せしめ、電燈會社をしてランプ屋に見舞金（！）を支拂はしめなければならぬこと《コト》になるであらう。世豈《セガイ》に此《カ》くの如き沒理《ボツリ》あらんや。此れは畢竟《ヒツキヨウ》『ギヴ・エンド・テーキ』に沒頭する私經濟的謬想《ビユウソウ》に囚はれて居るものである。何んとなれば、轉位せられる舊設備其もの、所有者は、其得んと欲したる利益を失ふに相違ないが、他方には彼等によつて供給せられて居た購買者は、其失はれた利益丈《ダ》けの利益を新たに增收するものであつて、社會全體としては、其處に損失と目す可《ベ》きものは、些《イササカ》も存しないのである。此場合に於いては新設備の供給者の得る限界餘剩は、社會全體が得る限界餘剩と大體に於いて一致するのである。舊設備によつて生產せられる商品は、其生產にして、新設備によつて生產せられる商品の生產費よりも大ならざる限りは、決して新設備の商品によつて驅逐《クチク》せられるものではない。換言すれば、新設備が取つて代はる商品は、舊設備によつて生産せられる商品に對して支拂はる可《べ》き價格から、其生産費を控除した純利益の全部に該當する丈《ダ》け低廉なる價格に於て賣られるものでなければならない。然《シカ》れば舊設備の所有主が失ふ所の利益は、其れ丈《ダ》け購買者の利益となるのである。從つて利益を失ふものは、舊設備の所有主丈《ダ》けであつて、決して社會全體ではないのである。此場合は、唯だ利益の轉置が、舊設備の所有者から、消費者、購買者へと行はれるのであつて、損失と目す可《べ》きものは一も起らないのである。或は云ふ者があらう。直接の損得の上からは左樣であるかも知れないが、遠く慮《オモンバカ》る者は、間接の作用を考へなくてはならぬ。莫大な經費を投じた機械や設備が、一の新發明起れば、直ちに全部無用に歸すると云ふやうな危險に曝《サラ》されるとなると、企業家は、費用多き設備をすること其事を差控へるに至るであらうと。答、成程其懸念はないとは云へない。然《シカ》し乍《ナガ》ら其懸念の爲めに、新發明、新發見ありとも之を採用することを猶豫《ユウヨ》するときは如何《イカン》。凡《オヨ》そ發明、發見は、其れが採用せられるといふことによつて、最も有力に奬勵《ショウレイ》せられるのである。發見、發明をしても、其れが容易に實際に應用せられないときは、發明、發見、新案の起ることは、必ず著しく沮喪《ソソウ》せられるを免《マヌガ》れない。其れより來る損は、費用多き設備を打捨てる損とは到底比較するを得ないものである。況《イワ》んや今日の經濟生活に於ては、殊《コト》に競爭の激しい業に於ては、いくら押へたとて、改良した設備ありと知れば、必ず誰人かあつて之を採用する。一人採用すれば、他の人々が差控へるヿ《コト》は不可能なことである。然《シカ》れば、寧《ムシ》ろ新案、新工夫の採用に何の妨害を設けず、之によつて其等が續々起るヿ《コト》を刺激する方が、社會全體より見て、遙かに有利遙に經濟的である。特に一部の特權階級、ヴエステツド・インテレスト(二十七)の主體の爲めに、新機械、新工夫の採用が妨害せられるは、不經濟の最も甚《ハナハ》だしいものである。ホブソン、シヂユウキツク兩氏の論は私經濟の利益の爲めに全體の利益を忘れた謬論《ビュウロン》であると云ふの外はないのである。

十三

私は今新舊代替轉位の經濟論其ものを講ずるつもりでないから、此以上追窮することを見合せる。私が此事を玆《ココ》に提出した所以《ユエン》は、復興經濟は、多くの點に於いて、此の新舊轉置を實現するものであり、否、せなければならないものであるから、豫《アラカジ》め起り來る可《ベ》き謬論《ビユウロン》の根據《コンキヨ》を破壞し置く必要ありと思ふからである。殊《コト》に私が前段二に於いて、少しく論評して置いたベルリナー氏一流の私經濟に因はれた復興經濟論に對しては、此點を確かにして置く必要大であると信ずる。震火災によつて滅ぼされた幾多の産業設備の中には、新設備の爲めに、當然轉位せらる可《ベ》くして、而《シカ》して當事者の怠慢、無能の爲めに、其の儘《ママ》續用せられ居たものが少からずあるに相違ない。左樣でなくとも、此れを機會に、より改良された機械、より進歩した設備を以つて轉位するを得可《ベ》きものは、更らに甚《ハナハ》だ多いことゝ信ずる。市區の路線、橋渠、運河其他にも左樣なものは尠《スクナ》からざることは、都市計劃と云ふことが、災前既に久しく懸案であつたことによつて、疑もなく左證《サシヨウ》せられて居る。其等のものが、人間の手による轉置を待つまでもなく、震火災の爲めに打捨てらるゝに至つたことは、以上轉置代替の經濟理論の示す如く、國全體、社會全體に取つては、何の損をも意味するものではない。其の私經濟的所有者は無論損失者であるが問題は、滅ぼされたもの、損其物ではない。新たに復興せらる可《ベ》きものが、其れ丈《ダ》け多く改良せられ、改善せられ、從つて、舊所有者の被《コウ》むる損失が、社会全體から見て何等の損とならず、唯だ一方に失はれた利益が、他方に得られると云ふ利益の轉置殊《コト》に其増進的轉置が起り得るや否や其れである。增進的轉置が現實せられ得るならば、復興經濟は其れ丈《ダ》け、多くの厚生的意義を有することゝなる。單なる轉置に止るとしても、其の設備が改良せられたものであるならば、更らに他の改善を促すと云ふ點に於いても、厚生的意義が其處に存する。

此の厚生的意義が多いほど、舊價格經濟より新厚生經濟への進化は促進せられることも亦《マタ》多いわけである。國を社會を、一營利業者、一の大なる私經濟と見ても亦《マ》た左樣である。況《イワ》んや綜合經濟としての國民經濟の立場から見るときをや。ベルリナー氏若《モシ》くは契約無上神聖論者の企業家一己人、企業會社其のもの丶立場から國民經濟の廣汎《コウハン》なる事象を律せんとする私經濟觀は、到底復興經濟の真諦《シンタイ》に到達することを得ないものである。而《シカ》して其れは、私が本文の始めに於て言つた處の反復興熱を促進する有力なる武器として使用せらる丶危險大なるものである。遮莫《サモアラバアレ》、私は、今の政治家、實業家、特權階級に向つて殆んど何等の望を囑せないものである。私は冷靜なる談理《ダンリ》を聞くを厭《イト》はざる新進新興の人々に對してのみ、復興の真意義、復興の厚生的意義を正しく理解せられんことを切願するものである。

（十二・十一・廿四―廿六稿）

――大正十三年一月『改造』掲載――

追記

本文に論じた新舊轉置の厚生的作用を具體的に立證す可《ベ》き事例は、今日まで既に若干實現せられたが、其中重要なる一は、たしかに日本橋魚市場の移轉是れであらう。東京市民生活改善の爲め、中央市場の設置が緊要《キンヨウ》であることは、識者の普《アマネ》く認めて居たことで、而《シカ》して其れには、日本橋魚市場と神田多町、京橋大根河岸等の青物市場の（二十八）整理並に移轉が、是非斷行せられねばならぬことも、亦《マ》た普《アマ》ねく認められて居たことであるにも拘《カカワ》らず、右等市場に既得權を有する特權利益者の反對猛烈なる爲め、其實行は至難な事とせられ、或は絶望的とまで考へられて居たのである。（移轉後になつてさへも、板橋權とか稱する奇妙な特權が主張せられる一事に徴して、此の舊特權の主張が如何《イカ》に頑強なものであつたかを知り得よう）。然《シカ》るに大災一來後の東京市は、魚市場の移轉丈《ダ》けは、比較的極《キワ》めて容易に之を斷行し得たのである。此れは、私の論を確む可《ベ》き有力なる一實例である。私は青物市場の整理移轉も亦《マタ》同樣《ヨウ》に、迅速に實現せられんことを復興の厚生的作用の爲めにも、切望せざるを得ざるものである。（十二・三・二六）

四　復興日本當面の問題

一

東京人を父母とし、東京に生れ、東京に育ち、現に東京に住む一人として、私が此度の大災厄《サイヤク》を悲むの念は、到底之を筆に上せ能《アタ》はぬものである。私は災後第三日箱根を發して東京まで徒歩と露營の四日を續け、僅《ワズ》かにさつま芋の若干片と一瓶の水とに飢渴《キカツ》を凌《シノ》ぎつゝ、小田原、横濱の慘狀を視察し、歸京後江東の各所に彷徨し、被服廠《ヒフクシヨウ》跡を始め隅田川岸に累々《ルイルイ》たる燒死、溺死の屍體を見、私の生れた所は更なり育つた所、幼時嬉遊した所、通學した小學校（二）、其孰《イズレ》も何の跡形もなく燒け失せた光景を見た時は、私は唯茫然自失するのみであつた。私は歐洲の戰爭を唯だ文字によつて見物したのみで、其慘憺《サンタン》たる有樣を親しく目擊することは出來なかつたものであるが、横濱や東京江東の光景は決して彼《カ》の慘狀に劣るものではあるまいと推測せざるを得ぬ。殊《コト》に被服廠《ヒフクシヨウ》跡の驚く可《ベ》き慘狀は、目のあたり之れを見たものにあらざれば、到底之を想像することも出來ないのである。人間の智慧の憐れさ、人間の手を以て築き上げたもの丶果敢なさを知るには、蓋《ケダ》し之れに過ぐるものはあるまいと思ふ。若《モ》しも我々が、此の悲慘な經驗を善用し、禍を轉じて福とすることを知らないならば、我々は失望落膽《ラクタン》して已《ヤ》む外はないであらう。復興の福音こそ、彼《カ》の數萬の死者に對する最も善き回向《エコウ》であらねばならぬ。若《モ》しも我々が今日に於いて、復興の方針を誤るならば、彼の數萬の死者は、永久に浮ぶ瀬はないであらう。

　復興は東京や横濱限りの問題ではない、日本の問題である。東京と横浜とは、誤れる日本全體の身代りとなつたに過ぎない。東京のみでも、七八萬を算する不幸なる慘死者（二）は、同胞六千萬の犠牲として其身を捨てたものである。否、我々は左様ならしめることによつてのみ、彼等の靈を慰め得可《ベ》きである。復興は日本全體の業である、一市一港の業であつてはならぬ。此度の慘禍を轉じて、復興日本の大規模を立つるにあらざれば、我々生殘者は、何の顔あつてか幾萬の犠牲者に地下に見ゆることを得るか。若《モ》しも、我々が此れを機會として、復興日本の道程に第一歩を着くることを得るならば、獨り彼の幾萬の不幸なる人々の靈を慰むるを得るのみならず、同胞六千萬に對し又た世界に對し、惡しく、誤れる東京に安じて居た罪を償ふことを得るであらう。而《シカ》して其復興の大任はまさにかけて、我々生殘つたもの丶肩上に存するのである。

二

　復興日本當面の問題は（一）何を復興するか（二）如何《イカ》に復興するかの二つから成る。

『何を復興するか』の問題は、極《キワ》めて簡單で、今の急務は寧《ムシ》ろ『如何《イカ》に復興するか』の一事に集中せられて居ると考へる人が尠《ス》くない様《ヨウ》である。私は反對に考へる。今の時に方《アタ》つて、我々に解答を促す最も緊要《キンヨウ》な問題は、私を以つて見れば、却《カエ》つて何を復興するかの一事に在る。之れが決定するにあらざれば『如何《イカ》に』の問題は殆んど其意味を爲さぬと思ふ。其反對に『何を』の問題が確定すれば『如何《イカ》に』の問題は、實は、大部分技術の部面に屬することであつて、當面の根本問題に關するものは、寧《ムシ》ろ少ないのである。

我々が今當面して居る此の問題を、其當時の狀態に比較して、殆んど同一の緊要《キンヨウ》さを以つて、解答す可《ベ》き運命の下《モト》に立つた例は、近世の文明先進國に於ては、殆んど獨り英國民あつたのみと言つて大過《タイカ》はなからう。桑港《サンフランシスコ》の大震災(三)は激甚ではあつた。然《シカ》し桑港《サンフランシスコ》が北米合衆國に對して有《モ》つ重要は、東京は元より横濱一港が日本に對して有《モ》つ重要にも比す可《ベ》きものではない。一國の首都が被《コウム》つた慘害は歐洲戰による巴里《パリ》、伯林《ベルリン》の其れと雖も、遠く今囘の東京の其れに較べることは出來ない。獨り英國民は千六百六十六年の倫敦《ロンドン》大火(四)によつて、東京が千九百二十三年に被《コウム》つた慘害に比す可《ベ》き大事件を經驗して居る。倫敦《ロンドン》の大火災は、東京の大震火災と僅《ワズ》か一日違ひの九月二日午前一時プデング・レーン Pudding Lane の一隅に起つた火が、月火水の三日に渉《ワタ》つて猛威を逞しくし、水曜の夜に入つて漸《ヨウヤ》く衰へ、木曜日に一旦鎭火したが、其夜再び發火し、かくて殆んど倫敦《ロンドン》の全部焼失家屋數一萬三千と稱すを焦土と化せしめた。其前年は、空前にして絕後と云はれる黑死病の大流行あり、死者十萬人を算し、其爲めに痛く疲弊《ヒヘイ》して居た揚句に、倫敦《ロンドン》は此災厄《サイヤク》に罹つたのである。唯一の幸は大火によつて、黑死病の病源は根絕せられ、爾來《ジライ》倫敦《ロンドン》には、其大流行を見ることなきに至つた。然《シカ》し其當時の打擊は累加的であつて、倫敦《ロンドン》再び興《オコ》らずとさへ悲觀せられたのである、當時倫敦《ロンドン》は既に歐洲第一の首都ではあつたが其全人口漸《ヨウヤ》く五十萬を出入するに過ぎざるものであつた。政治算術學の先驅グローント(五)(Graunt)の推定人口、(一六六一年)四十六萬、統計學の鼻祖サー・ウヰリアム・ペテー(六)(Sir William Petty)の推定人口(一六八二年)六十七萬、所謂《イワユル》キング法則の唱說者グレゴリー・キング(七)(Gregory King)の推定人口(一六九六年)五十三萬 從つて、絕對的に見た被害の程度は、到底此度の東京の其れとは比較にならぬものである。乍去《サリナガラ》、相對的に見た打擊は、東京の其れと兄たり難く弟たり難きものであつたに相違ない。英國は、倫敦《ロンドン》は、其の當面の問題を如何《イカ》に解決したか、我々が殷鑑《インカン》と爲す可《ベ》きことは、實に其處に存するのである。

三

當時英國に於いては、三人の復興實行者が顯《アラ》はれた。卽ち建築技師クリストファー・レン（八）(Christopher Wren) 經濟學者ジョン・イヴリン（九）(John Evelyn) 市政家ロバート・フック（十）(Robert Hooke) 是である、此三人は、災後數日ならずして、各々自案を英王の天覽に供へて其の採擇を進言した。三案中、最も徹底的なものはレン案であつた。其れは倫敦《ロンドン》の全部を通じて、東西と南北とに貫通する縱橫の大道路を作り、市中の諸教會を悉《コトゴト》く火除地の中心たらしめて、其周囲に廣き空地を設け、別に多數のピアツツア（廣場）を新設し、ブラック・フライアース橋から倫敦塔《ロンドントウ》まで、テームズ河沿岸に「キー」を作り、道路は幅九十呎《フイート》、六十呎《フイート》、三十呎《フイート》の三種とし家屋は一切木造を禁じ凡《スベ》て煉瓦と石とを以《モツ》て造る事とする等、要するに、火災前の倫敦《ロンドン》の狀態に些《スコシ》の考慮を拂はず、全く新なる大計劃による新倫敦《ロンドン》を復興せんとするにあつた。イヴリン、フツク兩案は、種々の點に於いてレン案とは異るものであつたが、其何《イズ》れも災前の狀態に束縛せらるゝことなく、一の理想的、模範的新首都を復興せんとする點に於ては、レン案と同一であつた。

經濟學者として最も獨創の見を持するを以つて、今日の新經濟學史上に光輝を放つニコラス・バーボン（十一）Nicholas Barbon 此人に就《ツイ》ては拙著『經濟學考證』三三七―三八五頁に少しく詳述しあり と其門弟ジョン・アスギル John Asgil 同上拙著參考 の兩人も倫敦《ロンドン》復興の立案と實行とに與《ヨ》つて大に力を盡した。然《シカ》るに倫敦《ロンドン》に於けるブルヂオア階級、實業家階級、市政上の有力者、地主、營業特權者、並に大工の組合等の vested interests（特權階級）は、此等の徹底的復興案の實行に對して極力妨害を試み、國王と政府とを動かし、終《ツイ》いに、其の我意を貫徹して、レン以下の復興案を一蹴せしめ、災前其儘《ソノママ》の狀態の恢復《カイフク》を以つて大體の方針とせしむ可《ベ》く勝を占めた。彼等は必ずしも建物の構造、街衢《ガイク》の配置に就《ツイ》て舊狀恢復《カイフク》を熱望したのではない。是れレン等が兎《ト》に角《カク》從前よりは著しく改良せられた倫敦《ロンドン》を實現し得た所以である　彼等の維持し恢復《カイフク》せんことを努めたものは、舊狀態に於ける彼等の利益、彼等の特權であつたのである。彼等は唯だ彼等の舊利益、舊特權を維持し恢復《カイフク》せん爲めには、技術上に於ける舊狀の恢復《カイフク》が最も都合よきがゆへに、之を主張したのである。而《シカ》して、彼等は終《ツ》いに勝つたのである。レン、イヴリン、フックの三人並びにバーボン等に至るまで、何《イズ》れも根本的なる自己の立案が顧みられず、姑息《コソク》な再建築が採用せられたにも拘《カカワ》らず、彼等は其與《アタ》へられた範圍内に於いて其最善の努力を捧げ、かくて兎《ト》に角《カク》改造倫敦《ロンドン》は造られた。煉瓦と石とのみの家屋を作る可《ベ》しとの議に對し、倫敦《ロンドン》市復興條件 Act of Parliament for rebuilding the City of London[十二] は『煉瓦建の建物は、體裁よく永續的であるのみならず、將來の火災に對してより安全であると《コト》は認るが、家屋の外側は成る可《ベ》く煉瓦又は石を以て作る可《ベ》きも、住居人の便利を慮《オモンパカ》つて、戶口、窓口並びに柱と柱との間の前面は、第一階に限り堅牢なる樫材を以て作るも差支《サシツカエ》なし』と規定した。之はカーペンタース・コムパニー（大工組合）てふ特權階級の議を容れたのである。かくして出來上つた新倫敦《ロンドン》は、甚《ハナハ》だ姑息《コソク》に改造せられたものに止まり、爾來《ジライ》三百年の今日に至るまで倫敦《ロンドン》市民自らは言ふも更なり、玆《ココ》に來集する全世界の人々をして、其不便其不自由を歎《タン》ぜしめつゝある。世界の大都會中倫敦《ロンドン》位不合理的に出來上つて居る都はないことは、如何《イカガ》な英國崇拜者と雖《イエド》も之を許容せざるを得まい。殊《コト》にオースマン案[十三]を實現した巴里《パリ》、甚《ハナハ》だ合理的に出來て居る伯林《ベルリン》、極《キワ》めて規則正しい紐育《ニューヨーク》などから倫敦《ロンドン》に入つた人は、其當座は倫敦《ロンドン》の迷宮に必ずまごつくを免《マヌガ》れないのである。唯其以後の種々なる改良によつて、人々其不便を償はれて居ると云ふに過ぎない。基礎計劃の誤つたものなることは、今日に至るまで、世界の崇《タタ》りとなつて居ると云ふも決して過言ではない。例へば、中央市場の便利の如き、之を巴里《パリ》、伯林《ベルリン》、紐育《ニューヨーク》に比べて、到底同日の談でない如きは、其一例である。而《シカ》して此一例は又た最も明瞭に、計劃を誤つたものは、都市計劃の技術的方面よりは、寧《ムシ》ろ舊特權、舊利益の打破が殆んど全く行はれ得なかつたことに存することを立證するものである。何となれば倫敦《ロンドン》に於ける市場の大部分は、依然として封建時代の名門豪家の一個人的獨占權の對象であつて、都市が如何《イカ》に改良に焦慮《シヨウリヨ》しても、其の獨占權主は之れに同ぜず、所謂《イワユル》中央市場必ずしも中央市場たる能《アタ》はずして今日に及んで居るからである。我々は、倫敦《ロンドン》の市場に於いて、決して模倣す可《ベ》きでないもの、最模範的造營物を見ると云ふも、決して誣《シ》ひたりと云ふことは出來まい。斯《カ》くしてブルヂオア英國、資本主義英國は、其の本據たるにふさはしい特權倫敦《ロンドン》、中世倫敦《ロンドン》を有して今日に至つて居るのである。

四

九月一日より三日に亘る大震火災は、徳川氏江戸の延長たる東京を殆んど全滅せしめた。舊日本最後の殘物は斯《カ》くして其跡を絶つたのである。徳川氏の江戸は、其の建物に於いて、其街衢《ガイク》の配置に於いて封建特權的あつた。東京は唯だ此の骸骨を粉飾して出來たものに過ぎなかつた。日本橋の魚市場、多町の青物市場は恰《アタカ》も倫敦《ロンドン》のビリングス・ゲート市場、レデンホール市場（十四）の如くに、特權と我利の結晶として頑《ガン》として其存在を繼續して居た。而《シカ》して此の物的配置の中に伏在《フクザイ》する經濟組織、市民生活は、其外形の甚《ハナハ》だ現代色を帶びて居たにも拘《カカワ》らず、殆んど全く封建時代の素町人文明の權化たるものであつた。東京人たることを憚《ハバカ》らない私如きものでも、一度東京の內部生活に考へ及ぶときは、寧《ムシ》ろ東京の咀《アジワ》ふ可《ベ》きものであるを痛感せずには居られない。而《シカ》して其れが又軈《ヤガ》て日本全體の中の咀《アジワ》ふ可《ベ》き部分の中樞たり發源體であることを思ふときは、東京の燒滅は倫敦《ロンドン》の大火災が黑死病の病源を燒き盡したと同じ樣《ヨウ》な清潔作用を有するものなると《コト》を感ぜざるを得ざるものである。東京の大火災はあらゆる淨化者（パーゲーター）（十五）中の最有力者たる火てふ淨化者による國民的大祓除《フツジヨ》であつたかの樣《ヨウ》に思はれる。復興日本當面第一の問題は、此の大淨化、大祓除《フツジヨ》の意義を沒却することなく、更らに之れを日本全體に擴張することに存する。咀《アジ》はれたる特權の醜塊《シユウカイ》たる江戸式東京の再現は、此の大淨化の意義を埋沒するものである。我々は斷じて江戸の擴張たるに過ぎなかつた舊東京を再現してはならぬ。我々は、全く新たに復興日本の先驅者たり其の首腦たる可《べ》き新東京を復興せねばならぬのである。之れによつて、日本の改造、否世界の改造の機運を促進せしむるの覺悟を以て、復興の業に向はねばならぬのである。江戸式特權に蟠據《バンキョ》する東京の所謂《イワユル》實業界、所謂《イワユル》市政界を徹底的に掃除し去るにあらざれば、此の意味に於ける眞の復興は到底期することは出來ないのである。我々に取つて最大の禁忌物は、舊狀の恢復《カイフク》之れである。災前の狀態とは同時に又災前の特權と私益の狀態とを意味する。タトへ街衢《ガイク》の配置などに於いて舊時の狀態に依據《イキョ》するとしても、其れによつて維持せられて居た舊時の特權分布は、斷じて之を恢復《カイフク》せしめてはならぬのである。然《シカ》るに、今日まで新聞に見えた所によると、東京復興に就《ツイ》て先頭に立つ人々は、依然として江戸式東京の代表者たる人々のみである。曰《イワ》く市會議員、曰《イワ》く商業會議所議員、曰《イワ》く實業界の巨頭某々と。而《シカ》して其或ものは、燒溺死者の屍體の處理未だ半に及ばず、累々《ルイルイ》たる屍體の未だ隅田河岸に雨に曝《サラ》され日に晒《サラ》されつゝある時に於いて、既に『決議』なるものを公表して云ふ『東京市の復興は燒失前の狀態を基礎とし、且《カ》つ急速に其建設計劃を定む可《べ》きこと』と。此一句、之を正しき日本語に翻譯《ホンヤク》するときは、正さに次ぎの如くなる可《べ》きであらう。『東京市の復興は、地主、實業家、市政關係者其他の特權階級の燒失前に有せる特權を些《スコ》しも損せざる樣《ヨウ》に計劃し、且《カ》つ速かに其の特權が行使せられ得るやう特權目的物の恢復《カイフク》を主要事項とすること』と。

五

大阪市の都市計畫技師長片岡安博士(十六)は、新聞紙上其意見を公けにして、東京は極《キワ》めて不具的、畸形的に發達したもので、寧《ムシ》ろ過當、過大に膨張したものである、此《カ》くの如きものを再び日本に起す必要はないと云ふ趣意を述べて、暗に東京は、單に政治上の首府たるワシントンの如きものたらしむ可《ベ》く、經濟上のメトロポリスの位置は之を大阪に讓る可《ベ》きであると云ふ意味を主張して居られる。此言には確かに道理が存する、然《シカ》し其れと同時に其奥には一の我利に對する他の我利を以てせんとする意味も含まれてあると思ふ。東京が不具的、畸形的に發達したことは、誰人も否定し得ざる所である。乍併《サナガラ》ブルヂオア的、資本主義的不具畸形と云ふ點から云へば、大阪も亦《マ》た不當に膨張したものたることは拒むことは出來ない。其の不當さは或點に於いては、却《カエ》つて東京以上である。片岡博士は東京は生産の地でないと云はれて居る。如何《イカ》にも御尤《ゴモットモ》である。其れと共に、大阪に於ける生産も決して眞の厚生經濟の生産であるとは云へない、畸形的資本主義、不具的營利經濟に基く所の生産は、慥《タシ》かに大阪を中心とする。眞の厚生經濟的生産の地としては、大阪は疑ひもなく失當《シツトウ》な重要を占めている。片岡博士の論は目糞鼻糞を哂《ワラ》ふの嫌あることを免《マヌガ》れないのである。復興は東京の淨化によつて、其の第一歩を着けねばならぬ。然《シカ》し其れと共に大阪の淨化、否日本國民經濟其のもの、淨化の大使命を帶びたものでなくてはならぬ。東京から奪つたものを大阪に與《アタ》へるやうなことでは、何にもならぬ。否、此《カ》くすることは、幾萬の死者を犬死せしめ、東京、横濱其他に於ける大損害を永久に補塡せられざる損失たらしむる所以《ユエン》である。

東京、横濱、小田原、横須賀等を燒盡した火は、更に復興者の手に於て、此等諸所に於けるのみならず、日本全體に瀰漫《ビマン》する舊日本の殘骸、舊素町人道の遺物を燒却するの靈火とせられねばならぬ。此度の災厄《サイヤク》によつて、多く有《モ》つ者は多く、少く有《モ》つ者は少く、何《イズ》れも其有《モ》てるものを燒き盡され、殆んど無一物となつた。然《シカ》し其れは有形の上にのみ止る。無形の所有物は未だ燒き盡されて居らぬ。横濱に於ては市役所も裁判所も登記所も燒けた爲め、土地所有權の存在を立證するすべが全く失はれたとのことである。之は甚《ハナハ》だ深い意味を有して居る事《コト》である。更に若《モ》し横濱が生絲貿易を失ふならば、其れを中心とする商業上のグードウヰル[十七]や特權や有利關係も亦《マタ》一文の價値なきことゝならう。無形の財産と稱するものも間接には燒かれたことになる。賃借の關係も其或ものは永久に燒却されたものと取扱はれる外ないもの尠《スクナ》からずあるであらう。かくて、殘る所は唯人間として有する腕力、脚力、能力のみとなり、之を樣々に擴大したり、壓縮《アツシユク》したりして居た舊式の權利、權力關係はなくなつたものが多い。私は初めて神奈川から品川へ汽車が開通したとき之れに乘らうとしたものであるが、其の汽車には無論一等、二等、三等の別はなく、唯だ無蓋《ムガイ》と有《ユウ》蓋《ガイ》の差あるに過ぎぬ一樣《ヨウ》の貨車であつた。私の懷にある乘車券若《モシ》くは私の嚢中《ノウチユウ》に僅《ワズ》かに剩して居た數圓の金錢は、此の汽車に乘るについては、何等の用をも爲さなかつた。唯だ用を爲したものは、他人を突き落して、己れ先きに飛び乘り得る腕力若《モシ》くは暴力のみであつた。不幸私は其れを殆んど有せざるが爲めに、幾度が突き落された。私は、或る停車場の軒下に一夜を過さうとしたとき、雨を凌《シノ》ぐに足る空地を得る者は、同じく强き體力の所有者であつた。其れを有せざる私は、折角附近から拾ひ上げて、一夜の寢床に充てようとした汚れた莚《ムシロ》一枚をさへ、終《ツ》いに誰人かに奪ひ取られた。凡《スベ》てのものは平等に素裸に、平等に餓《エ》ゑ、平等に疲るゝの外なき世界に於ては、何の權利保存も何の利益擁護もない。唯だ各人の腕力、脚力、能力の差違あるのみである。

但し、東海道の沿線でも、東京市内でも人々互に憐み合ひ、いたはり合ふ美はしい例は、私は實に澤山經驗した。素裸の日本人は決して野獸ではない。否、有《モ》てる日本人よりは遙かに有徳の人間である。汽車に乘るに押し合ひ、へし合ふも、決して平常の電車乘客の其れの如く我利的ではない。現に私が幾たびか落ちて後辛《カロ》ふじて無蓋《ムガイ》車に乘り得たのは、勞働者風の人が二人、此人は大分疲れて居る樣《ヨウ》だから乘せてやれと呼ばりつゝ、私の兩手を取つて引揚げて呉《ク》れた御蔭である。其他沿道に湯や水の接待をして居た靑年會員處女會員らしい若い婦人の慇懃《インギン》懇切、私に無理にさつまいもを五六個握らせて呉《ク》れた町屋の妻女らしい人、脚絆を買つた序《ツイデ》に結んで呉《ク》れた商店主人、私の手から梨を取つて其の皮をむいて呉《ク》れた行商人らしい人、私は此度の大災の爲めに實に數へ切れぬほど度々、涙のこぼれるやうな相互扶助の實例を見るを得た事を深く神に謝さなければならぬ。親戚の一婦人が辛《カロ》ふじて本所の猛火を免《マヌガ》れ災後第四日に私の宅へたどりつくを得たのも、又た數例中の一であつた。

我々が眞の淨化、眞の復興を實現する爲めには、一度は此《カ》くの如き己れの身體以外一物をも有《モ》たぬ素裸の狀態、謂《イ》はゞ state of nature を經過することは決して無意味なことではあるまい。舊倫敦《ロンドン》を彌縫《ビホウ》し、江戸式東京を修復するに比べれば、遙かに意味のあることゝ思ふ。我々は東京が橫濱が一度經過した此平等的素裸時代の敎訓を大いに活《イカ》し、之を日本全體の祝福たらしむ可《べ》く勉む可《べ》き責務を辭することは出來ないのである。此の窮況を經驗せざる人が他の困厄《コンヤク》を好機會とし、更に其の有《モ》てるものを奪ひ去らうとする如き、之を東京の語《コトバ》では『火事場泥棒』と名《ナヅ》ける。東京帝大の圖書館が焼け落ちたからとて、直ちに日本文化の中心東京を去つて京都に移らんと揚言《ヨウゲン》する人の如き、均しく『火事場泥棒』の與黨《ヨトウ》たりと云はねばなるまい。私は東京が、否日本が寧《ム》ろ貧々相平均する裸蟲《ハダカムシ》の集團地たるヿ《コト》を以つて、火事場泥棒の根據《コンキョ》地たるよりも、遙に會心の事だと思はざるを得ぬものである。人或は江戸ッ子は五月幟《ノボリ》の吹き流しと云ふ、我々東京人には其幣《ヘイ》は確かにある。其れと同時に、一切のものを失ひ盡《ツ》すも必ずしも甚《ハナハダ》しく自暴せず自棄せざる坦懷《タンカイ》、素樸は確にある。而《シカ》して歐米人に比すれば、日本人は全體として確に此坦懷《タンカイ》性、素樸性を多く有して居る。(十八)戸田博士は嘗《カツ》て、日本人は沒我《ボツガ》的で歐米人は主我的であると言はれたことがある。日本人必ずしも沒我《ボツガ》的であるのではない、唯だ其有《モ》てる有形、無形の物を失ふに對して或度までのインヂフエレンス(十九)を有して居るのである。此度の災厄《サイヤク》に發狂した東京人の數の極《キワ》めて少いことは、歐米人の不思議とする所であらう。是は確かに東京人の、而《シカ》して又日本人の長所である。ラツセル(二十)の所謂《イワユル》ホセシヴ・イムパルス必ずしも弱いのではない。唯失ふに對して割合冷靜であるのである。安政の(二十一)震災、數回の大火を名物とする江戸人は、爾《ナンジ》ある可《べ》く餘儀なく訓練せられたのである。而《シカ》して此訓練は改造世界、復興日本に取つて、確かに一の大なる力となる可《べ》き者であると、私は信ぜざるを得ぬのである。復興日本當面の問題は、新たに其體驗を深くした此活教訓を、如何《イカ》に善用す可《べ》きかの考慮を度外に置くことは出來ない。焼失前の舊東京を出來る丈《ダ》け恢復《カイフク》せよなどと云ふが如きは、此の貴き體驗を全く無駄にするものである。私は斷乎《ダンコ》として、其様の主張は斥《シリゾ》く可《べ》しとするものである。

六

『何を復興す可《べ》きか』てふ問に對する私の答は次の如くである。復興日本は首都を復興す可《べ》し、舊東京を復興す可《べ》からずと。而《シカ》して其れは決して短日月《タンジツゲツ》の間に完成を望むことは出來ない、故に急速に復興の業を完成す可《べ》しと云ふは、不可能事を要求するものである。片岡博士の云ふ様《ヨウ》に、從來の東京には不當に集中せられ吸收せられて居たものが尠《スク》くない（二十二）東京には兎《ト》に角《カク》大學と稱するものが十近くもあり、大阪には綜合大學が一つもないなどと云ふことは、如何《イカ》に東京が不當に集中的であつたかを證する𪜈《コト》である。其等が今開放せられて、其れ〴〵其の當然歸着す可《べ》き處に去るは、決して之を防遏《ボウアツ》す可《べ》きではない。去る可《べ》きものはサッサと去つて、或は大阪に、或は京都、神戸、名古屋に移るに放任す可《べ》きである。復興政策の一要目として、其引留めを策するが如きは、復興日本の敵である。其去る可《べ》きものは、商業であらうが、工業であらうが、文藝、技術、學問であらうが其他何であらうが些《スコ》しも厭《イト》ふ可《べ》き所はない。凡《スベ》てのものを失つた東京は、去る可《べ》きものを強いて引留む可《べ》き特權を失つたものである。唯だ必ず復興せねばならぬものは、復興日本の首都たる東京である。東京は舊時の殘物一切を失つても決して悲む可《べ》きではない、東京の爲す可《べ》きことは、未だ何くにも存せざる復興日本の原動地を新たに積極的に其處に興《オコ》すこと是れである。商業も工業も、精神的諸活動も茲《ココ》に集る可《べ》きものは必ず自然に集る。五年なり十年なりの間、暫らく他の地に去るも、來る可《べ》きものは必ず再び來る。強いて其去るを引留めることを要望する人々は、其等の集團の間に特權を有し、特殊の利益を有して居た人々のみである。素裸の人々が新たに自己の實力を以て復興す可《べ》き新東京は、其等の特權、利益を一も有して居らぬ。否特權と利益とによつて其地位を保つが如きものは、寧《ムシ》ろ一日も早く東京を去ることが、新東京の熱望す可《べ》き所である。其等のものが殘存して蠢動《シュンドウ》することは、新東京建設の妨害となる。此意味にては、從來の何と稱し彼と云ふ市政關係者、實業巨頭、商業會議所の諸富豪は、東京復興の事に無益の喙《カイ》を容る、よりは、寧《ムシ》ろ其手に殘せる財産の醜骸《シュウガイ》を携へて、西に東に分散し去るこそ希《ネガ》はしいのである。彼等何の權あつてか東京復興の音頭取りを以て自任するや。僣越《センエツ》も亦甚《マタハナハダ》しと云はざるを得ぬではないか。火によつて一切の醜骸《シュウガイ》を燒き盡されて淨化した東京人にして始めて東京復興を談じ得可《ベ》きである。燒かる可《ベ》き何物をも持つて居なかつた人々こそ新東京の原動力たる可《ベ》きである。凡《ス》べての有《モ》たぬ者よ、集りて東京を作れ、而《シカ》して復興日本の先驅となれ、凡《ス》べての有《モ》てる者よ、一日も早く去れ、去《サ》て而《シカ》××××××××（二十三）を待て。私は決して矯激《キョウゲキ》の言を弄する者ではない。燒かれたるもの、溺れたるもの、壓殺《アッサツ》せられたるものを、自らの周圍に有する人達は、何《イズ》れも皆私と同一の感を有することを、確信して疑はないのである。

『如何《イカ》に復興す可《ベ》きか』は主として技術上の問題である、私は更らに他日機會を得たならば、其れに就《ツイ》ても論じて見たいと思つて居る。然《シカ》し私は、復興は決して拙速《セッソク》を主義とす可《ベ》からずと信ずるものである。從つて今直ちに『如何《イカ》に』の問題を決定的に取扱ふは非なりとするものである。第一の急務は、何を復興す可《ベ》きかの決定である。之に對する答は、曰《イワ》く災禍によつて淨化された、純樸な相互に助け合ひ、いたはり合ふ、平等の裸蟲《ハダカムシ》から成る新首都の復興是れであると。此の平等の素裸人こそ、最も力強く特權選擧による現帝國議會を根本から否認し、最も徹底的な男女平等比例代表の普通選擧制による立憲政治を要求す可《ベ》きである。建物とか市街とかは抑《ソモ》も末の事である。政治上には徹底的普通選擧、法律上には名實全く相伴ふ權利の平等、殊《コト》に財産權に對する勞働權の平等、社會上には萬人普遍の生存權の保障、經濟上には勞働の機會の均等と其果實の確保とを與《アタ》ふる事が復興第一の仕事であらねばならぬ。他面に於て、我々は災後の施設に就《ツイ》て、鐵道大隊、工兵隊、輸送隊の敏活な而《シカ》して組織ある活動に對して大いに感謝し、鮮人云々《ウンヌン》の浮說を一掃し、人心を安靜せしめた戒嚴隊の功績を稱《トナ》ふるに躊躇するものでないと共に、之を機會として、陸海軍の一掃的大縮少、軍費の大節減を斷行して、復興の經費を產み出す事の急務なるを極力主張せんとするものである。是れ軍隊をして政府の軍隊でなく、閥族の軍隊でなく、國民の軍隊たらしむる絕好の機會である。國民の深き感謝を利用して、軍備擴張を圖《ハカ》るが如きは、火事場泥棒の最も甚《ハナハダ》しきものである。災厄《サイヤク》によつて、國民に接近し之れと親んだ軍隊は、自ら過去の不當なる膨張の非を自覺して、更らにより多く國民に接近し來るが爲めに、大縮少、大節減を國民の要求を待たず自ら進んで斷行してこそ軍隊は眞に國民の軍隊となり得るであらう。軍國も資本主義も共に今に及んで素裸の洗禮を受けねばならぬ。復興日本の大業は、素裸の洗禮、火による祓除《フツジョ》を經たもの、み之に當る可《ベ》きである。

十二・九・十五認む。認め終るとき私を箱根に搜索す可《ベ》く第二班として赴き呉《ク》れられた中谷商學士の歸京に接した。汽車、汽船、電信、郵便の文明の利器によつた同學士は、前後十數日を空費《クウヒ》せられ、唯生れ乍《ナガ》らに有《モ》つ雙脚《ソウキャク》をたよりに徒步し來つた私は、今心靜かに此稿に筆を取る。私は再び素裸の福音を痛感せざるを得ぬのである。

――大正十三年十月『改造』掲載――

五　經濟復興は先づ《マ》半倒壞物の爆破から

――『生存權擁護令』を發布し　私法一部のモラトリウムを卽行せよ――

一

九月二十三日午後三時二十餘分、私は淺草十二階の爆破(一)を目擊した。工兵隊の熟練な爆破によつて、此の危險物は唯僅《ワズ》かに片側に煙突の如き高き煉瓦の一細柱を殘したのみで、跡方もなく崩壞し去つたのは、實《ジツ》に壯觀であった。歸途日本橋丸善洋書店(二)の倒壞跡を過ぎた。凡《オヨ》そ品川から上野、淺草に至る大通りに於て、丸善の倒壞位甚《ハナハ》だしい慘狀醜態《シュウタイ》と言っても暴言ではあるまいを呈して居るものを私は見なかつた。否箱根以東の東海道に於いては、酒匂《サカワ》川の新鐵橋と此の丸善とは慘壞物《サンジヨウブツ》の兩大關と云ふべきであらう。家の南側の兩角は三分の一位の處からポキと折れて三階ぐるみ內部へ落込んで居る。殘された鐵骨は飴の如くにヘナ〳〵に幾折《イクオ》れにも折れて居る。其の細く薄ペラなこと、成程此れなら倒壞するのが當り前と素人眼には感ぜられた。丸善洋書館の倒壞は、丸善仕込の薄ペラな所謂《イワユル》文化思想とか社會思想とかの倒壞を皮肉に暗示するかのやうに思ふことを禁じ得られなかつた。之れに反し、小さくはあるが三十四銀行(三)の京橋支店が外觀何の異狀を呈せず、累々《ルイルイ》たる殘墟《ザンロ》の京橋詰に冷然と其堅實さを誇るもの丶如く獨り寂しく立つて居るのは異樣《ヨウ》の印象を與《アタ》へた。昨今の東京に於ては日に何ケ所となく、半倒壞物の爆破が行はれて居る。私は、此れと同樣《ドウヨウ》に、經濟上、社會上の無形な建設物、造營物中に甚《ハナハ》だ多數の半倒れ、半燒けのものがあつて、其多くはまた甚《ハナハ》だ大なる危險を以つて我々の共同生活を脅しつゝあるを見出すものである。災後の經濟復興の業に從ふ刀筆《トウヒツ》の役人中には、今も猶《ナオ》、六法全書と首引きして、行動の規準を其中に求めて居るものがある。奚《ナン》ぞ知らん、我が私法の中には、甚《ハナハ》だしき危險狀態に陷つて居る半倒壞物が累々《ルイルイ》として存して居るのである。私は有形の復興が先《マ》づ工兵隊の手に於ける爆破から開始せられた如く、無形の復興も亦《マタ》危險の狀にある半倒半燒の建設、造營物の國家大權の發動による爆破を以つて開始せられねばならぬことを痛感するものである。

二

先《マ》づ淺草の十二階にも比す可《ベ》き危險狀態に在る半倒壞物を無形の造營中に求めれば、（一）火災保險金問題（二）土地家屋賃貸借權問題（三）雇傭者解雇失業問題の如き其最なる者であらう。私は勞働（雇傭）契約に就《ツイ》て十數年來粗《ホ》ぼ次の如く主張し來つた。曰く、契約と云ふことを以つて我々の經濟生活の實際を律して行くことは、今日まで最も便利な且《カ》つ合理的なことゝせられて居つた。併《シカ》し其れは今や、我々の共同生活の現實の要求に合せざる點甚《ハナハ》だ多きことを認めざるを得ぬ。勞働契約の如きは、契約の名あつて其實《ジツ》なきものである。然《シカ》るに之れを純然たる契約として取扱ふことは、不公平な權力分布を、更らにより多く不公平ならしめるものである。日本の雇傭關係は從來決して契約關係でなかつたことは、私は歷史の權威によつて斷乎《ダンコ》として主張する。舶來輸入の羅馬《ローマ》法的妄想が之を無理に契約して仕舞つたのであるが、事實は決して忠實に其通りに成り切らないのである。厭《イヤ》がる娘を無理に嫁にやつたやうなものである。家風に合はないとて姑の爲めに散々非道《ヒド》い目にあつて居るのが、現在の雇傭契約の下に於ける勞務者である。家風に合はないと云ふことを、現代の日本法曹は、國民の權利思想が發達しないと云ふ言ひ草に飜譯《ホンヤク》して居る。其の家風、其の權利思想なるものが虚僞なるもの、無理なるものたると《コト》には毫《スコシ》も御氣が附かれぬのである。親族、相續に就《ツイ》ては、日本の家族制度の實際を基として立法したと誇る日本の民法は、國民の大多數に最も重大な關係を有《モ》つ勞働契約の規定に於いて、全く日本古來固有の慣行民俗を無視し、蹂躪《ジュウリン》して、非常に新しいつもりで、實《ジツ》は歐洲では既に時代錯誤となつて居る所の債權契約の原則を鵜呑みにして、之を國民に強制するものである。社會政策の樹立は、先《マ》づ此根本的大矛盾の認識に目覺めてからでなければならぬ、非私法化の洗禮を受けたものでなければ、今日の勞働問題を共に談ずるに足りないのであると。拙文『勞働契約』『勞働協約』『社會政策と階級闘爭』『社會運動と勞銀制度』等を見よ。 然《シカ》るに、此度の大火災は、保險契約に就《ツイ》ても、右と同じ矛盾缺陷を暴露したのである。東京を燒き盡した大火は、東京の凡《スベ》ての街路のレビリンス（四）（迷宮）を見通しにして呉《ク》れた。我々は今迄色々な建設物の爲めに遮《サ》へぎられて透視するを得なかつた街區《ガイク》の曲折を鳥瞰的に一目の下に見るを得るに至つたのである。其れと同じく此大火は、經濟上、社會上の複雜な組立てを燒き去つて、我々に其實體を判然と見通すことを得せしめて呉《ク》れたものが多々ある。火災保險問題の如き、土地家屋賃貸借權問題の如き、使用人解雇問題の如き、何《イズ》れも其の實例である。

三

現行の諸會社の火災保險契約には何《イズ》れも云ひ合せた樣《ヨウ》に『原因の直接と間接とを問はず、地震又は噴火の爲めに生じたる火災及其延燒其他の損害』に對しては、保險會社は塡補《テンポ》の責に任ぜずと明かに記載してある。此度の東京、横濱其他罹災地に起つた火事の中には、放火及其延燒にかゝるもの尠《スクナ》からずあつたやうに報ぜられるから、其れが事實なら其等に對しては無論各會社に於て其塡補《テンポ》の責に任ず可《べ》きは當然であるが、大多數は、直接又は間接に地震の爲めに生じた火災及其の延燒、其他の損害の場合に屬することは言ふ迄もないことである。從つて、保險會社が保險金を支拂ふ義務なきことは、被保險者は契約締結の際、百も二百も合點承知であつたる可《べ》き筈《ハズ》であるから、一錢も支拂ふ可《べ》き理由はないと保險會社側が云ふのは、今日の虛僞契約神聖扱一點張りの法律解釋論としては、極《キワ》めて尤《モツトモ》千萬なと《コト》と言ふの外はない。此の解釋法理の目を以つて見るときは、今日喧《ヤカマ》しい保險金支拂要求問題の如きは、抑《ソモソ》も其んな馬鹿々々しい御話にならない要求の起ると《コト》が不可解不合理の事であつて、我が神聖にして尊貴《ソンキ》なる私法は、其樣な無鐵砲な要求を起す人々を呪咀《ジュソ》する外はないであらう。故に、私は言ふ、民法の契約法理は、淺草十二階同樣《ドウヨウ》の危險な半倒壞狀態に陷つて居るものであると。法治國とか云ふ標語に、若《モ》しも何等かの意味があるものとしたら、其れは今日に於いては、半燒けの狀態に在る何ものかであるに相違ない。其の法治國なるものは、契約の神聖、權利の不可侵と云ふことを、最高の祭壇上に置く。法治の神其れはユスチチア女神(五)とは決して同一神體ではあるまいは、地震があらうが、火事が起らうが、雷が落ちようが、如何《イカ》なる場所にも、契約の神聖を託宣する。此神には、如何《イカ》に熱禱《ネツトウ》切願するとも、契約の特約事項として、明かに『當會社塡補《テンポ》の責に任ぜず』と規定してある事項に對しては、タトへ其一部分一割でも二割でもなりとも、支拂に應ぜしめよと希《ネガ》ふ者に一顧一瞥《イチベツ》をだも與《アタ》ふる見込はないのである。否とよ、貴き法治の神は、其樣なる逆さ願をする者を、一言の下に叱斥《シッセキ》するであらう。

四

法治御神の行者たる法冠法服嚴《イカ》めしき人々は、まさに我が岩田宙造博士と同じ尊嚴さを以つて、無法無智にして權利思想の發達せざる低能者等を訓諭して云ふであらう。

『借家契約は、家の燒失によつて消滅したのであるから、舊家主及び地主は、何時でも其の建造物の取拂を命（？）ずることを得。此の場合、借地人は、法律上何等の保護を受けざるものとす』東京朝日新聞九月二十日號第二頁

『家主及地主の承諾なくして、バラックを建てた場合には家主又は地主の要求（命令變じて要求となる、まさに一退化）あるときは、何時でも取毀《コワ》さなくてはならない』同上紙九月二十一日號第二頁

而《シカ》して、此神の傳令使たる『新聞紙』と稱する舊時代擁護機關が、此嚴《カク》肅なる御託宣を『震災善後法律相談』の憐れなる問者に對し、權威的にして、決定的なる解答として、禮を厚《アツ》ふして掲載すると亦《コトマタ》我が東朝子《トウチヨウシ》地震前までは、新時代の魁《サキガケ》として甚《ハナハ》だ重きを爲して居た所のの如くなるに、何の不思議もなかる可《ベ》き筈《ハズ》であつたのである。然《シカ》し我々助けなき素人共は、震災善後とあるのは言ふまでもなく、震災に遭つた不幸な人々の後を善くすることの謂《イワレ》であると誤解して居つたのである。此甚《カクハナハダ》しき誤解謬想《ビユウソウ》を以つて右の解答を讀んだ愚なる我々は、東朝子《トウチヨウシ》の善後とは、地主、家主等の財産の善後のことであつて、食なく、衣なく、更らに住もなき憐れなる罹災者の立場から云へば、震災の上に、更らに財災、法災を重ねしめる惡後の相談の意味であつたことを知つて、此の切羽《セツパ》詰つた東京に、よくもよくも、其樣な巡査受驗用條文解釋に外ならぬ閑文字《カンモジ》を載せる餘裕を有《モ》つた呑氣な新聞紙があつたものだと、ビツクリ仰天致したのである。

岩田博士を筆頭とする法治の神の行者達は、火災保險問題に就《ツ》いても、亦《マタ》必ず言ふであらう。『被保險者は、明文により會社に對し、何等要求の權利を有せず、會社は言下に其の要求を斥《シリゾ》く可《ベ》きものとす。此場合、被保險者は、法律上何等の保護を受けざるものとす』。不幸に不幸を重ねた罹災者が辛くも假小屋を建てんとし、保險金の支拂を受けんと哀訴《アイソ》するに對して、何等の保護をも受けざるものとすと奇麗サツパリ冷酷に突パネる所の私法に、我々人間は、何の理由あつてか、渇仰隨喜《カツギヨウズイキ》の誠を致さねばならないのか。平素は、財産所有者の利益擁護をのみ是れ能事《ノウジ》として、

勞務者の保護に就《ツイ》ては、工場法や健康保險法やの公法に全責任を放任して、知らぬ顔の半兵衛たり、苦しい時の神頼みと寄りすがれば、法律上何等の保護を受けざるものとすと一蹴し去る所の法、之れを名《ナヅ》けて民法と云ふ。民と云ふ字に靈があるならば、其の冒認《ボウニン》に對して必ずや激怒を發するであらう。此の冷酷な神託を受け次ぐ人を名《ナヅ》けて辯護士と云ふ。護と云ふ字に若《モ》し靈あるならば、其僭越《センエツ》に對して必ずや憤懣《フンマン》を禁ぜぬであらう。民法の一部と其行者達の法理とが、此度の震災によつて其薄ペラな化粧煉瓦を振ひ落された半倒壞物たること、此一事を見て疑を容るるの餘地はあるまい。

私は茲《ココ》まで認め了《オワ》つたとき東朝紙《トウチヨウシ》九月二十四日號が配達せられた。我が岩田博士は、果然《カゼン》再び火災保險問題に關する問者に答へて、私が豫期した通りの神託を取次いで居られる。曰く

『地震は商法第三九五條の『變亂《ヘンラン》』の中には含まれませぬが、地震に直接又は間接に原因する火災により生じたる損害を塡補《テンポ》せぬ特約（!?特別命令?）をすることは、商法第四一九條の禁ずる所ではないから、現行約款の右特約を無效と云ふ譯には參りませぬ』

五

同じ博士は、東朝《トウチヨウ》同日號の他の個所に於いて、『燒跡のバラック問題』に就《ツイ》て、布施辯護士の意見に答へて、『借家權は借家の燒失と共に消滅し、借家人に燒跡の土地を使用し、バラック等を建設して居住を繼續する權利はない。法律の解釋は、如何《イカ》なる場合にも、最も冷靜公正を要する、此點は法の擁護運用の任に當る者が、最も愼重に考慮を要する所と思ふ』（第三頁）と云つて居られる。博士の法理論は、如何《イカ》にも痛快に終始一貫したものである。其れと同時に、

其の半倒壞狀態から來る危險は殊更《コトサラ》に甚《ハナハダ》しいのである。其れは、法理論として正しい丈《ダ》け其れ丈《ダ》け不幸幾百萬の人民の災後を更らに更らにより惡くする作用をしか有せぬもので、廣く人間と云ふ立場、高く人間生存の擁護と云ふ立場から見るときは、其人間が現在辛ふじて支へつ、ある其の生存を最大脅威を以て脅す所の大危險物である。法は惡し、惡き法を善く解釋するものは、更らにより惡し。九月一日大震のとき帝國大學とかの地震計は、盤面から飛び出して用を爲さなかつたと新聞紙は報ずる。而《シカ》して更らに言ふ『此れは地震計が惡かつたのではない地震計を飛び出させるやうな大地震が惡かつたのだ』。と法治の神の信者等も亦《マタ》言ふであらう『此れは現行私法が惡いのではない現行私法の指針を飛び出させる樣《ヨウ》な大地震大火災が惡いのである』と。

法治の神の行者等は、半倒壞の家屋の所有者が、此れは己の所有權內にある物である、工兵の爆破は、所有權の侵害財產の破壞であると主張するとしたら、何と評するであらうか。半倒壞の現行私法の一部、若《モ》しくは丸燒となつた其一部の燒跡へ、冷靜公正なる法律解釋とか、愼重なる法の擁護とか稱して、舊式所有權一點張りのバラックや怪げな假小屋を建設する權利があるかないかの人間其ものから見た法理論は、此等行者には沒交涉であらう。

岩田博士一流の解釋論に對して、同じく解釋法律論ではあるが、遙かに多くの人間味を有するものに、今村裁判所長、布施辯護士、花岡博士(六)等の其れがある。特に私は、今村所長の議論が情理兼備甚《ハナハ》だ能《ヨ》く人間の現實生活に立脚したものなるを見て、殆んど蘇生の思をしたものである。同氏談話として第一回に新聞紙に掲げられたものは、解釋論としては確かに脫線したものであつて、私は却《カエ》つて若干の必要を禁ずることを得なかつた。何となれば、其れは、現行法の解釋てふ束縛を被《コウム》らざる我々の論としてなら、當然の話ではあるが、其の狹い束縛の中に、何とかして出來る丈《ダ》けの人間味を取り入れねばならぬ氣の毒なる地位にある今村氏の論としては、到底支持し得可《ベ》からざるものであるから。果然《カゼン》此兩三日の新聞は第二回の訂正文を掲げて居る。私は其れを見て安心した。解釋論としては、此訂正文以上に出ることは出來ない者であるから。此れは恐らく第一回の談なるものは、新聞記者早合點の誤報であつたのであらう。而《シカ》して私は、第二回の訂正文を見て、現行私法が此度の大災の爲めに、其一部甚《ハナハ》だ危險なる倒壞に陷つたことを愈々《イヨイヨ》確めるの外はないものである。いま今村所長第二回の訂正文の要領を掲げて見よう。

『震災によつて燒け出された借家人が一時其の場所に假小屋を造ることについて私の意見として各新聞に掲載されたことは大分誤《ゴ》謬《ビュウ》があるから訂正したい。私の意見は、借家人は家を借りて或種の物品を持ち込み從つて或地點に占據して居る。其の家が燒失したと共に、其處には猶《ナオ》燒け殘りの動產物件が殘存して居る。これを整理保管する爲には猶《ナ》ほ其の地點に止まり、處理することが出來ると思ふ。故に假小屋を作つてこれを處理することは出來ると思ふが、其處に半永久的の家屋を建てられると云ふ譯ではない。一時的の假小屋を造り殘品の處理も濟み、他に適當の場處があれば撤退するのが至當であると思ふ。此れは新たに借地權を得たといふ譯でなく又家屋の借家權が家屋消滅の後まで存續するといふのではない。さればバラツク式家屋も一時的のものでなければならぬ』

然《シカ》り、物を本位とし、財產を最高祭壇に祀《マツ》る現行私法の解釋としては、此以上に一歩も出ることは許されないのである。物を見て人を屁とも思はざる半倒壞の民法は、燒け殘りの物品其れは貴き財產權の客體《カクタイ》である！の處理の爲めに、一時的假小屋を作ることを許すのみで、肝腎要めの燒け殘つた人間の始末、人間生存の處理の必要と云ふことは、全く之れを考慮に入るゝことを許さないのである。茶碗のかけら、おしめの燒け殘り、バケツの毀《コワ》れたのなどは、此の貴き民法の眼中には、假小屋を建てゝ處理することを一時的に許さねばならぬ神聖高貴のものであつて、之を所有し、之れによつて辛ふじて玄米の握飯に露命《ロメイ》をつながんとあせつて居る憐な人間其者の處理の爲めには茶碗のかけら一つ、バケツの毀《コワ》れ一個の、處理が要求する所のことを要求することも出來ないのである。思へば、民法の眼に映ずる人間程詰らぬ價値なきものはないのである。眞の丸燒け、箒一本、肥溜桶《コエオケ》一ケすらも殘さず燒いた人間は、一時的假小屋すら營むことは出來ないのである。茲《ココ》に於てか、肥溜桶《コエオケ》は、人間に向かつて聲高く罵《ノノシ》つて云ふであらう。何んだ平日は己れのことをきたないの、臭いのと輕蔑して置きあがつたつて、燒け出された手前が、今日、ドウヤラ假小屋を建てることを、民法樣《ヨウ》に御目こぼしを願へるのは、かく云ふ肥溜桶《コエオケ》樣の俺が附いて居るからジヤナイカ、三拜九拜して、己の嗅に感泣しろと。私が民法の一部は、眞の人間の生活を脅す所の時代錯誤的な半倒壞の危險狀態にありと主張する所以《ユエン》は、これで判然と分るだらうと思ふ。

六

火災保險問題に就《ツイ》ては、我邦が有する商法學の最高權威の一なる花岡敏夫博士は、商法第四百十九條を根據《コンキヨ》として、保險會社に塡補《テンポ》の責務ありと主張して居られる。其の四百十九條の文句は、

『火災に因りて生じたる損害は、其火災の原因如何《イカン》を問はず保險者之を塡補《テンポ》する責に任ず、但第三百九十五條及び第三百九十六條の場合は此限に在らず』

と而《シカ》して此限に在らざる第三九五條、第三九六條とは

『戰爭其他の變亂《ヘンラン》に因り生じたる損害は特約あるに非《アラ》ざれば保險者之を塡補《テンポ》する責に任ぜず』

『保險の目的の性質若《モシ》くは瑕疵《カシ》、其自然の消耗又は保險契約者若《モシ》くは被保險者の惡意若《モシ》くは重大なる過失に因りて生じたる損害は保險者之を塡補《テンポ》する責に任ぜず』

と云ふのである。地震の場合は無論此の兩條の場合に屬しないから、四百十九條丈《ダ》けでは、無論此度の罹災者は塡補《テンポ》を受く可《ベ》き譯ではあるが、保險會社の方では、チヤント之れに備ふ可《ベ》く、前段に揭げた樣《ヨウ》な特約の一項を契約書の裏面へ六號活字で人の氣の付かない處に潛ませてあるのである。而《シカ》して我が岩田博士は、此六號活字を今や初號特

大の活字に組かへて、憐れなる、乍然《シカシナガラ》無智無學なる罹災者の前に重大なる權威を以つて展示しつゝあるのである。

今村氏の假小屋論、花岡博士の四一九論共に一の解釋論であつて、其れが正しいとしても、他方に財力に富み高き謝禮金を辨護業者に拂ふを惜まざる地主家主保險會社等あつて、法廷に爭ふに相違ないから、其決定までには必ず幾多の日子を要するに相違ない。然《シカ》る間に餓と疲れと寒さとは、猶豫《ユウヨ》なく憐なる罹災者に迫り來る、訴訟の決する頃には、幾人かは餓の爲めか、疲れの爲めか、寒さの爲めか、疾《ハヤ》くに死んで仕舞つて居るかも知れない。私は是れを危險なる半倒壞物の維持として斷乎《ダンコ》として反對せんとするものである。此半倒壞物を一刻も早く爆破するに非《アラ》ざれば、幾萬の人間の生存は救ふべからざる危殆《キタイ》に陷るの外はないのである。解釋論に火花を散らすことは此の極窮權の擁護に何等の力を有《モ》たないのである。私は今村、花岡諸氏の情理兼備の解釋論に心からなる感謝を禁ずることは出來ない、而《シカ》も解釋論は終《ツ》いに解釋論たるに過ぎないを如何《イカン》せん。校訂の際追記　但し、保險業法施行規則第二十三條によつて、各會社が係系保險金額を支拂備金とする義務のあることが、現在の吏僚中《リヨウチユウ》類《タグイ》稀れなる生きた法令全書たる松村新商務局長によって、發掘せられたことは、甚《ハナハ》だ痛快なる皮肉と云はねばならぬ！

解釋論は半倒壞物を其の危殆《キタイ》の儘《ママ》に、何とか應急修理をしようとするものであつて、其の危險を一掃し去るものではない。何時かは修理の部分も亦《マタ》壞れ出して、其の危險は前に彌增《イヤマ》すやうになるかも計られないのである。私は其樣《ヨウ》な危險狀態を繼續することに斷然反對して、此際一擧に半倒壞建物の徹底的爆破を力說せんとするものである。私法の全體に亘つて根本的改正を加ふることは、此緊急の場合には出來ない。私は先《マ》づ最も危險多き半倒壞物の爆破の卽行を要求せんと欲《ホツ》する。我々は工兵隊の力を藉《カ》りねばならぬ。此場合の工兵隊は國家と其の權力とであらねばならぬ。乃《スナワ》ち、私は、日本の國家が其の最高權の發動によつて、私法一部のモラトリウムを卽行す可《ベ》きことを主張する。戒嚴令、支拂猶豫《ユウヨ》令、徵發令、暴利取締令、供給令(七)等を發布することに躊躇しなかつた政府には、必らず其の果斷を期待し得可《ベ》しと思ふ。乃《スナワ》ち、政府は何等かの形式を以つて、憲法第八、第九兩條の許す範囲內に於いて、此度の直接又は間接の震火災地に對し、私法一部の適用を停止す可《べ》き廣汎《コウハン》なるモラトリウム勅令を發布す可《べ》きである。而《シカ》して出來る丈《ダ》け早く臨時議會を召集して、之を法律たらしむ可《べ》く協賛を求む可《べ》きである。以下法律に關する拙論は、專門家の失笑を購《カウ》ふことを覺悟して居るものである。細かいことは、專門家諸君に宜しく叱正《シッセイ》を希ふ次第である。

七

右のモラトリウム勅令は、私は之を『生存權擁護令』と名《ナヅ》けられんことを欲《ホッ》する。其の規定は、『政府は此度の震災によつて危殆《キタイ》に置かれたる人民の生存を擁護するに必要と認めたる條項に限り、現行法律の適用を來何年何月何日まで停止し、之れに代る可《べ》き命令を發することを得』とし、所有權及其派生諸權と債權、就中《ナカンズク》契約に關する事項中、罹災民の生存を擁護するに不適當と認めたる條項の効力を一時停止し、之れに代る可《べ》き法規を命令として發す可《べ》きでなる。火災保險契約も、土地家屋の賃貸借契約も、雇傭契約も、無論其中に含ましむ可《べ》く、罹災地又は其近郊の土地所有權も亦然《マタシカ》る可《べ》きである。私は東京市から始めて、凡《オヨ》そ市街地の或度までの公有を必要と信ずるものである。之が私の意味する爆破である。爆破は決して危險ではない、却《カエ》つて危險を取除く所以《ユエン》である。私は十二階爆破のとき僅《ワズ》か數十間距《ヘダタ》つた所に於いて、安心して爆破作業を實見し得た。若《モ》しも之れが工兵隊の熟錬な爆破でなく、モツブ的爆破(八)であつたら、私共は極力逃げ出さねばならなかつたであらう。若《モ》し又自然倒壞が早晩起るものとしたら、其れこそ幾多の人命を損じたであらう。半倒壞物の所有權法、契約法を自然倒壞に任せたり、モツブ的爆破に放任して置いたら、其れこそ危險千萬である。老熟錬達の立法技師を閣僚、吏僚中《リリョウチュウ》に有する現内閣は、工兵隊に劣らぬ手際を以つて、爆破の事業を成就するであらうと期待する。法律の解釋は如何《イカ》なる場合にも、冷靜公正を要し、法の擁護運用は最も愼重の考慮を須ゆ可《べ》きは言ふまでもない。併《シカ》し乍《ナガ》ら、私は主張する。『生存は法律よりも重く、生存の擁護は法の擁護よりも貴し。極窮權の發動を防ぐは、唯だ生存權の擁護あるのみ』と。拙文『極窮權論』並に『生存權論』參考 法律は人間の爲めの法律である、人間は法律の爲めの人間ではない。人間は人間の擁護に、生存者は生存の擁護に當る可《ベ》き最高の責務を有する。法曹も亦《マタ》人間としての法曹でなければならない。人間の生存は如《イ》何《カ》なる場合にも、一切を超越して、冷靜公正愼重なる考慮を要する。法律は國家と其人民との爲めの法律であつて、國家と人民は法律の爲めの其れではない。國家は生存する人より成る。燒溺餓死者の累々《ルイルイ》たる死屍からは成立せぬ。人民生存せざれば國家亦《マタ》生きず。國家最高の必要は生存者の生存擁護之れである。其の生存が危殆《キタイ》に瀕することは、國家の最緊急事である。憲法第八條はまさに、此《カ》くの如き場合に於いて有効有力に發動す可《ベ》きものである。

八

『生存權擁護令』に基づいて發せらる可《ベ》き命令には幾多の事項があらう。以下の考案極《キワ》めて粗《ソ》笨《ホン》宜しく是正を俟《マ》つ 先《マ》づ差當り

（一）罹災地方に於ける土地家屋の賃貸借契約は建物の燒失せると否とに拘《カカワ》らず、來何年何月何日までは、九月一日に於けると同樣《ヨウ》の効力を有す

（二）火災保險契約に於ける地震を直接又は間接の原因とする損害塡《テン》補《ポ》無責任の特約事項は之を無効とす

（三）罹災者を勞務契約者とする雇傭契約に就《ツ》いては、民法第六百二十七條第三項の場合『解約の申入は三ケ月前に之を爲すを要す』を準用し、民法第六百二十八條『已《ヤ》むを得ざる事由あるときは、直ちに契約解除を爲すことを得』は此の場合に適用を許さず

とす可《ベ》しと思ふ。今少し蛇足を加へて右を説明して見よう。

岩田博士の言はれるやうに、現在の民法は、建設物件の存在を土地家屋賃貸借契約の必須條件として居る。此は現民法なるものが如何《イカ》に非人間的、非現實的であるかを最も有力に提示するものである。抑《ソモソ》も賃借者が土地、家屋を賃借する眞正現實の理由は、其の土地の上に、其家屋の內に居住し、又は營業せんが爲めであつて、單に一建物を占據して、家賃、地代支拂動物たらんが爲めではない。其得んと欲《ホッ》するものは、土塊の一延長、木材、石材、煉瓦の一集團其ものではない。其處に居住すること、其處で營業すること此れである。法冠法服の下に人間性を蔽《オオイ》ひ去られない當り前の人間の眼から見れば、土地家屋の賃借は、居住若《モシ》くは營業本據（Lebens = oder Erwerbsstandort）の賃借である。土地や家屋は其形體たるに過ぎない、其實質ではない。私は此實質を名《ナヅ》けて『生存（又は營業）本據權』（Lebens = （Erwerbs） Standorts-recht）略して『居住權』（Wohnungsrecht）と云はんと欲《ホッ》する。此の居住權は建物の燒失と共に燒け去るものではない。火に燒けず雨に流されざる堅固なる無形なる人間本來固有の權利である。私法學者は云ふであらう。其んな權利は六法全書に載せてなく、又たコザックの教科書にも書いてないと！　現實の生きて働く人間は、此の無形堅實なる本來權を得んが爲めに、土地家屋の所有權を獲得したり、其の賃借權を收得したりするに外ならないのである。麥酒《ビール》を買ふものは、已れ若《モシ》くは已れの欲《ホッ》する人間が之れを呑まんが爲めである。麥酒《ビール》を買つても之れを呑むの權は別に之れを買はなくてはならぬとあつたら、誰しも麥酒《ビール》だけを買ふものはあるまい。土地家屋を買ひ又は借りるは、實《ジツ》は居住の本據を買ひ又は借りるのである。

九

本來ならば、苟《イヤシ》くも生を國家の內に亨《ウ》くる者は、借料を支拂ひ得ると得ざるとに拘《カカワ》らず、必ず何程かの生存（及營業）本據權を確保せられねばならぬ。生存の本據は、唯だ或る延長の地積では足りない。人間にふさはしい住む可《ベ》き何等かの建物を要する。併《シカ》し今日の幼稚不完全なる國家は、まだ其の臣民《シンミン》に普《アマネ》く生存本據たる土地と家屋とを供給するまでに進んで居らぬ。僅《ワズ》かに大臣、高官、或る種の官公吏等に官邸と稱するものを供給するに止まり、其他は住宅政策によつて應急的に微少な試みを爲して居るに過ぎない。從つて大々多數の人々は、賃貸借契約によるか、自己所有權によるかして、私法的に之を獲得するに放任せられてあるのである。然《シカ》し現下《ゲンカ》の如く災罹地に於いて、右何《イズ》れによるも、生存の本據を得る能《アタ》はざる狀態にある時は、玆《ココ》に私法の原則は自然的に停止せられ、國家は基本來當然の使命に覺め來る。卽ち、政府又は自治體は、バラックを建て、公共建設物を開放して、出來るだけ生存の本據を人民に與《アタ》ふることに勉めつゝあるではないか。住むに家なき何百萬の人民を控へて居ては、國家の存立も亦《マタ》極度に惱ませらる。東京横濱以外殊《コト》に關西の人には此意味は或は諒解せられないかも知れぬが國家自己擁護の立場から云つても、住むに本據なき人あつてはならぬ。況《イワ》んや生存の擁護てふ最高の任務の立場からをや。然《シカ》るに此時に方《アタ》り、國家又は自治體の力を藉《カリ》るまでもなく、若《モシ》くは單に若干の援助を受ける丈《ダ》けで、大體は、自己の獨力を以つて其れ〴〵生存の本據を作らうとする人の數多きヿ《コト》は、實《ジツ》に有り難いことではないか。彼等健氣《ケナゲ》なる罹災者は國家に取つて、最も忠良にして最も歡迎す可《ベ》き感心な人々であると云はねばならぬ。若《モ》しも彼等に此の發奮なく、此の努力なく、此の熱求なく、街頭に、公園に、寺院學校の構內に、若《モシ》くは燒野原に、犬の如く豚の如くゴロ寢をするに甘んじて居たならば、其れこそ國家、社會の深憂とす可《ベ》きヿ《コト》である。

共同生活に取つて此れ以上の脅威は無い。給與米に有り付かんと競《キソイ》て配米所に集り來る無數の罹災者は、國家に取り社會に取り實《ジツ》に感謝す可《ベ》き自發的生存權擁護の實行者である。若《モ》しも彼等がイクラ勸誘しても、宣傳しても、配米所に來て吳《ク》れず、自暴自棄、唯餓死するに甘んじて居たならば、其れは、我々の共同生活に取つての重大事と云はねばならぬ。然《シカ》る場合、我々は、彼等の口を無理に押し明けても、玄米飯を喰はしむ可《ベ》く勉めねばならぬのである。我々が此の勞を執るに及ばないのは、罹災者が健氣《ケナゲ》にもあらゆる苦難と鬪ひつゝ、猶《ナオ》活きんとする努力を絶たず、配米所に來る勞を厭《イト》はず、一時間も二時間も列を作つて立留つて待つ忍耐を有して吳《ク》れるからである。私は東京の各所に於いて、配米の實況を目擊して、彼等の窮狀に暗涙《アンルイ》を催すと共に、かくしてまでも生きんとして吳《ク》れる厚意に對して、生殘民の一人として、日本國民の一人として、深い深い感謝の念を起さゞるを得なかつた。二十五日校訂の際附記す。然《シカ》し昨夜の暴風雨では流石の彼等もモウ斯《カ》くなつては最早生きて居ることの馬鹿らしさを痛感したではないかと思つて懸念に堪《タ》へないのである。今校訂の際歸り來つた私方の罹災者の一人は、其の知人が昨夜は、何故此んな目にあつてまでも猶《ナ》ほ生きて居ようと思ふか、自分乍《ナガ》ら呆れ返ると染々《シミジミ》語つたと告げた。實《ジツ》に左樣あらうと思ふの外はない。私は、商大學生から成る救護委員に、せめて商大構內に避難して居る人々に入浴の機會を作る可《ベ》しと勸說した。學生委員は卽時に私の說を容れて吳《ク》れて燒け殘つた商大柔道部道場の浴場に風呂を立てゝ、罹災者に入浴を求めた處、何《イズ》れも慇懃《インギン》に謝意を表して喜んで入浴して吳《ク》れたと云ふことを聞いて、實《ジツ》に有り難く思つた。若《モ》しも彼等が、入浴などは、此際面倒だからと云つて、來浴して吳《ク》れなかつたら、彼等の或者は病氣になつたかも知れぬ。商大圖書館の後手にはツヒ先日まで區役所の引き取つて來た死屍が幾つか日に照らされ雨に曝《サラ》されてあつた。彼等の來浴によつて、罹病を少しでも、減ずることを得たは、風呂を立てた學生諸君の勞は勿論であるが、其れにも勝して、面倒がらず臆劫がらずに來浴して吳《ク》れた彼等罹災民の御蔭である。食、浴、然《シカ》り。住を求むる熱心、分けても、元の燒跡に生存の本據を求め、其處に居住し、其處で平和の經濟を立つ可《ベ》く、或は掘立小屋或はバラツクを自力を以つて作らんとする健氣《ケナゲ》千萬なる人々に對しては、私は如何《イカニ》考へても、深厚《シンコウ》なる敬仰、感謝の念を禁ずる能《アタ》はざるものである。國家はまさに、此等の篤實忠醇《トクジツチユウジユン》なる人々に對して出來る丈《ダ》けの援助を與《アタ》ふ可《ベ》き任務を有する。我々國民は、罹災者たると否とを問はず、均しく國家が此の重き任務を果すを極力援助せねばならぬのである。此の任務の遂行は、地盤軟弱建物御粗末なる舊時代法律の呪はれたる半倒壞物たる土地所有權、家屋所有權などと云ふケチツぽけなものを嶄然《ザンゼン》として超越する。此の故に、私は、先《マ》づ民法六百一條の『賃貸借は當事者の一方が相手方に、或物の使用及收益を爲さしむることを約し』云々《ウンヌン》とある、其の或物の中には生存（營業）本據を含むものとす可《ベ》しと主張する。否、其れが其の或物の眞正、最要の實體であつて、土地や家屋は附屬物であると主張せんと欲《ホッ》する。然《シカ》しボロ建築たる現行民法の解釋としては、其れは到底許されないこと、知る。於茲《ココニオイテ》、私はモラトリウム令によつて、建物てふ假設的の或物の存否に拘《カカワ》らず、實體の本據權は、九月一日同樣《ドウヨウ》の効力を、來大正何年何月何日まで延長存續するものとす可《ベ》しと考ふるのである。記して茲《ココ》に至る、私は新聞紙上宗秩寮《ソウチツリヨウ》總裁德川賴倫《ヨリミチ》（九）侯の其借地人に對する廣告文を見た。曰く、來十月二十日までに申出ざるときは、借地人に於て借地權を放拋《ホウホウ》したるものと看做《ミナ》し、其の如くに取扱ふと。私は、人格崇高なる我賴倫《ヨリミチ》侯の爲めに、其の冷酷其の殘忍を痛歎《ツウタン》せざるを得ざるものである。最も尊敬す可《ベ》き侯よ、今一度胸に手を置きて良心の點檢を試みられよ。聰明なる君は必ずや悚然《シヨウゼン》として其非を悔ひられるであらう。

十

火災保險契約の場合は、右とは少しく事體を異にする。一體、今日の所謂《イワユル》契約なるものは、多くは嘘の契約であることは、前にも申述べた通りで、私共經濟生活の現實に立脚するものが、聲を枯らして、契約一點張りの法律論に對し年來抗議し來つた所であるが、此度の大災によつて、此抗議が決して學究の閑葛藤《カンカットウ》でなく、實際生活に於ける大缺陷であることを幾萬の人々が身に染みて覺知すること、なつたは、向後《コウゴ》の社會政策の建設に甚《ハナハ》だ喜ばしいことである。契約とは、當事者間の意思の合致（コンセンスス）に成るものであらねばならぬ。然《シカ》るに例へば雇傭契約に就《ツイ》て云つて見れば、勞務者の意思などは、殆んど全く其締結に際して働いては居らない。彼は唯諾否を決し得るのみで、契約の實體、其の內容は、使用者の意思のみによつて、一方的に、命令的に定められるのである。卽ち名は契約と稱するも、實《ジツ》は一の命令に外《ホカ》ならないのである。火災保險他の保險に就《ツ》いても然り契約も亦《マタ》粗《ホ》ぼ同樣《ドウヨウ》である。被保險者は何會社に何圓の保險を附す可《ベ》きかに就《ツイ》ては、其の意思を働かせるが、保險の條件、保險料の額、支拂の方法、期日等一切の契約內容に就《ツイ》ては、彼は何ともすること能《アタ》はざるもので、保險會社の決定した事項を唯々《イイ》諾々《ダクダク》として甘受《カンジュ》するの外はないのである。現在の火災被保險者中、一人でも、地震、噴火を原因とする火災の場合、保險金支拂を要せぬで宜しいなどと思ふものがあらうか。誰しも、原因の如何《イカン》を問はず、凡《オヨ》そ火災に罹つた場合は、其損害を補塡して貰ひたいと云ふ強い意思を有するに相違ない。此意思は決して私慾私利から起るものではない、抑《ソモソ》も火災保險を附けると云ふ意思其もの、本體に存するのである。況《イワ》んや花岡博士の敎へらるゝ如く我商法第四百十九條は、明かに其の正當と合法性を認識して居るに於てをや。而《シカ》して多數の被保險者は、此の意思を以つて保險を附けたもので、彼の除外的免責條款《ジョウカン》が契約書中に記載してあることを全く知らぬものがあるであらうと思ふ。之れは怠慢とは云へない。寧《ムシ》ろ當然の事である。六號活字で契約書の裏面にコテ〳〵印刷してある文句などを讀まぬ人は多からう、一讀しても其意味を能《ヨ》く呑み込まない人も尠《スクナ》くはあるまい。卽ち此等の契約は本當の契約ではない。會社は被保險人を以つて其の命令する保險料を唯々《イイ》諾々《ダクダク》と規帳面に支拂ふ丈《ダ》けの爲めに生きて居る動物として取扱ひ、保險金の支拂要求を厄介扱にする。其證據《ショウコ》には、火災があつて保險を支拂はねばならぬときには、會社は其支拂金額のことを、損害額何萬圓などと云ふ。例へば此度の火災による東京橫濱の火災保險金高二十三億圓と云ふことを、會社の損害高二十三億圓などと飛んでもないことを云ふが如し。會社は一錢も保險金を支拂ふことを喜ばないもので、其支拂はこれを損害と見て居る。若《モ》しも銀行が預金の取り付け高を、損害額何程などと稱したら世人は其の馬鹿らしい手前勝手を指彈するであらう。然《シカ》るに保險會社が同じ事を口にするのを今日までは少しも恠《アヤシ》まなかつたのは迂濶《ウカツ》千萬と云はなければならぬ。會社は如何《イカ》なる火災の場合でも、保險金の支拂を損害扱にする。損害とは被保險者のみ之を言ひ得ることであるのに凡《オヨ》そ人として損害は之を極度まで減少せんと勉むるは當然である。從つて火災保險會社は保險金の支拂をあらゆる方法を以て減少せんと勉むる。若《モ》しも免責の範圍をモツト自由にしたら十の七八の火災の場合を免責として、保險料は依然たらしめて置く工夫を保險會社御雇ひ學者達は案出するであらう。保險事業を他の一般の營利事業と同一に取扱ひ、之れに純營利主義營業を自由にせしむるの不可なることは、社會政策の眞精神に目ざめたる人々の異口同音に主張する所である。殊《コト》に地震による火災免責の特約は、會社は嚴として契約書に記載してある、卽ち兩當事者の意思は、之を免責とするに一致したと稱するが、被保險者から云へば、其れは實《ジツ》は輕い一の欺罔《ギボウ》に引か丶つたもの、若《モ》しくは少くとも明かに意思の缺陷又は錯誤が存して居るのである。何の會社の勸誘員が契約を被保險人と取結ぶに方《アタ》つて、地震免責の特別條項のあることを明言したものがあらうか。大抵はソンナコトはあるかないか、勸誘員自身すらも契約の締結に方《アタ》つては、意識しないのではあるまいか、意識して居ても、大抵は、こわれもの扱に之れに觸る丶ことを避けて居りはせぬか。多數の場合火災保險契約が成立すると、第一回保險料を勸誘員に渡す、彼は假受取證を被保險者に渡す。本契約書なるものは、其後數日中には數週の後、郵便で送つて來る。被保險者は此郵便を受取つて、本契約書の裏面を通覽し、其時始めてハ、ア此んな面倒な條件がイクツも附いてあつたのかと、一種の輕いペテンに罹つた如き感を起すのではあるまいか。一讀する人はまだ綿密な方で、其勞すらも執らない人もあらう。而《シカ》して法律は、此れを以て完全なる意思の合致から成る契約なりとして取扱ふ。外國の保險法には、條件は契約締結前に被保險者に明示し、其の明諾を經るを要すと云ふ規定があつたように思ふ。其れが正當である。法律の噓も玆《ココ》に至つて極《キワマ》れりと言ふ可《ベ》きである。殊《コト》に地震國たる日本に於いて之を免責事項とするなどとは意思の錯誤も亦甚《マタハナハダ》しいのである。運送契約などにも其例は隨分あらうし、其他今日の所謂《イハユル》契約には澤山其事例がある。かくて、法律は實際生活と全く別天地を劃する一の架空の世界となつて居るのである。此の嘘を冷靜公正且《カツ》愼重に擁護運用せよと、法律家は威丈高になつて訓戒する。其れは恰《アタ》かも西洋の御伽噺《オトギバナシ》にある裸の王樣の家來衆のやうなものである。此度の大災禍は、イヤと云ふ程コツピドク此の虛の假面を引剝《ヒキハ》いで、其の醜なる裸體を我々の眼前に展開して吳《ク》れたのである。

十一

嘘の契約は、本來當然無効である可《ベ》きものである。其れが人間眞正の法理要求の命ずる所である。然《シカ》し今日の場合、此《カ》くては、却《カエ》つて不都合を釀《カモ》す恐があらう。卽ち私は先《マ》づ現在當面的に、生存權擁護の根本要求と明かに矛盾する嘘に限つて、其無効を國家大權の發動によつて確認す可《ベ》しと主張するのである。火災保險に就《ツイ》ては、『原因の直接たると間接たるとを問はず地震による火災、其延燒其他の損害に對して、保險者は塡補《テンポ》の責に任せず』とある其特約免責條疑は、（一）當事者の意思の錯誤、缺陷、若《モシ》くは欺罔《ギボウ》に基くものたるが故に全然無効なり（二）商法四百十九條の『火災に因りて生じたる損害は、其火災の原因如何《イカン》を問はず保險者之を塡補《テンポ》する責に任ず』とある法の大精神に鑑《カンガ》みて、不法なりと宣布す可《ベ》しと主張するのである。然《シカ》し其れ丈《ダ》けでは、法の溯及力の何のと法律技術的の小問題を惹起《ジャツキ》す虞《オソレ》があるやうなら、然《シカ》る可《ベ》く他の立案を立法技師の諸君に御願せねばならぬ。但し花岡博士主張の如く、單に四一九條の解釋だけで片付けようとするのは、生存權擁護當面の急に應じ兼ぬると思ふ。何んとなれば、其解釋論が事實となるまでには煩雜な訴訟や何かを長くやらねばならぬから、とても目前焦眉《ショウビ》の急の間に合はない。唯徒《イタズ》らに辯護士中の失業者若干を救護し得るに過ぎない。故に私は免責無効の緊急發令を必要とすと信ずる者である。但し此れに對して違憲呼はりが起るかも知れないから、其等の小さな事柄は、立法技術の巧妙な運用に宜しく御願せねばならぬのである。

此《カ》く申すと、其れでは火災保險會社が皆倒産すると云ふであらう。私答、其れは御氣の毒だが致し方ない、丸焼けになつた幾萬の人々の事を思へば、會社の株を持つ餘裕のある人々の財産一部の消滅の如きは、暫《シバ》らく辛抱して貰はねばならぬと。然《シカ》し救濟の方法はないではあるまい。保險業を純營利業とするは根本的に間違つて居る由は前にも述べた。私は年來の保險國營論者である。從つて、今日を機會とし私は一切の保險業火災、生命、運送、海上、傷害、信用其他を斷然國營とす可《ベ》しと主張するものである、差し當り火災保險會社を政府に買收す可《ベ》しと思ふ。

詳細の方法は、保險營業技術に御任せする外はないが、其資源は無利息三十ケ年据置若《モシ》くは三十ケ年賦償却の公債を株主に交付すれば左まで財政上迷惑を來すことはあるまいと思ふ。之れに對して被買收者たる保險者側は云ふであらう、無利息にして三十年据置とは亂暴であると。私答、其は亂暴でも何でもない、私は諸君の案を其儘《ソノママ》拜借したに過ぎない。諸君は云うて居るではないか。此際保險金の一割位は支拂ても宜しい、然《シカ》し其財源として、國家は無利息五十ケ年年賦若《モシ》くは据置で我々に貸下げ金をして吳《ク》れろと。諸君が國家に對して至當なる要求とせらるゝ所は、亦《マタ》國家が諸君に對する至當なる要求であらねばならぬではないか。ソコデ右買收案としては、私は粗《ホ》ぼ次の如く考へて居る。

（一）火災保險を卽時官營とす。

（二）政府は火災保險會社に對し其拂込資本額（大正九年調にては約三千萬圓）に對し、無利息三十ケ年償却の公債を交付して之れを收用す。（此の償却は將來の保險收入を以て優に辨じ得可《ベ》し）

（三）政府は火災保險特別會計を立て、買收諸會社の現在財産を其基金とし、之れを引當に、年利五分の保險公債を發行す（公債の元利償却は基金の運用及向後《コウゴ》の保險收入を以て優に之を爲し得べし）。

（四）政府は右の保險公債を以て此際の保險金支拂に充つ。

（五）右保險金の支拂は

　保險額　五千圓及其未滿のものは　全額

　保險額　五千一圓以上のものは　五千圓幷に遞減《テイゲン》率《リツ》による按分《アンブン》額

（六）其他の保險も粗《ホ》ぼ右案に從ひ順次之れを官營とす。

十二

第三に雇傭契約の解除、平たく云へば、雇人の馘首《カクシュ》處分に關するモラトリウムの發令が緊要《キンヨウ》である。失業者の救濟を如何《イカ》にす可《べ》きか、是は差當つての大問題であつて、殆んど誰人にも見當の付かぬ事である。其の一部的解決の爲めにも、火災保險金の支拂を一日も早くして、會社、銀行、商店、工場をして一日も早く其業を開始せしめ、少しでも馘首《カクシュ》者の數を少からしむることが肝要である。其れと同時に民法第六百二十七條第三項を活用し、文明國の民法（例へば瑞西《スイス》の新債務法）又は工場法等に於いて既に着手し實現せられて居る解雇申入期間の延長（我邦の實狀から云へば、新設と云つた方が當つて居るだらう）を斷行す可《べ》きである。右民法第六百二十七條第三項は六ケ月以上の期限を附したる雇傭に就《ツイ》ては、解雇申入期間を三ケ月としてある。卽ち少くとも此際社員、雇員を解雇せんとする使用者は、六ケ月以上の期限を附した場合と同じく、申入れの後三ケ月を經過するにあらざれば、解雇すること出來ず、其間は用があつてもなくても（ない場合が多からう）三ケ月の報酬は支拂はねばならぬヿ《コト》とす可《べ》しと云ふのである。銀行家は逸《イチ》早くも支拂猶豫《ユウヨ》令を政府に出さしめて、それが爲めに、多くの人は、玄米を買ふ錢にさへ差《サ》し支《ツカ》へた。罹災者の如きは、小使錢にさへも困つた。然《シカ》るに憐れなる日給取、月給取は、馘首《カクシュ》御免の今日、危急身に迫つても解雇猶豫《ユウヨ》令をすら得て居ないのである。此れは、嚴密な公平と云ふ點のみ見ても不都合なことである。預つた金、其れを貸付けた分に對してチヤント高い利息を取り、何時でも引出せると云ふ條件に對して極《キワ》めて安い利息で當座に預けてある人は、今日でも一日一口一百圓しか拂戻を受ける事が出來ない。然《シカ》れば明日の衣食住にも差支《サシツカ》へる人が三ケ月間報酬を受くる權利を擁護せられる位は、當り前以下の最少要求である。元より其の爲めに困る使用者はあらう。其れは辛抱して貰ふこと、銀行預金者同樣《ヨウ》たるより外致方《イタシカタ》ないが、然《シカ》し見す〳〵出來ない場合には、國家に於いて、幾分の補助金を交付す可《べ》きであらう。其れは、大した問題ではあるまいと思ふ。國家は生存權擁護の大原則に照らして、此義務を當然甘受《カンジュ》す可《べ》きものである。

以上は差當り急を要する事項に就《ツイ》ての生存權擁護のモラトリウムであるが、以下成す可《べ》きことは山の如くある。私は機會を得たら追々其等に就《ツ》いて卑見《ヒケン》を陳述しようと思ふ。然《シカ》しイクラ陳述して見ても、其れが實行せられねば何にもならぬ。今日は口舌を弄す可《べ》き場合ではない。一にも實行、二にも實行を急要とするのである。而《シカ》して急の急なる實行は、實《ジツ》に經濟上、社會上に於けるあらゆる半倒壞物の一掃的爆破之れである。(十二・九・二十四―五日認む)

――大正、十二年十月十五日『我觀』掲載――

六　誰か復興の經濟計劃者たる

私は『復興日本當面の問題』に於て、復興に『何を復興するか』と『如何《イカ》に復興するか』の二大問題ありとし、先《マ》づ『何を復興するか』の問を釋《ト》いて、其れは復興日本の首都を復興するのでありと答へ、其れに就《ツイ》て若干卑見《ヒケン》を述べて見た。更らに『經濟復興は先《マ》づ半倒壊物の爆破から』に於いて、生存權擁護の緊急勅令を布告し、民法、商法一部のモラトリウムを卽行し（一）火災保險問題（二）借地借家問題（三）雇員解雇問題に就《ツ》いて不幸なる罹災者の生存權擁護の爲めに必要と認める事項に就《ツ》いて、現行私法の一時停止を行ふ可《ベ》しと主張して、『如何《イカ》に復興するか』の解案の一部を提示して置いた。『如何《イカ》に』の問題はまだ澤山ある、追々《オイオイ》其等に就《ツイ》て愚存《グゾン》を申述べる機會もあらうと思ふが、取あへず右二文に言ふ可《ベ》くして言ひ洩したことが一つあるから、其を補遺する爲めに、此一文を草する。

一

九月十六日、私は例の如く、東京市中を彷徨し、内神田から外神田に出で、私の產土神《ウブスナガミ》たる神田明神に詣でた。あはれ懐しい明神の社はあまいぬ、こまいぬの倒れたのを二對殘すのみで、跡方もなく焼失して居た。私は五六歳の頃數ケ月間或は母に、或は老僕に伴はれて、月に五六回と思ふ毎朝五時を期して、柳原の宅から此の明神へ詣でたことがある。此れは、私が生れて極《キワ》めて虚弱であつたから、身體健になる可《ベ》く明神に願かけし、兼て早起の習慣と朝飯前の運動との爲めに母が案出したことであつたらしい。其頃あつた明神の堂宇《ドウウ》は、九月一日まで儼存《ゲンソン》したもの其れであつて、私は、近年でも本郷邊に用事あつて、明神社頭《シャトウ》を過る時は、よく〳〵急ぎでない限りは、參詣するを例として居つたので、私には東京市中で最も親しい場所の一であつたのである、其が此度の火災で跡方もなくなつたのである。私は幼時の昔馴染を奪ひ去つた大火を殊更《コト》に恨めしく思はざるを得ない。然《シカ》るに九月十六日私は此の明神の高臺から、內、外神田一帶を見下したとき、私は著しく私の悲しみを減ず可《ベ》き光景に接した。其は別事ではない。私の眼の届くかぎり、內、外神田一帶には、災後二週日の其日既に何百戶の半永久的家屋が殆んど軒を並べたと云つてもよい位に建ち並んで居つたのである。私は此頃は殆んど日々東京の各所を見歩いて居るが、此の內、外神田一帶の地ぐらゐ早く復興の兆を現はして居る處を見たことはない。淺草の恢復《カイフク》と雖《イエド》も之れに比しては遙かに劣るものである。果して其後數日の新聞には、流石は神田ツ子、先《マ》づ復興の魁《サキガケ》を爲すとか何んとか云ふ記事が續々散見した。私の實見は、其等の記事の確實なることを十分に證明しつゝあるのである。

二

復興と云ふことは、決して建物の復興斗《バカ》りのことではない。乍併《サナガラ》建物の復興は、確かに其第一の先決問題である。何んとなれば、其れは、市民生存の本據の復興を意味し、生存の本據の復興は、經濟復興の第一着手を意味するから。東京は決して生産の地ではない。東京の生産は決して東京市民を支ふるの力を有して居ない。故に或人は東京は過當に又た不當に膨張した都會であると云ふ。其言極《キワ》めて尤《モツトモ》である。東京を支へたものは、東京の生産ではない。否、東京は東京人のみによつて支へられて居たものではない。東京人は他人の力によつて、東京を支ふることを得て居たに外ならないのである。此意味に於ては、東京は日本國全體から見れば、一の大なる寄生物であつた。東京其ものが(ケネー(二)の語で云へば)一のスチパンヂエールであつたのみでなく、東京人は、全體としては一の『クラス・スチパンヂエール』を成して居たものである。從つて東京の滅亡は、日本全體から云へば、大なる寄生物の滅亡であつて、決して生產者の滅亡ではない。從つて又震災前の東京の舊態を恢復《カイフク》すると云ふことは、意味を爲さぬのである。私が前段四に於て、述べて置いた通り、我々が要する處は、日本全體の復興を東京の復興によつて促進すること、それであつて、東京を東京の爲めに、若《モ》くは、東京人、殊《コト》に從來の東京に於ける特權階級の爲めに復興することでは、斷じてあつてはならぬ。然《シカ》らざれば復興院などと云ふ大なる國家機關を設くることは、僭越《センエツ》の甚《ハナハ》だしいことである。日本全體の復興の最大支柱としての東京を復興するのであればこそ、國民全體は斯《カ》くの如き尨大《ボウダイ》なる國家機關の設立を承認し、其要する巨大の經費の支出を諾するのである。東京のみの爲めにするのならば、其れは、東京市の手に於いて、主として東京市民の負擔《フタン》を以て爲さる可《ベ》きことである。

三

乍去《サリナガラ》、東京の復興は、橫濱の復興とか大阪の復興とか云ふこと丶同じ丈《ダ》けの意義を有するに止ることではない。東京を變じて一の生產地と爲すことの謂《イ》ではない。東京の商業、工業を恢復《カイフク》すること丈《ダ》けの謂《イ》ではない。國の首都が生產地でなければならぬと云ふ約束は決して存しない。首都と云ふ以上、其れが何等かの意味に於いて一の寄生物たり、一のスチパンヂエールたることは、到底辭することは出來ないのである。唯災前の東京は餘りに多く、寄生的であり、スチパンヂエールであつたことは、東京人たる我々も亦《マタ》決して之を否定することは出來ない。而《シカ》して、其れは、日本全體の立場から見て、決して希《ネガ》はしいことでないことも亦《マタ》我々の十分に承認せざるを得ない所である。かるが故に、東京の經濟復興は、單に產業の復興と云ふこと丈《ダ》けに止るのではない。從來の東京の經濟機關中、寧《ムシ》ろ其れが再び東京に興《オコ》らず、却《カエ》つて大阪なり、名古屋なり、京都なり、神戸なりへ移り去ることが希《ネガ》はしいものも尠《スクナ》くはあるまい。獨り經濟上のみならず、一般社會的の事柄にも其れは多くあるであらう。學問藝術などでも、東京は餘りに集中し過ぎて居たことは疑を容れない。經濟上に於いては、幸ひ大阪が何の害を蒙《コウム》らずして存して居たからこそ、物資の供給なども、案外に潤澤に行はれたのである。若《モ》し日本に大阪、神戸、名古屋なきか、又はあつても其等が何《イズ》れも、東京同様《ヨウ》の災害を被《コウム》つたとしたならば、東京の復興は勿論、日本の復興は非常に困難な事であつたらう。而《シカ》して日本が被《コウ》むる損害は、永久に恢復《カイフク》し得られざるものとなつたかも知れない。學問にしても、東京以外に京都あり、仙臺あり、福岡あり、將《ハ》た神戸あつたればこそ、其の全滅を來たすことを免《マヌガ》れたのである。我々は今、大阪其他より送られたる米を喰ひ、衣を被《カブ》り、大阪の新聞紙によつて、國外の消息を知り、京都の學者によつて、冷静な學理談を聞くことが出來るのではないか。

　東京の復興、分けても其の經濟復興は、他に移る可《ベ》きものを強いて抑留することによつて爲さる可《ベ》きではない。又た爲し得可《ベ》きではない。寧《ムシ》ろ移る可《ベ》きものは、容易に移り去る機會を十分に與《アタ》へねばならぬ。斯《カ》くするは、決して東京を小にする所以《ユエン》ではない、否日本全體を更らにより大きくする所以《ユエン》である。従つて東京の復興、就中《ナカンズク》其經濟復興は、東京に於て復興することが、日本全體の爲めになるものを復興することを大眼目《ガンモク》とせねばならぬ。私は神田明神の高臺から眺めた光景は、卽ち東京の經濟復興の如何《イカ》なる方針に向ふかを示めすものであると考ふるものである。此一帶の地に於ける半永久的建物の多いことは、私を以つて見れば、神田ツ子の意氣を示めすと云ふような淺薄なことではなく、其れはフイヒテ(二)の所謂《イワユル》『生きよ而《シカ》して生かしめよ』てふ、人間の最高なる努力の具體的にして實質的なあらはれとして、甚《ハナハ》だ深刻な意義を有するものであり、而《シカ》して又神田ツ子の一人として、私の感ずる所では（他の人は無論左様は感じまい）其れは、偉大なるイナカ者たる後藤新平(三)氏が、形式復興院の組織に熱中し、日本國の耳目を聳動《ショウドウ》して居らる丶間に、我々神田ツ子は、立論せず、宣傳せず、風呂敷をひろげず、默々の間に、材木を買集め、大工を雇ひ來つて（イナカ者諸君の配給機關による芝浦の救護品腐敗を心窃《ヒソ》かに呪ひつ丶）自分達は、サッサと生く可《ベ》く而《シカ》して生かしむ可《ベ》き本據を、半永久的にドシ〳〵作つて、實質復興の魁《サキガケ》を爲して居るものなのである。後藤氏はエライ、確かにエライ、然《シカ》し氏には、此の意氣は諒解せられない、大連や臺北を東京と同一のアウゲン・マース（四）を以つて測量して居られるのである。アウゲン・マースは決して後藤氏やビスマーク（五）に限つたことではない、江戸時代では、伊奈忠次（六）や河村瑞軒（七）などは、適確なアウゲン・マースを持つて居た。後藤氏がアウゲン・マースで復興をやると云ふは、慥《タシ》かに江戸ツ子の耳に快く訴へるに相違ない。然《シカ》し乍《ナガ》ら、氏の企つる復興は悉《コトゴト》く是れ形式復興、陣立《ジンダテ》の復興であつて、本體、實質の復興ではない。換言すれば、後藤氏のは、經濟復興拔きの復興である。

四

經濟とは畢竟《ヒツキヨウ》フイヒテの所謂《イワユル》『生きよ而《シカ》して生かしめよ』の哲理の實行に外ならない。經濟復興とは今や全滅に歸したる『生き而《シカ》して生かしむる機會』の復興の謂《イ》に外ならないのである。東京は自ら生きねばならぬ、而《シカ》して日本を生かしめなければならぬ。東京は先《マ》づ其機會を與《アタ》へられんことを要求する。當面的にも、永久的にも、日本の首都たる東京は、從來は、自ら生くる機會を寧《ムシ》ろ過當に膨張して居た。然《シカ》し、他を生かしむる機會は、決して首都たる丈《ダ》けにふさはしい程度に於いて作らなかつた。復興東京は、自ら生きる機會を作ると共に、日本を生かしむる機會を作ること、從來に勝るものでなければならぬ。其れが卽ち、復興日本の要求する新東京である可《ベ》きである。外、內神田一帶地の勃興《ボツコウ》は、無論自ら生きる機會を作るに於いて魁《サキガケ》を爲したものである。其れが軈《ヤガ》て生かしむる魁《サキガケ》ともなるのである。

生産地ならざる東京が、生き而《シカ》して生かしむる首都たるには、其處に、複雑な一の經濟網（Wirtschaftsnetz）が作られねばならぬ。此の經濟網の復興が、經濟復興第一の仕事である。恰《アタ》かも、市電運轉の恢復《カイフク》は、兎《ト》に角《カク》架空電線網の恢復《カイフク》から始められなければならぬが如くに。東京の經濟は、其電車と同様《ヨウ》に、走る可《ベ》き軌道は、必ずしも全滅されたのではない。全滅せられたものは軌道の上に車を走らしむ可《ベ》き電線網是れである。然《シカ》るに災後、政府の爲す所を、ゆつくり拜見して居るに、當局者等は骨を折つて、此網の殘れるものを破壞し、而《シカ》して之れに代へて何等の網をも新設して居ない。魚河岸の再設を許可するのやらせぬのやら、許さぬなら、何處へ魚の市場を作るのやら、多町の青物市場を如何《イカニ》するつもりやら、正米市場は如何《イカニ》するのやら、其等に就《ツイ》て、何も決定せず、かくて東京の經濟網は日に日に、其滅亡を擴張して行く、而《シカ》して芝浦では、關西其他地方の厚い同情は、時々刻々に腐敗に委ねられてある。（私は其れを一々目撃した）網をも車をも軌道をも皆滅ぼさずんば已《ヤ》まない。私は、大中小のイナカ者から成る現政府は復興々々と大聲を揚げて、實は東京を更により多く滅亡せしむ可《ベ》く努力しつゝ、あるのではないかと疑はざるを得ないのである。

五

東京の經濟網は、一面一の『共喰連帶網』である。大阪でも、京都でも、此理に漏れないことは勿論であるが、災前の東京の經濟網は、實に極度まで發達した『共喰網』であつた。誰も何も作らず、唯賣つたり買つたり、賣る人は買ふ人、買ふ人は賣る人で、其れで不思議にも、物が作れたかの如くに、活動して居たのである。其れは如何《イカニ》して可能であつたか。曰く、物は作られないが『機會』が作られた。東京は云はゞ、此機會を食物として生きて居たものである。私は此の機會を『共喰機會』と名《ナヅ》けても差支《サシツカエ》はあるまいと思ふ。復興東京は『共喰機會』のみに專《モッパ》ら生きることを已《ヤ》めねばならぬ、其の寄生的要素を減ぜねばならぬ。從つて、復興東京に復興せらる可《ベ》き經濟網とは、從來の經濟網を其儘《ソノママ》に復舊することであつては、斷じてならぬのである。復興院には、計劃部とか云ふものが出來るさうであるが、其れは、形式計劃部であらう。道路を如何《イカニ》する、公園を如何《イカニ》する、下水を如何《イカニ》する、電車を如何《イカニ》すると云ふことであらう。私は伺ひたい、一體ソンナものを作つて、而《シカ》して誰れが、如何《イカ》に、其れを利用して生きて行くつもりなのかと。

私は、先《マ》づ經濟計劃、實質計劃として、復興東京に復興す可《ベ》き經濟網とは、如何《イカ》なるものである可《ベ》きかを計劃することが、今、東京の要するタウン・プランニングであると思ふ。紐育《ニューヨーク》の其れ、倫敦《ロンドン》の其れ、伯林《ベルリン》の其れは、既に生き而《シカ》して生かしむる機會をチヤント有して居る、其等の都會に就《ツイ》ての計劃であつた、從つて其は建築道路等の容器計劃に限られたのは當然である。東京のは事全く異る。容器も全滅したが、中味も殆んど皆燒け又は潰れて仕舞つて居るのである。此中味を、此實質を、此經濟網を先《マ》づ復興すること、是を私は名づけて『經濟計劃』と云ふ。西洋の『タウン・プランニング』は建築技術の其れである。東京のは、其れと共に、否、其れに先つて、『エコノミツク・プランニング』を要するのである。新しく作らる可《ベ》き經濟網には、何を其幹線とするか、舊來の東京にあつたものでは、新しい網を作る力はない、必ず其處に新しい力が加はらなければならない。而《シカ》して私は、新東京に復興す可《ベ》き新經濟網は、海港（ポール・ド・メール）(八)としての東京を度外に置ては到底出來ないものであると《コト》を痛感するものである。佛國人は巴里《パリ》をすらも、ポール・ド・メールとせんと云ふ。私は、少くともポール・ド・メールとなるに非《アラザ》れば、到底復興新日本の要する、而《シカ》して其首都たるにふさはしい經濟網を有する東京を起すことは出來ないと。後藤氏の大計劃は結構千萬である。遮莫《サモアレバアレ》、其は悉《コトゴト》く、形式計劃である。濟々《セイセイ》たる多士《タシ》、誰かあつて實質的なる眞の經濟計劃者たる。吁《アア》。

（十二・九・二九）

═ 大正十二年十一月十五日『實業の世界』(九)掲載 ═

七　營生《エイセイ》機會の復興を急げ

一

今日の社會制度の規準たる法律は、ローマ法傳來(一)の所有權本位の空理に基くもので、實際の生活とは非常に隔たりのあるものである。平生《ヘイゼイ》はこの大矛盾をゴマカシコジツケて來たけれども、この度の大震災の如き非常特別の大事件に遭ふと、この根本的矛盾は、あり〳〵と我々の眼に映ずるようになる。私共の立場からいへば、かくの如き空虚にして非現實的な法律制度の下に生を營むは、誠に迷惑千萬なことであつて、大災は偶々《タマタマ》この迷惑を極度まで緊張せしめたのである。從つて自然の勢としてこゝに極窮權の發動することを免《マヌガ》れなかつたのである。極窮權とは、人がその生存を脅かさるゝヿ《コト》極度にして極窮（エキストリーム・ニード）(二)の狀態に陷るとき、其生存を維持するに必要なる有形、無形のものを收用する經濟權をいふ。言換へれば、人の生存權が危殆《キタイ》に瀕するとき發動する本來權が極窮權である。この度の震火災に際しては、其生存が脅かされた人は無數であつた、而《シカ》して其危迫が極度であつた場合には、人々は知らず識らず自ら極窮權の實行者となると共に、他人の極窮權を厚く尊重したのである。其例の如きは、新聞紙上の記事に枚擧《マイキョ》に遑《イトマ》ない程である。これ等の事例は、所有權本位の法律眼から見れば、決して歡迎すべきものでなく、或ものは非難せられねばならず、或ものは處罰せられねばなるまい。一例を引かう。私の親戚の若い一婦人は、本所の猛火に追立られ、右と左とから來る火に、隅田川に飛び込む外なかつたが、幸に船があつて、其中へ避難して火を免《マヌガ》れ、再び土手の上に上つたが、恰《アタカ》も向から河の中へ飛込んで這《ハ》ひ上つて來たと見へる丸裸の婦人が來た。其婦人は右の若い婦人が、兎《ト》に角單衣《カクヒトエ》を一枚被《オオツ》て居るのを見て、御前さんは衣物をきて居るぢやないかとて、手に持つて居た小さな風呂敷包を引たくつて走り去つたといふことである。所有權本位の眼から見れば、如何《イカ》なる場合にも、他人の風呂敷包を引たくるは不法なことであるに相違ない。しかし右の場合引たくつたことは、恐らく誰人もこれを怒り、これを咎《トガ》めることは出來まい。何んとなれば、それは極窮權の行使とその尊重との一例であるから。男なら兎《ト》に角《カク》、女が丸裸で歩くといふことは、とても堪《タ》へられないことである。夢中で水から這《ハイ》上つたときは兎《ト》に角《カク》、ハツト氣がついた瞬間、彼女は寧《ムシ》ろ死んだ方がよかつたと思つたかも知れぬ。其處へ風呂敷包を持つた他の燒出され女を見たとき、彼女は何の理窟を考ふる遑《ヒマ》もなく、自然本來の要求として極窮からの脱出を求めたのである。私はこゝには比較的インノセント(三)な例を引いたが、インノセンスの遙かに缺けた場合をあげようとなればイクラもあらう。

極窮權は一種變態の生存權である。それが發動せねばならぬやうな狀態を作り出すことは、甚《ハナハ》だ希《ネガ》はしからざることである。然《シカ》しながら、所有權本位の法律を無理にこじつけて居る限り、時あつてか、極窮權の發動することは到底免《マヌガ》れることが出來ないのである。右例にあげたやうな、自然的極窮の場合に、この權の發動することは極《キワ》めて當然なことで、これを呪ふべき理由は少しもないが、左樣でない場合に其の發動するのは、所有權就中《ナカンズク》其の濫用に對抗する場合が最も多い。先年の米騷動の如き卽ち其適例であつた。（當時私の公にした『極窮權論』參考）

所有權を認めこれを尊重するのは、左樣することが、人間の生存を維持し、共同生活を繁榮ならしむるに、有力有効であると認められるからである。だから所有權の主張が明かに人間の生存を脅し、其の共同生活を害する場合には、其は尊重せらる可《べ》き理由を失つたものである。平生《ヘイゼイ》歩くときは、下駄をはくのが便利であり調法である。しかし猛火に追ひ詰められたときは、それをぬぎ捨てゝかけ出さなければならぬ。然《シカ》るに紳士たるおれは、如何《イカ》なる場合にも下駄なしに馳出すなどといふ不行儀は出來ないと頑張つたら、其人は恐らく燒け死んで仕舞ふであらう。所有權の主張と尊重とは、更らにこれを制約すべきより高い原理の下に立つものである。國家、社會は、この高い原理の擁護者たることに其本來の使命を有する。所有權の認承と保護とは、決して國家最高の任務其ものではない、其の最高の任務を支ふ可《べ》き一の手段たるに過ぎない。然《シカ》らば、其の高き原理とは何であるか、私は答へていふ生存權の主張と其の擁護これである。

二

生存權とは、凡《スベ》ての生存するものが平等に且《カ》つ完全に享有す可《べ》き最根本的、最本來的の權利である。國家社會は其の中に生くるものに對して一樣《ヨウ》にこの本來權を認め、その主張を擁護すべき高き使命を有するものである。この高き使命を侵害する他の權利は、この使命の前には何等の權威をも有することは出來ない。若《モ》し強ひて權威を主張せんとすれば、其處に極窮權若《モシ》くは更に畸形的なる其の變態が發動するといふ結果を招くのみとなるのである。

私は生存權本位の社會政策を主張すること既に久しいが、此度の大災ほど痛切にこの主張の切要なるを感ぜしめたことはない。從來私の生存權論に對しては種々な批評を聞いた。或人は曰く、それは自然法時代の陳腐な個人主義思想を塗り換へたものに過ぎない、社會政策はその樣《ヨウ》な個人權などの上に築かるべきものでない。また或人は曰く、單に生存することを擁護するといふ《コト》とは、何等の文化價値を有しない、從つてそれは如何《イカ》なる學問體系に對しても、指導統制原理たり得可《べ》きものではないと。私は今これ等の人々に問ひたい、自由とか貨幣價値とか創造價値とか其他様々な名稱でいひくるめられて居る、所謂《イワユル》文化價値なるものが、本所の被服廠《ヒフクシヨウ》跡にむらがつて居た人々にとつて何の意味を有して居たか、否災後一ケ月の今日まだ住む可《べ》きバラツクなく被《カブ》るべき袷《アワセ》一枚持たず、卅日《サンジユウ》間一度も入浴もせざる人々にとつて、所謂《イワユル》文化生活の主張者等は、果して何物を與《アタ》へ、何物を附け加へ得るかと。人が極窮の狀態に置かれたるとき、其の指導原理たり統制原理たり能《アタ》はざるものに、我々は何の普遍性を認め得るか。普遍的の統制者は、極窮の場合にも、平生《ヘイゼイ》の場合にも、均しく統制者たるものでなければならぬ。極窮の場合に全く屛熄《ヘイソク》するやうな統制原理には、我々は統制原理たる資格を認めることは出來ない。

『生きよ而《シカ》して生かしめよ』とは哲人フイヒテが十九世紀の初頭に喝破《カツパ》したことであるが、今日も尚燦然《サンゼン》として光を失はざる不朽の眞理である。我々は個人としても、亦《マタ》國家社會の一員としても、『生きよ而《シカ》して生かしめよ』なる哲理の下に立つて、生を望むものである。この哲理は、決して個人主義思想の結晶ではない、社會國家に於ける共存共樂の理法も、亦《マタ》この哲理を仰いで普遍の統制者とするものである。生きた人から成る社會、國家は、先《マ》づ凡《スベ》ての人を生かしめ而《シカ》して自ら生きなければならぬ。これが其先天命題である。文化價値の哲學といふものが、災前の日本社會の指導哲學であつたとしても、それは今丸燒けとなつて仕舞つたこと、文化哲學の輸入元たる丸善書店のそれに於けるが如くならずんば僥倖《ギヨウコウ》といふべきである。文化生活とかの主張は、文化住宅とか稱する薄つぺらな建築物同樣《ヨウ》、今度の大震に一たまりもなく倒壞して仕舞つたにあらざれば、それは一の僥倖《ギヨウコウ》である。これに對して、私は、生存權の主張は大災を經ていよ〳〵その緊切さを證據《シヨウコ》立てられた不朽普遍の要求であると信ぜざるを得ぬものである。

所有權本位の世界觀は、物を主とし人を從とする、否、多くの場合、たゞ物のみを見て、其の主體たる人を全く度外に置く。當面の問題でこの次第を最も痛切に示すものは、燒跡バラツク建築問題これである。借地借家權は、建物てふ物の存在を根本の條件とする。故に其の建物が大災によつて全燒した今日、借地借家權は、全く消滅したものだといふのは、所有權本位、物本位の法律觀からいへば、尤《モット》も千萬な主張であつて、如何《イカ》に巧妙なこじつけを以てしてもこれに打克つことは出來ない。否、こじつければつけるほど變挺《ヘンチヨウ》なことになる。或人曰く、建物が燒失すれば借家借地權は消滅するといふことには、多少解釋の餘地がある。卽ち家屋其ものは燒けたに相違ないが、その家屋なるものは、住居人がその財産を持込み、これを保管して置く場所であつた。その財産の中には燒け殘つた儘《ママ》になつて居るものもあらう。これ等は依然として、舊住居人の所有權内にあるものであつて、彼はその處理をなすべき權利を有する。從つてこれ等殘存財物の處理に必要なる限りは、假建築をして、その處理の濟む迄其處に居住することを許さるべきであると。

三

この論理は我等から見れば、奇妙不思議な結果を生ずる。燒け殘つたバケツ一個、半燒けの箒一本のある限りは、假建築は出來る、それ等何もなく、本當の丸燒けになつた人は、假建築をすることは出來ない。然《シカ》らば問ふ、燒け出され、生殘つた人間の處理を如何する。バケツや箒の處理の爲めには、假建築は出來るが、最緊要《キンヨウ》の燒け殘つた人間の生存の處理の爲めには、其れが出來ないとならば、其處理は如何《イカ》にしてこれを保障するつもりなのか。冠履轉倒《カンリテントウ》も茲《ココ》に至つて極れりと云はなければならぬ。今日最も處理の急なるは、バケツや箒ではない、燒出されて住むに家なく、食ふに米なき幾十萬の憐れな人間これではないか。然《シカ》るに今日の法律では、バケツや箒の處理の爲めには、寛大な解釋を許しつゝ、この憐れな人間の處理の爲めには、一條一項も設けられてないのである。さりとは、餘りに非現實的非人間的ではないか。

物を主とし人を無視する現代觀は、右の外幾多の事例に於いて暴露された。東大の圖書館が丸焼になつたとて、文化の中心東京を去つて京都に移らんと聲言《セイゲン》した人があつた。圖書館といふものさへあれば、其處が文化の中心となり、其物のない東大は文化の意義を全く失ふなどとは噴飯《フンパン》にも値せぬ速斷である。東大の圖書館は燒けた、確かに燒けた。しかし東大の學者中大災の爲に死んだ人はたしか一人もなかつたと思ふ。東大は依然として多數の有爲なる學者を有して居る。たゞ其の研究の道具たる圖書が今暫らくの間缺けて居るといふだけである。然《シカ》るに道具が燒ければ、學者が何人居ても、文化の中心を京都に奪はれるなどとは、如何《イカ》に物本位の考へ方が勢力を有するかを證明するものではないか。思へば、思へば、所有權本位の社會が非人間的の物格中心主義に墮落したことは實に甚《ハナハ》だしいと云はねばならぬ。圖書館と青い顏をした人が若干名あれば、それで文化の中心が出來ると考へるのは、箒やバケツの處理の爲めに、バラックを建てることは出來るが、人間の生存擁護の爲めには、それが全く許されないといふのと、全く同樣な迷想で、殆んど御話にもならない人間無視觀である。

私はこれらの時流に對して、生存權擁護の立場から、一切を考へ直し、見直すことの切要なるを主張せずには措く能《アタ》はざるものである。其れと同時に、今政府が尨大《ボウダイ》な規模を以て着手せんとする復興事業に對して、この立場から少からざる疑惧の念を懷《イダ》くを禁ぜざるものである。何となれば、今日までに公にせられた政府の復興に關する方針や施設は、依然として物本位のものであつて、人本位の施設に至つては、殆んど聞くことを得ないからである。後藤子が企てる復興は形式復興に偏し、道路、建物、公園等に主として着眼し、物の技師は八方から集めて來るが、これらを利用すべき人間の復興に就《ツイ》ては、一體如何するつもりなのか一向わからないのである。

四

私は復興事業の第一は、人間の復興でなければならぬと主張する。人間の復興とは、大災によつて破壊せられた生存の機會の復興を意味する。今日の人間は、生存する爲めに、生活し營業し勞働せねばならぬ。卽ち生存機會の復興は、生活、營業及勞働機會（此を總稱して營生《エイセイ》の機會エルヴエルプス・ゲレーゲンハイト(四)といふ）の復興を意味する。道路や建物は、この營生《エイセイ》の機會を維持し擁護する道具立てに過ぎない。それらを復興しても、本體たり實質たる營生《エイセイ》の機會が復興せられなければ何にもならないのである。

營生《エイセイ》の機會の復興から、當面の問題を見ると、私は悚然《シヨウゼン》として恐懼《キヨウク》す可《べ》き幾多の暗礁が、その解決の前に横つて居るのを見出さゞるを得ないのである。私は今その一二について卑見《ヒケン》を述べて見よう。

第一は、失業問題である。大災によつて殆ど一切の東京市民は一時的失業者となつた。其種類は色々にわけ得るが、假りに（一）財産所有者にして財産收入を失つた者（二）獨立營業者にして營業收入を失つた者（三）雇傭勞働者にして雇はれ口を失つた者（四）自由勞働者にして失業した者の四とすることが出來よう。彼等はいづれも（一）生活及營業（合せて營《エイ》生《セイ》といふ）の本據たる場所と、營生《エイセイ》用の道具の全部若《モシ》くは一部を失ひ（二）向後《コウゴ》營生《エイセイ》の源泉たる可《べ》き收入を失つたのである。失業者とは後者のことをいふので、これに對して前者を一般に罹災者といつて居る。卽ち罹災者の中には失業者と非失業者とを含んで居るのである。私がこの學究的區別を爲す所以《ユエン》は、人の復興、營生《エイセイ》機會復興のことを考ふるについて、其の何れを主とし、其の何れを先にするかの根本方針を決定するに甚《ハナハ》だ肝要であるからである。而《シカ》してそれと同時に罹災救護と復興とは、決して同一視すべきものでないことが、これによつて分明するだらうと思ふ。

何故となれば、罹災救護は、兎《ト》に角《カク》失はれたる營生《エイセイ》の物的要件を支給することであるが、復興は、其の人的要件を保證することでなければならぬからである。救護は（一）の損失を補塡するに止まる。而《シカ》して其れはホンの一時の話である。災後一ケ月を閲した今日に至るも、尚ほ此の補塡すら充分に行渡らないと云ふは實に遺憾千萬なと《コト》であると共に（二）の復興に就《ツ》いて殆んど何事も企てられて居ないことは、悲しむべき慘事である。親類や知人に相當な生活を營む人があつて其處へ一時立退いた人は（一）の救護の目的とはならない。然《シカ》しながら、永くその狀態を續けることは出來ない。向後《コウゴ》生を營むべき源泉たる收入を得る途《ミチ》は、一日も早く彼等に與《アタ》へられなければならぬ。配給によつて救護の目的となつて居る罹災者も、決して永く其狀態を續けしむ可《ベ》きではない。然《シカ》るに（二）の途《ミチ》が立たない今日、親戚知人の許に避難して居る者と市營のバラックに救護せられて居る者とを問はず、少數の者を除いては、何れも徒手遊食《トシユユウシヨク》を餘儀なくせられ强制的惰民《ダミン》となつて居る。東京市とその隣接町村とは、今日現在何十萬といふこれら不本意的惰民《ダミン》を收容しつゝあるのである。かくては、如何《イカ》に內外の同情厚くとも、到底永く支へ得るものではない。一日も早く收入の源泉を確保すべき生存機會の擁護が行はれなければ、復興などといふことは、問題とならないのである。

五

政府に於いても、茲《ココ》に鑑《カンガ》みる所あつて、職業局とかいふものを新設せんとする議があるさうだが、其れは恐らく有名な失敗の手本たる佛國《フランス》の國民工場（アトリエー・ナシヨナル）(五)の轍《テツ》を履《フ》む外はあるまい。現代の經濟組織は、複雜な組立てからなる一の流通經濟網によつて支へられて居るものである。各經濟主體は、この網から經濟流を導き來つて收入し支出するによつて、營生《エイセイ》の機會を享有して居るものである。この網が破壞せられた今、如何《イカ》に經濟流を通じたくとも其道はない。電車を動かす可《べ》き電流は、先《マ》づ其通路たる電線網を要する。電車運轉の恢復《カイフク》は、架空電線網の恢復《カイフク》から始めなければならぬ。否、電車に代へてモーター・カーを運轉することは出來ようが、經濟生活には其便がない。各經濟主體が自ら動力を備へて運轉するといふと《コト》は、自足經濟時代にのみ望み得可《べ》きことであつて、今日現代の流通經濟時代に於いては、全く不可能なことである。各經濟主體はそれ〴〵に複雜にして微妙な機構を具備した經濟單位を作つて居るが、其の機構を活動せしむ可《べ》き經濟流は、必ずこれを流通經濟網から供給を仰がなければならぬものである。卽ち各經濟主體に營生《エイセイ》の源泉たる可《べ》き收入を得る機會を與《アタ》ふる爲めには、單に衣食料品の配給、バラツクの建設てふ救護處置だけでは足りるものでないことは云ふまでもない。收入獲得の機會を恢復《カイフク》せなければならぬのである。政府が設けんとする職業局は如何《イカ》なる組織のものであるか、未だ判明せぬが、恐らくそれは、救護の延長に過ぎざる底《テイ》のものであらう。然《シカ》るときは、その今日の經濟組織活動の根本原理を無視したこと、佛國《フランス》の國民工場と全く同一のものたるに止まるであらう。

流通經濟の根本原理を無視した爲めに、飛んでもない失敗を來した手近な例は、一度芝浦へ行つて見れば直ぐこれを見ることが出來る。救護品配給の大失態は、決して誰れ彼れといふ役人や官廳の過誤のみに歸す可《べ》きではない。流通經濟の根本理法を無視して、一種變態な共産主義 而《シカ》も無政府主義的な を強行した大なる誤から來るのである。我國人はロシアのソヴヰエチズム（六）を笑ふ、いづくんぞ知らん、其の失敗を數倍したやうな失態が、今芝浦に暴露せられて居るではないか。屁でもない用向に得々と徵發自動車を馳らせる彼等市、區役吏員は、共産主義經濟の實行者としては、ロシアのボルシエヴヰキ（七）に劣る數等なものである。恐らく職業局といふものが出來れば、それが共産主義實行の落第生たること、これよりも更らに甚《ハナハダ》しいことであらう。

故に私はいふ、現在東京其他罹災地に於ける失業者問題の取扱は、平生《ヘイゼイ》のそれとは全く異つた眼點を以てせねばならぬ。單なる紹介單なる授業を以つては、徒手海水を汲むが如きものである。それよりも先《マ》づ根本に溯つて、營生《エイセイ》機會の復興を圖《ハカ》ることが焦眉《ショウビ》の急務である。

六

私は前段に示した四種の區別について逆に述べて見やう。先《マ》づ第四種の自由勞働者、これはその平生《ヘイゼイ》の營生《エイセイ》がたゞ狹められたといふだけで、兎《ト》に角《カク》、住と食とを與《アタ》へられて居る。中には人夫などに雇はれることによつて（二）の收入の源泉は、災前よりもより豐富に與《アタ》へられて居るものもある。薄暮から夜にかけての日比谷一帶の此頃の賑かさは、明かに此の事を證明して居るではないか。故に私はいふ、この第四種については、目前も亦《マ》た近い將來も左迄悲觀するには及ばない。更らに私の主張する經濟網が恢復《カイフク》せられ、復興の意氣が衰ふることさへなければ、彼等の營生《エイセイ》の機會は自ら確保せられるであらうと。

第三種の雇傭勞働者については事態甚《ハナハ》だ異る。私の平生《ヘイゼイ》尊敬する我邦有數の實際統計學者たる二階堂保則（八）君は獨力を以て甚《ハナハ》だ周密な工場罹災統計を作られた。その結果によると、大正十一年五月現在の東京市內の官私工場總數は二千六百六十一であつた。その從業職工數は九萬四千十五人であつた。右の內燒失した工場數は總計千七百三十二であつて、總數の八割〇一五に當る。其職工數は總計七萬二千五百八十六人で、總數の七割七分一八に當るといふことである。私立工場だけを分けて見ると、燒失工場數は總數の八割〇二九に當り、その職工數は總數の七割六分四五に當る。この外隣接町村に千九百六十二の工場その從業職工數十一萬六千七百七十七人あるが、その內どれだけが燒けたかは、未だ調査が出來て居らない。此等の隣接町村所在の工場の中には燒けなくとも經營能力を永久的にか一時的にか失つたものも少からずあらう。

　假りに其の一切の割合を五割と見ると、六萬近くの職工が遊んで居るわけで、市內のそれと合算すると、十萬人ばかりの失營生《エイセイ》機會者があるわけである。職工一人が平均二人づつの家族を扶養するものとすると、無慮《ムリヨ》三十萬人の失營生《エイセイ》機會者が市の內外に遊食して居るわけである。この數はもとより私の推測によるものであるから、實際はモット多いかも知れず、また少いかも知れないのはいふまでもない。

　さりながら、兎《ト》に角《カク》、二階堂氏の精確なる統計によれば、東京市內で八割近い職工が適當なる營生《エイセイ》機会を奪はれたので、災後一ケ月にもなる今日、それは全く恢復《カイフク》せられないで其まゝにあると云つても大過《タイカ》はないのである。二階堂氏は更らに各種の業別について詳しく調査せられたのだが、或工業の如きは全滅といつてもいゝ狀態にある。例へば、硝子《ガラス》工場の如きは總數百四十六工場の內百四十四燒けて、殘るは僅《ワズ》かに二ケ所、職工數は三千二百三十九人の中、燒け出され工場のそれは三千二百七人で、タツタ三十二人だけが燒け出されざる二工場の職工數なのである。

七

　更らに中央職業紹介事務局發行の公報震災版第一號によれば（一）震災のため全然失業狀態にありて復活の見込なき勞働者數一萬二千七百五十六人（二）當分失業狀態にある數一萬四千九百二十五人（一）（二）合計二萬七千七百八人とある。日本勞働總同盟(九)の調によれば、失業者總數三萬三千五百七十四人、外に官設工場職工總數一萬三千三百十五人である。その推定では職工現在數十三萬四百九十六人であるから、失業者の割合は、二階堂氏の統計よりズツト少いわけである。私は二階堂氏の百分率の方が實際により近くはないかと思ふが、假りに三萬三千の失業職工としても、これに三を乘ずれば十萬といふ數が出て來るのである。而《シカ》してそれは寧《ムシ》ろ甚《ハナハ》だ少きに失せはせぬかと私は思ふ。

更らに工場以外の雇傭者に就《ツイ》て見るに、精確な數字は一向得られないが、失機會者の割合は恐らく工場職工のそれに類したものであらうと思はれる。私は應急の處置として、これら凡《スベ》ての雇傭者については、この際緊急勅令を以て、この勅令を生存權擁護令と名づくべしと私は主張して置いた三ケ月の解雇申入れ期間を要せしむ可《ベ》しと主張して置いた。しかしそれは同じく燒出された使用主にとつては大なる苦痛であらう。故に私は國家は、先《マ》づこれ等勞働者の使用主に、必要にして適當な補助を與《アタ》ふ可《ベ》きものと信ずるものである。而《シカ》して三ケ月の申入れ期間の經過せざる內に、出來るだけ早く經濟網の恢復《カイフク》を圖《ハカ》ることによつて、失業者を出すことを減ずる方法を講ぜなければならぬ。或人は、これらの雇傭者に從前收入の何日分かを直接政府から給與す可《ベ》しと主張するが、私はそれは適當な方法でないのみならず、流通經濟の復興は却《カエ》つてそれがために妨げられはせぬかを恐るゝものである。

次に第二種の失機會者が來る。私は目下最も悲慘な悲觀的狀態にある人々は、此の種中に最も多數を占めて居ると思ふのである。彼等の中には、永久に東京に於て營生《エイセイ》の機會を見出し得ないものも少くあるまい。東京が過當に膨脹した都であるといふ批評には眞理がある。而《シカ》してそれはこの第二種に屬する人の多いことによつて證せられて居たといふも過言ではあるまい。從つて復興東京には、彼等の或部分は永久に不要に屬するか、又は永久に營生《エイセイ》の機會が到來しないことはやむを得ないことと見なければならない。乍去《サリナガラ》、此種の全部が不要に歸することはない、新しい東京は彼等の多くを必要とせざるを得ぬ。無論その中のあるものは、この際末永く東京を見捨てるものもあらう、若《モ》くは其經濟的地位を見捨てゝ、雇傭者となるものもあらう。それは必ずしも悲む可《ベ》き、又は防止す可《ベ》きことではない。然《シカ》しどれだけがかくなり、どれだけが殘る可《ベ》きかは、これを豫測、豫言することは出來ない。文士の或ものが大阪永住、郷里引退を決したとかいふことは、或は寧《ムシ》ろ歡迎すべき現象ともいふ可《べ》きであらう。此第二種中には寄食階級（クラス・スチパンヂエール）といはねばならぬものも少からずある、それが其の狀態を脱出することは、却《カエ》つて結構千萬といはねばならぬ。この種の人々に對しては、私は、或る特定の施設は、到底不可能でもあるし、また希望す可《べ》きでないと信ずる。その取扱は、一般的に經濟網の復興による外はない。それが復興すれば、留る可《べ》きものは自ら留り、與《アタ》へらる可《べ》き營生《エイセイ》の機會は自ら與《アタ》へられると信ずる。

八

次に第一種の者がある。此種には大小中の差異が甚《ハナハ》だしい。數戸の家作《カサク》で漸《ヨウヤ》く生計を營んで居たものもあらうし、大財產を擁して豐富なる生計を立て丶居た者もあらう。私は一般的にいふ、單に財產收入に衣食する種類の人々が、永久に其機會を失ふことは國として必ずしも悲むべきことではない。唯此の種中、企業能力を有し事業指導管理の事に當つて居た人々が絶滅することは、國、社會の深憂とすべき處である。

第二、第一兩種の人々にとつて今大問題となるは、火災保險金問題これであらう。次には復興資金の融通これであらう。私はこの二つの問題について次の如くに考へて居る。

生存本據權、營業本據權（私は兩者を合せて居住權または營生《エイセイ》本據權と名づける）の確保は何人に對しても擁護せられなければならぬことである。燒跡建築問題は、此立場からこれを解決すべきである。借地借家の所有權問題は契約法理の杓子《シャクシ》定規で律せらるべきではない。國、社會は各人に對し營生《エイセイ》本據權を保證せねばならぬ。この保證は、物本位の所有權や權利本位の契約を超越する。從前の借家、借地關係が、有効とせらる丶に非《アラザ》れば、營生《エイセイ》本據權が保證せられ能《アタ》はざるとき、私は生存權擁護令によつて、九月一日に於る効力を、或期間その儘《ママ》に存續せしむ可《べ》し、私法の一部は當然モラトリウムの下に置かる可《べ》しと主張する。此のモラトリウムの施行は、今實に一日の急を要するのである。法律の社會化を主張する新人諸君今何をして居るのか、不思議千萬なと《コト》である。

火災保險金の支拂も亦然《マタシカ》り、敷地は保證せられても、バラツクなり本建築なりに要する資金を保險金の支拂に仰がうとする人々に對して、國家は或程度迄の緊急處分をす可《べ》き國家當然の營生《エイセイ》擁護の義務を有する。住居は郊外の親戚知人の許に見出すとしても、營業を恢復《カイフク》するためには、營業本據が與《アタ》へられなければならぬ。然《シカ》し今日の民法の契約法理では、保險會社に火災保險金を支拂はしむることは殆んど不可能で、商法の『原因の何たるを問はず』云々《ウンヌン》の條文を楯にする解釋論は、法律論として力甚《ハナハ》だ微弱なもので、恐らく敗けるだらう、勝つとしても永い訴訟の結果を待たねばならず、焦眉《シヨウビ》の急を救ふに足らない。

故に私はこの際緊急收用によつて、或限度迄は全額、それ以上は遞減按分《テイゲンアンブン》比例によつて、政府が保險金を支拂ふべく、其代り火災保險會社の全部を政府に收容して、即時に火災保險 私は一切の保險業を國營とす可《べ》しと主張するものである。 を國營とす可《べ》しと主張するのである。私のこの主張は、生存權保證、營生《エイセイ》機會の復興といふ見地に立脚するものである。從つて多額の被保險者の慾張つた要求を全然拒絶すべしとし、小額の被保險者を主として考慮せんとするものである。

火災保險會社は、故意か否か、支拂保險金額の確實な數字を公表しないで、たゞ二十三四億圓の損害額 會社がこれを損害といふのは可笑しな話でないか だといふに過ぎないが、その數字の根據《コンキヨ》は何れにあるか一向示されてない。二階堂氏は次の如き推算を爲して、右の二十三四億圓云々《ウンヌン》は甚《ハナハダ》しく誇張に失すと云つて居られる。

九

大正九年度末の調それ以後の數字は得られないによれば、全國の火災（家屋及物品）保險件數は三百七十九萬七百一件で、其總金額は百二十四億四千五百九萬圓であつた。卽ち一件の保險金平均額は三千二百八十三圓に當る。東京市內の燒失家屋數三十一萬五千の全部が保險せられて居たものとしても、右の平均金額を乘ずれば總額十億三千三百五十一萬圓にしかならぬ。日本全國の世帶總數は一千一百二十二萬二千五十三であつて、契約件數三百七十九萬七百一はその三割三分七八に當る。故に東京の燒失家屋數にこの率を乘ずると、十萬六千四百七戶が燒失保險家屋數で、これに三千二百八十三圓を乘ずると、三億五千萬圓計りにしかならぬが、假りに東京は一件の保險額平均五千圓とし、件數を二十萬件として見ると總保險金額十億となる勘定である。これは、二階堂氏の推定であつて、決して精確な統計でないことは、同氏の明言せらる丶通りであるが、若《モ》しこの推定が事實に近いものとするならば、火災保險會社が二十三億圓とか二十四億圓とかいつて居るのは、とても拂へませんといふことを力強く主張する爲めに金高をウント桁を上げて居るものではないかと疑はれる。十億と二十四億とは、一言にいへば何でもないやうだが、實際眞面目に問題を解決しやうとするには、實に莫大な差違が存するのである。

私は右の契約總件數中、例へば三千圓以下、五千圓以下、一萬圓以下、及それら以上との割合及實數がどれだけであるかを知りたいのであるが、今日まではそれを知るべき便宜を有しない。火災保險會社は、一日も早く其眞相を的確な調査に基づいて公表すべき義務を有する。政府も亦《マ》たこれを爲さしむべき責任あるを免《マヌガ》る丶能《アタ》はざるのであるが、今日迄は何等聞く所なく、政府も會社もたゞ漠然たる、しかもチエツクし能《アタ》はざる數字を根據《コンキョ》として騒いで居るのは、如何《イカ》にも無責任千萬といはざるを得ない。

私は政府の收用に基いて、東京（横濱其他も）に於ける一件平均金額に當るだけは全額を支拂はしめ、それ以上の分は平均以下の受拂者の分を多少廻して或る少い率で拂つたら然《シカ》るべしと思ふ。その率は恐らく極《ゴ》く小なることだらうと思ふ。それは當然である。若《モ》し支拂總額が十億內外であるとしたら（會社財產）一億何千萬圓だけでも一割何分かは拂へる。政府がそれと同率の補給をすれば總體で三割見當（平均五千圓とすれば五千圓迄は全額）を拂ひ得ることになる。これだけあれば、營生《エイセイ》本據の保障としての建築に要する復興資金は供給せられるだらう。

＋

火災保險會社の資本金總額は、同じ時の調べでは二億三千五百萬圓であつた。これを全部抛《ナ》げ出せば、二割何分かは拂へるが、實際の積立金は總計五千萬圓位しかない。玆《ココ》は如何しても生存擁護の大使命を有する國家が一時負擔《フタン》するを辭すべきではない。或は火災保險會社を全部無償で收用すべしとの論を聞くが、それは穩當でない。私は拂込資本額だけを補償し、これに對して無利息又は極《ゴク》低利の公債を交付して收用すべく、政府の被保險者に對する支拂は五分利附位の公債を以てすべきかと思ふ。而《シカ》してそれらに對する元利の償却は、收用會社財產及向後《コウゴ》の官營保險利益金を以てこれにあつれば、國の財政に累を及ぼすことはなくて濟むかと考へる。

次に復興資金の融通であるが、幸ひ政府は日本銀行、勸業銀行などをして最も寬大な貸し付けを實行せしむるといふ、これは結構な話ではあるが、今日まで公になつた處では、依然として物本位であつて人本位でない。卽ち見返り品擔保《タンポ》物などと物をあてにして貸し出すので、これらの物を始めから有せず、若《モシ》くは丸燒けになつた人に對しては、この寛大は何等の意味を有しないのである。其結果は依然として財産階級偏重となるに相違ない。これは甚《ハナハ》だ不當である。復興に第一に要するものは、人と其の能力である。人が確實であり、其能力が信頼するに足るといふことは、多少の擔保《タンポ》品があるなどよりは、遙かに多く信頼すべきことである。政府は各銀行の貸出しに當つて輕卒は嚴に戒めなければならぬが、物を信ずることの代りに人を信ずるといふ新らしい方針をとることを命令せねばならぬ。復興の意氣旺盛で、而《シカ》してその實力ありと認む可《べ》きものは、以上第一、第二種を通じて必ず多くあらう。これらに對しては極力復興資金を融通す可《べ》きである。反對に多くの財物を有して居ても復興の人として不適當なものには、普通以上の取扱を斷乎《ダンコ》として拒む可《べ》きである。

未だ外に澤山の問題があるが、餘り長くなるから止める。要するに、復興第一の標準は、營生《エイセイ》機會の復興にあらねばならぬ。徒《イタズ》らに形式復興、建築復興、入れ物の復興（總評すれば風袋《フウセン》復興）許《バカ》り考へて、肝腎要めの其中に入つて生き、且《カ》つ働く可《べ》き人間の復興を閑却《カンキャク》するが如き現下《ゲンカ》のやり方は、根本的に改めて貰はねばならぬ。この要求は復興日本の一切の人が主張すべき處である。その罹災者たると然《シカ》らざると、罹災地に住むと否とによつて、少しも異る所ある可《べ》きではない。何んとなれば、復興は單に罹災地のみのことでなく、日本全體にかゝる大事業であるから。

（一二・一〇・八）

＝大正十二年十月自十五日至廿四日『報知新聞』掲載＝

八　失業及火災保險問題

一

罹災者中の失業者を如何《イカ》に救濟す可《ベ》きかは、（一）其概數（二）其種類の二つを出來る丈《ダ》け精確に知るを要する。如何《イカ》なる名案でも、實際の失業者の數と其種類とを無視してかゝつては何等の役に立たない。而《シカ》して私は此種の目分量的救濟論の幾つかを聞いて、其無鐵砲なるに驚かざるを得ざるものである。例へば、國立工場論とか燒跡片付け仕事振當論とか、甚《ハナハ》だしいのは廢艦處分の急行による失業者救濟、若《モシ》くは海外移出、地方轉住論の如き、私は其多くを以つて、何《イズ》れも少しも急所に中《アタ》らざる机上の空論であると斷言せざるを得ないのである。復興院は失業者救濟のことには直接關與《カンヨ》しないと揚言《ヨウゲン》しつゝありとか聞く。目前に何萬と云ふ失業者を見殺にしつゝ、やれ放射線大道路の、地下線電車のと、出來ない相談に憂身《ウキミ》をやつしつゝあるのを見て、私共は實に齒痒《ハガユ》さを痛感せざるを得ぬものである。而《シカ》して現下《ゲンカ》に於ける失業者問題を、平日に於ける其れと同樣《ヨウ》の眼孔を以て觀察し取扱はうとする傾向のあるに對して、私は實に悚然《シヨウゼン》として恐れざるを得ざるものである。

二

私が此稿を草する時までに、罹災失業者の數を調査せんと試みたるものに（一）震災救護事務局（一）警視廳《チョウ》勞働課（三）日本勞働總同盟（四）社會局某氏（五）二階堂前統計官等がある。

（一）救護　事務局の調査統計

	震災前の工場並職工數				燒失工場並職工數				殘存工場並職工數			
	工場數	職工數 男	女	計	工場數	職工數 男	女	計	工場數	職工數 男	女	計
適用工場	四、〇七九	一一〇、二四二	六三、〇三四	一七三、二七六	一、五九五	四三、四六八	一三、九六四	五六、四三二	二、四八七	六六、七七四	四九、〇七〇	一一五、八四四
非適用工場	二二、〇四六	四二、六六四	一〇、三五八	五三、〇二二	九、三三一	一九、七五三	二、〇二二	二一、七七五	一一、七一五	二三、九一一	八、三三六	三二、二四七
合計	二六、一二五	一五二、九〇六	七三、三九二	二二六、二九八	一〇、九二六	六三、二二一	一四、九八六	七八、二〇七	一四、二〇二	八九、六八五	五七、四〇六	一四七、〇九一

男工失業者數	六三、二二一人	内適用工場の分	四三、四六八人
		非適用工場の分	一九、七五三人
女工同	一四、九八六人	内適用工場の分	一三、九六四人
		非適用工場の分	二、〇二二人
計	七八、二〇七人		

卽ち約七萬八千人が男女合計の失業者數とせられて居る。

（二）警視廳《チョウ》勞働課の調査統計

これは職工五十人以上を使用する工場四百五ケ所のみに限られたものであつて、其數字は次ぎの如くである。

種別	殘存工場	倒壞工場	燒失工場	合計
工場數	一七五	一〇三	一二七	四〇五
被害見積金額	七、五〇九、四二八	二九、〇七三、三四五	八九、六一五、〇〇〇	一二六、一九七、七七三
1 九月一日職工數	四〇、三六一	五〇、二九二	二九、三〇一	一一九、九五四
2 工場内外死亡者	六六	四五四	六三	五八三
3 重傷者數	二三	二〇〇	二二	二四五
4 輕傷者數	六〇	三六〇	三三	四五三
5 解雇職工	五〇三	八三五	五、八七七	七、二一五
6 工場跡片附使用人	八、五〇四	一〇、二六九	五、二六〇	二四、〇三三
7 一時的轉職希望者	五七二	一、五一四	二、三九三	四、四七九
8 手當受給者	七、一二三	七、二七四	一、一四七	一五、五四四
9 歸國者	八九五	八、七三九	六、二〇九	一五、八四三
10 滯京求職者	一八三	四二〇	三、〇七二	三、六七五
11 所屬不明者其他	八四三	一二、四一七	七、一四二	二〇、四〇二

右諸欄の中、明かに失業者と認む可《べ》き（5）（7）（10）（11）の諸數を合計すると、三萬五千七百七十一人となる、此數を、四百五工場の職工總數十一萬九千九百五十四人に對比して見ると、約其の三割に當る。ソコデ震災前の適用、

非適用各工場通計の職工數二十二萬五千二百九十八人に、此の三割を乘じて見ると、六萬七千六百人許りの總失業者數を得ることになる。然《シカ》し（8）手當を受けつゝ、復舊を待ちつゝ、あるもの（9）一時歸國したもの、中には、當然失業者と看做《ミナ》す可《ベ》きもの、又は遠からざる將來に於て失業者となる外ないものも、必ず存在するに相違ない。從つて救護事務局が總數七萬八千と推定したのは、其等を含めての數と見れば、兩者推定數の間に大した間隔はないと云つて宜しからう。

（三） 日本勞働總同盟の調査統計

（職業紹介広報震災版第一號十四頁による）

男工總數	七九、九三七
內四割退京者	三一、九七五
差引	四七、九六二
內三割就業者	一四、三八八
差引失業者總數	三三、五七四

と推定し居るのは過少に失するものではあるまいか。日本勞働總同盟の此推定數は全く考慮以外に置く方が安全らしく思はれる。

（四） 社會局某氏の調査統計

東京の失業者推定を左の如しとして居る。

工業勞働者	八　萬　人
內　男	六萬五千人
女	一萬五千人
工業事務員	一萬五千人
商業從事員	四萬五千人
合　計	十　四　萬　人

(五) 前統計官二階堂保則氏の調査統計

二階堂氏は獨力を以て綿密な調査を遂げられた結果、東京市內の工場を大正十一年五月東京市商工課の名簿によつて、一々罹災と殘存とに分けて、各業別每に詳しい數字を統計協會に於いて發表せられた。其合計丈《ダ》けをあげて見ると次表の通り

	大正十一年五月現在數				罹災數			
	工場數	職工數			工場數	職工數		
		男工	女工	合計		男工	女工	合計
官設	二五	一〇、五六七	七、一八三	一七、七五〇	一七	九、四四九	四、八〇九	一四、二五八
私設	二、一三六	六〇、七〇七	一五、五五八	七六、二六五	一、七一五	四六、三四六	一一、九八二	五八、三二八
合計	二、一六一	七一、二七四	二二、七四一	九四、〇一五	一、七三二	五五、七九五	一六、七九一	七二、五八六
罹災百分率　合計					八〇・一五%	七八・二八%	七三・七四%	七七・一八%
罹災百分率　私設					八〇・二九%	七六・三四%	七六・八七%	七六・四五%

官設工場は縦令《タトイ》罹災しても、解雇者を一時に續出しないものと推定しても過ちなからうから、東京市內丈《ダ》けの罹災失業者數は、私設工場の其數卽ち五萬八千に隣接町村の失業勞働者數を加へたものと見て差支《サシツカエ》あるまい。二階堂氏の調では東京市隣接町村には、工場總數千九百六十二箇所ありて男工六萬、女工五萬合計十一萬人が從事して居つた。其中幾千が罹災したか、同氏の調査はまだ其點迄及んで居らないのは、甚《ハナハ》だ遺憾なこと《コト》である。私は假りに其率を二割として見た。然《シカ》るときは、市外の失業勞働者數は二萬二千となり、五萬八千に之れを合算すると、大約八萬と云ふ數を得るのであつて、其れは救護事務局調の失業者總數七萬八千、社會局某氏推定數八萬などと甚《ハナハ》だ接近した數を得ることになるのである。

併《シカ》し乍《ナガ》ら二階堂氏の推計に對しても亦《マタ》救護事務局の其れに對しても、少し考へなければならぬことは、倒壞、燒失工場の從來勞働者の全部が、今直ちに失業者となつて居るとすること《コト》は、如何《イカ》なるものであらうかと云ふ點である。警視廳《チョウ》の調によれば、五十人以上使用の四百五工場に就《ツイ》ては、燒跡整理に使用せられて居るもの、手當を受けつゝ、復舊を待つもの、一時歸國したものが合計五萬五千四百十九人あつて、總數の十一萬九千の約半數は今直ちに失業者となつて居らぬものである。此れは無論大工場に就《ツイ》ての例であつて、工場主に資力ありて卽時に解雇すること《コト》を手控へて居り、若《モシ》くは復舊の見込の多いものであるから、其以外の工場に就《ツイ》ては同一筆法を以て見ること能《アタ》はざるは無論のことである。ソコで單なる推測に過ぎないが、罹災工場職工總數の二割は必ずしも目前の失業者たらざるものとすると、罹災總數が八萬ならば六萬四千、七萬八千なら六萬二三千人が適當に現前の失業者と認む可《ベ》き數となり、警視廳《チョウ》の調に就《ツイ》て、私が上に算出して見た數の六萬七千六百人と、粗《ホ》ぼ同程度の總數を得ること、なるのであつて、私は今失業者問題を解決せんとするに方《アタ》つて、我々が基準と爲すべき失業工場勞働者の數は大約六萬人位を目安とするのが事實に近くはないかと思ふものである。

此稿を草し終つた後職業紹介広報震災版第二號を接手した。其の十三頁以下には、警視廳《チョウ》保安課調の詳しい種別及市內外の非適用工場に關する調査がのせてある。而して其數は救護事務局のと同じである。

三

右は工場勞働者丈《ダ》けの數である。此外に工業職員と商業職員並に從業員とがある。社會局の某氏は前者を一萬五千、後者を四萬五千と推定して居られる。此推定は甚《ハナハ》だ困難なと《コト》で、工場勞働者の場合に於ける樣《ヨウ》に多少たりとも根據《コンキョ》と爲す可《ベ》き數字が殆んどないのであるから、如何《イカ》にしても目分量に陷るを免《マヌガ》れない。私は此場合僅《ワズ》か乍《ナガ》ら賴りとす可《ベ》きものは、大正九年十月一日の國勢調査に顯《アラワ》はれた東京市の有業者職業地位調べであらうと思ふ。依つて其に就《ツ》いて次の樣《ヨウ》な推算を試みて見た。但し比較の基礎を共同にする爲め、私は此推計に當つては、凡《スベ》て右の國勢調査の數字を其《ソノ》儘《ママ》に用ふることにした。此れは無論不精確であつて、少くとも四十一年の市勢調査から大正九年に至る增減の率を國勢調査の數字に加算して、推定數を算出せねばならぬのであるが、推定と推定とから更らに第三の推定を算出する間に計數に拙い私が誤りに陷ると云ふ恐れがあるから、此の當然爲さるべき秤量推算をしないで、國勢調査の實數を直ちに使用したのである。

東京市勢統計原表大正九年十月一日現在調査比例篇四〇八頁以下『職業及職業上の地位に依て分ちたる本業者有業者』によれば、

	工業	商業
業主	八九、七八三	一一九、八四一
職員	三九、三四六	八三、七六二
勞務者	二四八、六九〇	一〇六、九四七
計	三七七、八一九	三一〇、五五〇

であつた。今工業勞働者數を大ざつぱに二十五萬人とし、其の中の失業者數を前の推計によつて六萬人とするときは、失業の百分率は二割四分となる。比率を

工業職員	三九、三四六
商業職員	八三、七六二
勞務者	一〇六、九四七
合計	二三〇、〇五五

によつて得た概數二十三萬人に乘ずると、五萬五千人と云ふ失業者推定數を得る。社會局某氏の推定は六萬であるから、大して差違はないと云つて宜しからうと思ふ。ソコデ六萬と五萬五千と合計十一萬五千人と云ふ商工業職員勞務者全體を通じての失業者數を見出すのであるが、私は成る可《べ》く内輪に見積る爲めに、工業職員、商業職員及び勞務者の總計を二十萬と看做《ミナ》し、失業率を二割として四萬としたならば、少きに失せず多きに過ぎざる數を得、之れを前の六萬と合算して最低十萬人を以つて、目前直下の救濟を要す可《べ》き失業者總數とすることが出來るかと思ふのである。約《ツヾ》めて云へば、十萬乃至《ナイシ》十一萬五千と云ふのが、焦眉《シヨウビ》の急として救濟の目的たる可《べ》き失業者の數であらうと考へる。從つて社會局某氏の推定總數十四萬は少しく多きに失しはせぬかと懸念しつゝあるのである。

次に來る問題は此失業者の種類である。總數に就《ツイ》てさへ色々推計を試みなければならぬ程であるから、種類分けにした割合の如きは到底確實なことは分らないのである。乍併《サリナガラ》、幸にも二階堂氏は市内の罹災工場に就《ツイ》て、各業別に詳《シヨウ》密《ミツ》な調査をして居られるから、此れに就《ツイ》て假りに大まかに分類して見ると次表の通になる。本文脱稿後接手した警視廳《チヨウ》保安課調の數をあげ、試みに其に就《ツ》いても百分率を算出して附記し置いたが、分類が大まか過ぎて、二階堂氏調に就《ツ》いて私が試みた分類のやうには、參考にならぬ。

業種	二階堂氏調 失業工業勞働者數	二階堂氏調 總數に對する百分率	警視廳《チョウ》保安課調 職工數	警視廳保安課調 百分率	
1 纖維工業	八、二〇〇	一三・六七	七、八六八	一三・九四	
2 機械船車製造	九、二〇〇	一五・三三	二七、二五四	四八・三〇	
3 器具製造	三七〇〇	六・一七			
4 金屬工業	一二、六〇〇	二一・〇〇	二七、二五四	四八・三〇	
5 化學工業	一七、七〇〇	一二・八三	六、四二七	一一・三九	
6 飲食物類製造	二、二〇〇	三・六七	一、七六八	三・一三	
7 印刷紙器製造	一〇、〇〇〇	一六・六六			雜
8 木竹製造	二、〇〇〇	三・三三			
9 被服類製造	二、五〇〇	四・一七	三七〇	〇・六六	特別
10 其他	一、九〇〇	三・二七			

これは工場勞働者の種類分けである。之れに對して工業職員、商業職員並勞務者三種は如何《イカ》に分類せられるかと云ふことは、唯推計を爲し得るのみで、工業勞働者に於けるやうに、稍々《ショウショウ》信頼す可《ベ》き根據《コンキョ》ある數を示すことは不可能なのである。ソコデ私は次のやうな推算をして見た。國勢調査の結果たる右三種の雇傭者の合計は二十三萬五十五人であるが、之れに對して右三種の雇傭者の數を對比して其れ〴〵の百分率を見出し、其率を、私が推定した右三種者の失業總數にかけて見ると次の如き結果を得る。

種別	國勢調査による人數	百分率	推定失業者
總數	二三〇、〇五五	一〇〇・〇	四〇、〇〇〇
工業職員	三九、三四六	一七・一	六、八四〇
商業職員	八三、七六二	三六・四	一四、五六〇
商業勞務者	一〇六、九四七	四六・五	一八、六〇〇

四

さて右の樣《ヨウ》に失業者の種類分けをした所以《ユエン》は其救濟法を考究するに方《アタ》つて、重要な關係があるからである。

工業勞働者の失業者中最大の割合を示すものは、二割一分を占める金屬工業の一萬二千六百、一割七分を占める印刷業の一萬、一割五分を占むる機械製造業の九千二百、一割三分を占むる纖維工業の八千二百等である。之れに反し器具製造、被服類工業、木竹製造業、飲食物製造業等は小なる割合をしか占めて居らぬ。今差當り市民の生活に必要な器具、被服、木竹物、飲食物製造等に、此等の失業者を收容する餘地があり、若《モシ》くは餘地を作ることに努力すると も、其れによつて救はるゝ失業者の數は甚《ハナハ》だ少いのである。言葉を改めて云へば、失業者の大多數は營利生産、資本的生産、生産要具生産に關する業務に屬して居るのである。其中には不熟練工も多數あるであらうと共に熟練職工で、其熟練は他の業に轉ずるによつて、失はる可《べ》き大なる價値たる可《べ》きものも尠《スクナ》くないのである。不熟練工と雖《イエド》も、其業にあつてこそ相當の能率を現はし得られるけれども、俄《ニワ》かに他の業に移り、殊《コト》に燒跡片付けとか、廢艦作業とか云ふやうな粗雜な業に轉ずるときは、其の爲めに固有の能力を發揮することを著しく妨げられるものゝ割合は決して鮮少《センショウ》ではあるまいと思はれる。況《イワ》んや今急に海外に移出したとて、日本に於けると同様《ヨウ》の作業が確保せらる、にあらざる限り、其苦痛其困難は極《キワ》めて大なる可《ベ》く、農民を南米へ移出した失敗の歴史に數倍する失敗を繰返へすことなきを保し得られない。否、私は失敗は逆睹《ギャクト》し得べしと信ぜざるを得ないのである。

唯だ何とかして、失業者の始末を附けさへすれば事は濟むと思ふが如きは誤れるの甚《ハナハ》だしいものである。彼等失業者の多くは普通無産者と云はるゝものに屬するであらう。然《シカ》り有形的には其れに相違あるまいが奚《ナ》んぞ知らん、彼等は、或は熟練工として或は不熟練工として一定若《モシ》くは類似の作業に適應した技倆、能力、習慣訓練てふ大なる無形の財産を有して居るものである。人をして唯食ひ唯寢るを得せしめば可《ベ》と云ふのなら論はないが、人を人らしく、人としての價値と權威とを維持しつゝ、生かしめようとするには、此無形の財産を損毀《ソンキ》してはならぬ。否愈々《イヨイヨ》之れを增進し益々《マスマス》活用せしむる事を圖《ハカ》らねばならぬ。失業者救濟は此高い立場から出立するものでなければならぬのである。

五

工業職員、商業職員、商業勞務者の三者は、或意味に於て俗に所謂《イワユル》精神的勞働者に屬するものであつて、右の燒跡始末云々《ウンヌン》は無論問題とならぬが、工業勞働者の如く必ずしも一定若《モシ》くは類似の作業に適應せしめねばならぬ必要は大ではない。社會局の案として新聞紙上に傳へられるやうに、市、區役所諸會社のカード整理とか書類筆寫とかに使用することは甚《ハナハ》だ當を得たことゝ考へられる。

其れにしても、工業職員の方は少々特殊の取扱を要するに相違ない。而《シカ》して此三種とも海外移出云々《ウンヌン》の今直ちに決して問題たり得ないことは、工業勞働者と同じことである。南米、滿洲扨《サ》ては北海道移出と云ふことは、谷中村民とか十津川村民とか云ふやうな農民に就《ツイ》ては、十分考へられることであるが、都會殊《コト》に東京における雇傭者の取扱法としては、殆んど問題に上ばす價値のないことである。工業勞働者の大多數卽ち金屬工業、印刷業、機械製造業、纖維工業の中、地方へ移し得るものあることは決して疑ふ可《ベ》からざる處である。例へば纖維工業の如きは轉地に何の妨害を見出し得ないのである。機械製造業の或ものも亦然《マタシカ》りであらう。而《シカ》して關西地方の人々が云ふやうに、今迄の東京は餘りに多く集中し過ぎ、却《カエ》つて他地方に在つた方が勝れりと思はれるものまでも、東京に集めて居た。今日を好機會として其等が大阪に名古屋に、其他の地方に移り行くことは、却《カエ》つて甚《ハナハ》だ希《ネガ》はしいこと、私は信ずるもので東京は何でも彼でも災前通りの業を復舊せねばならぬなどと考へるのは、誤つた寧《ムシ》ろ有害な復興方針とせねばならぬ。

然《シカ》し今俄《ニワ》かに移らうとしても、事實不可能なものが澤山あることは忘れてならぬ。例へば印刷業の如きは

	印刷業		新聞印刷		通計	
	工場數	職工數	工場數	職工數	工場數	職工數
災前	二二四	一一、六三九	一九	二、〇六一	二四三	一三、七〇〇
罹災	一〇二	七、〇〇二	一四	一、四二六	一一六	八、四二八

と云ふ數を示して居つて、二者合計百四十三工場の內百十六箇所燒失し、普通印刷業は百廿四の內百二箇所燒失、殘存二十二工場に過ぎないが、博文館印刷所、秀英舍、日清印刷、行政學會印刷所（三）の四工場丈《ダ》けで大阪、京都、名古屋、神戸の四大都市總計に等しい印刷能力ありと二階堂氏の調査に示されてある。災後出版業の中心は東京を去つて大阪に移るなどと慌てたことを揚言《ヨウゲン》した人々に之れを聞かせたなら、何と云ふであらうか。兎《ト》に角《カク》この狀態の下に、稍《ヤヤ》遠

き將來はイザ知らず、今直ちに印刷工の罹災者を他地方へ移轉せしめることは不可能と云はざるを得ぬのである。

六

復興院とかでは、罹災者の救護はソツチ除けで、やれ幹線道路の、地下鐵道の、公園のと、風袋計畫に沒頭し、肝腎要めの人民を殆んど眼中に置かず、白紙地圖の上に筋を引張つて得意になつて居るさうである。又失業者問題を論ずる人の中には否其多數は、東京市民は如何《イカ》にして活きて居るかの無形の組立てを全く眼中に置かず、北海道や滿洲を拓殖するやうな白紙計畫に憂身《ウキミ》をやつして居る。國立工場を作つて授產せよなどと云ふのは其適切な一例である。國立工場なるものは、佛蘭西《フランス》で有名な失敗の歴史を殘して居るきりで、未《イズ》だ何れの國に於ても成就したためしはない。強て求むれば英吉利《イギリス》のアームス・ハウス（三）であらうが、其れが如何《イカ》なる失態を以つて終つたかは、私が茲《ココ》に繰返す可《ベ》く餘りに著名な事實である。併《シカ》し默つて捨てゝ置くと、今に又職業院とか職業審議會とか云ふやうなものが出來るかも知れない。私は極力其樣《ヨウ》な愚案に反對せざるを得ざるものである。

今日の經濟生活は何百年の發展行程を經て出來上つた一の流通經濟の組織によつて支へられ、活動して居るものである。其發動の態《テイ》は流通であり、其心的動機は營利である。此れには無論幾多の弊害はある、然《シカ》し今日俄《ニワ》かに之を廢すれば、今日の發達した我々の經濟生活は、之れを營み之れを發展せしむることは出來ないのである。

而《シカ》して此の營利的經濟生活は、流通網を絕ゑ《エ》ず流れて居る經濟流によつて動力を供給せられて居るものである。電車を動かす電流が電線網によつて傳へられて居るのと同じ事である。此網なくば此流を傳へることは出來ず、此流を傳ふるにあらざれば今日の經濟生活は維持せられ得ないのである。大災は有形の建物を燒盡したと共に、此の經濟網を多くの點に於いてズタ〳〵に絶ち切つた。然《シカ》し全滅せしめたのではない。ズタ〳〵に絶切られた經濟網を其儘《ソノママ》に捨て置いて、失業者の救濟法をイクラ案出しても、其れは駄目な事である。今日世上に顯《アラ》はるゝ救濟法の多くは、電線網を恢復《カイフク》せずして、手押し車を東京市の交通機關としようとするが如きものである。

ツイ先日迄品川から上野、淺草に到る大通りを馬力車の乘合が營業して居て、品川から上野まで十三貫呉《ク》れの、日本橋から淺草迄五貫よこせのとわめいて居た。今日の失業救濟案は之れよりも猶《ナオ》幼稚にして劣れるものである。馬力時代には日暮れ近くなると、我々は急いで山の手の繁華町に逃げ歸るを餘儀なくされた今日でも京橋日本橋の隅の方や深川本所等は日が暮れると、狸でも出さうに寂しい今日の様《ヨウ》な失業救濟案では氣の利いた失業者は、一日も早く東京を逃げ出すことを考へなければなるまい。

私は主張する。今日の失業問題は平日の其れとは事態著しく異る。失業者追拂ひ主義の救濟法では駄目である。

否、失業丈《ダ》けを問題として居ては、迚《トテ》も解決が就《ツ》かない、救濟々々と騷ぎ立てる暇に我々は、如何《イカニ》して、一日も早く、東京の經濟生活を再び生かしむべき流通網を恢復《カイフク》し、之れに經濟流を通ずべきかと考へなくてはならぬ。其れは、必ずしも復舊ではない。東京がまさに有す可《ベ》き經濟的活動、東京市民凡《スベ》てに與《アタ》へられるべき、營生《エイセイ》の機會（エルヴエルプス・ゲレーゲンハイト）を急速に復興することこれである。營生《エイセイ》の機會が適當に恢復《カイフク》せられるに非《アラ》ざる限り、右の種類分けをした様《ヨウ》な各種の失業者の大多數を救濟すべき名案は、決して案出せられ得可《ベ》きでない。東京の失業者を救ふ者は、大阪ではない、神戸ではない、南米でもない、支那でも、米國でもない。東京を救ふ可《ベ》き者は、主として東京でなければならぬ。東京の失業者は東京に復興する營生《エイセイ》の機會によつて、詳しく云へば東京に普《アマネ》く引かるゝ、經濟網を傳はる東京の經濟動力によつてのみ、主として救濟せられる。東京の失業者に授產する者は、政府の國立工場ではない、慈善家の義捐金でもない、東京の經濟生活其ものである。東京の經濟生活が與《アタ》ふる營生《エイセイ》の機會其ものであらねばならぬ。

七

私は火災保險の問題を主として此點から觀察せんとするものである。何んとなれば、火災保險金の支拂は、兎《ト》に角《カク》今端的に、東京の經濟網復興に最も手近な出發點を與《アタ》ふるものであるからである。私は民法、商法の解釋論として、地震免責特約條款が無效《ムコウ》なりと主張する議論は、到底成立せぬものと見て居る。畏友《イユウ》花岡博士は、商法によつて、其成立可能を極力主張して居られるが、假りに其れが成立するとしても、其れは必ず長期に渉《ワタ》る訴訟を要し、罹災者の復興に間に合はぬ。訴訟に勝つて保險金が貰へる頃には、去る可《ベ》き營生《エイセイ》の機會は疾《ハヤ》くに去り、餓と寒さに惱める人々は、或は死去り、或は離散して仕舞つて居るのであらう。其では何にもならぬ。火災保險金支拂は、今急速に行はれゝばこそ囘生起死の神效《シンコウ》があるのである。後れては、其效《コウ》はない。十萬を數ふる失業雇傭者は、彼等を雇傭し彼等に營生《エイセイ》の機會を供給する雇主を要する。其雇主の復興には、此際火災保險金支拂復興資金の貸付も無論であるは甚《ハナハ》だ有效《コウ》有力である。世には保險をかける樣《ヨウ》な人々は、有產階級、ブル階級に屬する。其の救濟に國家が力を用ゐるは、階級偏倚《ヘンイ》の仕業であると主張する人もある。此れは社會が根本的に改つた後なら兎《ト》に角《カク》、今日現在の經濟生活に於ては其の根本理法を無視した僻論《ヘキロン》である。

火災保險金問題に就《ツイ》ても、數字の根據《コンキョ》なき議論が澤山に行はれる。一體支拂ふ可《ベ》き保險金額は何程なりや、的確な數字は誰れも示して吳《ク》れない。保險會社は二十三四億圓なりと云ふ。或は十九億圓と稱せらる。此れは到底支拂ふ能《アタ》はずと云ふことを威壓《イアツ》的に示すには、甚《ハナハ》だ有効であるが、其據り所は何《イズ》れにあるか一向示して吳《ク》れない。農商務省では無論調査してある可《ベ》き筈《ハズ》だが、一向之を公示しない。然《シカ》るに二階堂前統計官の推算によると、東京に於ける罹災者の保險金額は總計十億圓見當なる可《べ》しと云ふことである。今氏の推算の基く所を紹介すれば、左の通りである。數字は凡て大正九年度末調にかゝる

日本全國の契約件數	三、七九〇、七〇一件
同契約保險金高	三、四四五、〇九〇、〇〇〇圓
一件平均金高	三、二八三圓
東京市燒失家屋總數	三一五、〇〇〇戶
右全部を被保險物とし、これに全國平均高を乘ずれば	一、〇三三、五一〇、〇〇〇圓

卽ち東京市內燒失戶數全部が保險せられてあつたものとし、之れに全國の一件平均保險金高を乘ずれば十億三千三百五十一萬圓となる。

私はまた別に左の推算を試みて見た。

日本全國世帶數　一一、二二二、〇五二

に對し、右の全國保險件數を割當てゝ見ると、其割合は三割三分七厘八毛となる。今此率を東京市燒失戶數に乘ずると、被保險家屋の燒失十萬六千四百七戶となる。一戶平均一萬圓の保險を附けてあつたとすると總額十億六千四百七萬圓となるのである。

二階堂氏もまた第二の異れる推算を試みられて居られる。卽ち東京の被保險家屋總數は、全國平均よりズット多く（約二倍）約二十萬戶ありとし、一件平均保險金高も全國一件平均より多く、一件五千圓平均として見ても、矢張り

十億圓と云ふ數が出ると云ふのである。兎《ト》に角《カク》保險金額が十億圓內外（橫濱其他を約二割五分と見ると、通計十二億五千萬圓）であるのと保險會社側の云ふ樣《ヨウ》に二十三四億もあると云ふのとは、實に莫大な相違である。

ソコで、現契約と其法律的解釋とに依つては、右額の一分なりとも拂へぬものとして、私は差當り火災保險（私は一切の保險を行々は官營にす可《ベ》しと考ふるものである）の官營を卽行することを主張する。政府は四十二會社（大正九年度末現在）を悉《コトゴト》く收用す可《ベ》く、之れに對して長期無利息又は極《ゴク》低利の公債を交付す可《ベ》く其の額は會社の拂込資本（大正九年度末に於いて六千五百二十四萬圓）に限る可《ベ》しと考ふるものである。（其償却は次項公債償却後と假定する）政府は收用會社の財產（假りに之を二億內外と見る）の運用又は處分、並びに向後《コウゴ》の官營保險利益を以つて、元利償却に充つ可《ベ》き一の特別會計を設け、被保險者には五分利公債を交付して保險金の支拂に充つ可《ベ》しと思ふ。假りに收用財產は問題外に置き、單に從來の保險利益を以つて元利償却に充つるものとして計算して見るに、帝國統計年鑑によれば、大正九年度に於いて四十二會社總計左の如くである。

收入		支出		差引總利益
保險料	七三、八一一、八六九	保險金	二二、六七四、一〇一	
利息	五、一九四、〇三九	保險金以外の契約金	三、六九六、七三二	
其他	二八、五一一、七三〇	營業費	一九、四三四、五七五	
		其他	四〇、〇七〇、八六三	
合計	一〇七、五一七、六三八	合計	八五、八七六、二七一	二一、六四一、三六七

右の內收入は其儘《ソノママ》とし、支出の項中營業費は著しく節約し得られるかと思ふ。假りに其節約高を總額の四割强八百餘萬圓とし、從つて差引總利益高を三千萬圓とし、之れを以つて元利を何十箇年間かに償却し得る金高を以つて右の

保険金支拂の爲めに交付す可《べ》き公債總額（卽ち保険金支拂總額）とする時は何程に當るかを算出す可《べ》く、而《シカ》して其額中全國一件平均の保険金高三千二百八十三圓若《モシ》しくは二階堂氏推計の東京保険金平均五千圓迄に對しては其の全額を支拂ひ、次に、其以上の金高に對しては其の殘高を遞減按分《テイゲンアンブン》率に支拂ふこととしては如何《イカ》なものかと思ふ。假りに元金償却年數を三十年とすれば、公式

$$a=A\frac{r(1+r)^{n}}{(1+r)^{n}-1}$$

の値は

$$30=x\frac{0.05(1+0.05)^{30}}{(1+0.05)^{30}-1}$$

であるから、保険金として支拂ひ得る總額は約四億六千百萬圓となる。卽ち十二億五千萬圓の總額に對し三割六分八釐八毛の支拂が出來るわけとなるのである。

ソコデ、五千圓迄は全額を拂ふとすると、其以上に對してどれ丈《ダ》け拂へるかを知るためには十億又は十二億五千萬圓の契約高の內譯金額を知らねばならぬ。然《シカ》るに總額さへ曖昧に附せられて居る程の今日、到底其の內容などは之れを知り得る道はないから、此推計は全然不可能なことである。乍去《サリナガラ》、私は之れを悲觀しない。何となれば、タトへ五千圓以上の保険高に對して極《ゴク》少率乃至《ナイシ》は皆無が支拂れるとしても契約者の多數は、十分滿足せられるのであつて、五千圓以上の契約者は、五千圓丈《ダ》けはどの道得られるのであるから、復興資金は其れ丈《ダ》け供給せられることになるべきである。既に國家が其義務以外のことを爲す以上、タトへ其れが一般國民の負擔《フタン》となることなくとも、成る可《べ》く小なる者弱き者に十分に、大なる者多く有する者は後廻しにすることは當然である。火災保険金を國家が支拂ふ事は、

國民の膏血《コウケツ》を絞つて有產者を偏惠《ヘンケイ》するものであるとの反對論者も、私の此案を知れば、國民一般に負擔《フタン》を荷《ニナ》はしめずして支拂ふのであるから、決して反對することはあるまい。況《イワ》んや五千圓以上の契約者には全部を支拂ふのでないと云ふことを聞けば中產階級擁護の立場からして、寧《ムシ》ろ進んで贊成するに至るであらうと信ずるものである。

火災保険問題を解決する道は、國家の收用、其後の官營を措いて外に何の道もないものと私は信ずる。商業會議所などで考案した官民合同經營とか、福澤某氏の新聞に廣告した手品的なやりくり案は、到底物にならぬと私は信ずる。兩者とも其れこそ實體は小なる被保険者を利するよりも寧《ムシ》ろ富者、保険會社を庇護する結果を齎《モタラ》すものであると思ふ。政府收用により小額契約者に全部を支拂ふことは、他方に於て之れに復興資金の一部を供給し其作用として、各種の商工失業者の數を減ずるこ《コト》とになると確信する。かくて經濟生活は適當なる經濟流を與《アタ》へられることになり、失業者問題解決の上に、大なる力となる。故に私は云ふ、失業問題の解決と火災保険問題の解決とは、不可離密接の關係を有すと。

＝大正十二年十一月『エコノミスト』掲載＝

九　火災保險金問題について

火災保險金支拂問題は、如何《イカ》に解決せらるゝか、私が此稿執筆の際は何事も知ると《コト》が出來ない。然《シカ》し何時まで此問題を曖昧に附して置くわけに行かぬは明かなことであるから、恐らく此稿を載せた『改造』公刊の頃には、何とか、曲りなりの解決がつけられて居るかも知れない。私は、曲りなりと云ふ。何となれば、今の形勢では迚《トテ》も其以上の解決の附きさうな樣子《ヨウス》は見えぬから。卽ち其解決は何人をも滿足せしめず、誰人をも首肯《シュコウ》せしめ得ぬものたることは、殆んど逆睹《ギャクト》し得ることである。せめてロイド・ヂヨーヂ（一）位な政治家が日本に居たならば、多少思切つた解決をするだらうかと思ふが、今の日本には、何とも致方《イタシカタ》ないことである。乍去《サリナガラ》、私共は、決して失望せず、落膽《ラクタン》せず晩《オソ》かれ、早かれ、日本も其の當然の使命に目さむる時が來ると樂觀して居るものである。此の樂觀なくば、閑寂な學窓から時事に關する意見などを出して、空論の暴言のと徒《イタズ》らに世人の嘲笑を招くに甘んずる勇氣は、迚《トテ》も持ち能《アタ》はぬのである。

火災保險金問題に關して、色々な議論を聞いたが、私が最も片腹《カタハラ》痛く思ふ一の學究論は次のものである。曰く、火災保險の被保險者は、會社と契約を結んで保險を附けたのである。而《シカ》して、其契約には、地震による火災の損害は塡補《テンポ》せずと明記してある。然《シカ》るに今地震による火災放火によるものは、無論問題外の損害の塡補《テンポ》を求むるは、謂《イワ》れなきことで、會社は無論支拂ふ義務はない。而《シカ》して國家が之れに支拂を爲す可《べ》きわけもない。何となれば被保險者は何《イズ》れも有產者である。無產者も均しく負擔《フタン》する國家の歳入の一部を割いて、有產者が、契約上何等權利なきもの、支拂を受けんとするものを援助するのは、不當不法である。若《モ》し何分かの支拂を爲すに非《アラ》ずんば、問題の納《オサマ》りが付かないと云ふのなら、唯一途あり、卽ち會社の德義心と其誠意とに訴へて、幾割かの金を見舞金として支拂はしむる是れのみであると。此議論は、愼重、冷靜な而《シカ》して情理兼備な立論を好む人々によつて唱へられて利害關係なきか、よしあつても、其れが爲めに判斷を誤られることなき、公正な人々を首肯《シュコウ》せしむるに足るかの樣《ヨウ》に見える。

私も、現存の契約によつては、會社に支拂の義務なきことは之れを認めざるを得ずと信ずるものであつて、花岡博士等の主張せらるゝ商法四一九條解釋論は、法律解釋論として、殊《コト》に現存契約解釋論として、到底成立せぬものと考へる。よし成立するにしても、それは長い訴訟の結果に待たねばならず、所謂《イワユル》理窟に勝つて、實行に負けることになる外はあるまいと信ずる。乍然《シカシナガラ》、私は、以上の健全常識論者に問ひたい。若《モ》し、火災保險契約は儼《ゲン》として存するから、會社も國家も、道德上は兎《ト》に角《カク》、道理上保險金を支拂ふ可《ベ》きものでないとしたならば、今日の所謂《イワユル》勞働爭議を如何《イカニ》するつもりであるか。勞働も亦《マ》た雇傭契約と稱する一の契約によるものである。雇主が明かに契約違反のことをすれば、其れは契約違反として法廷に於て爭へばいゝではないか。其以外に、勞働爭議を起すのは、不當不法のことであると云はねばならぬわけとならうと。乍去《サリナガラ》、其んな馬鹿げた話はない。然《シカ》らずんば、國家が勞働保護をするのも不當のこと、云はなければならなくならう。勞働者は國民の一部に過ぎない。殊《コト》に主として勞働爭議の主人となる工業勞働者は、全日本人口の何分の一にしか當らない少數者である。然《シカ》るに此一部少數者の爲めに、全國民の負擔《フタン》する國費中より經費を出して、種々なる社會政策的施設をするのは不都合なことであると云はねばならぬことにならう。世豈《セカイ》に此《カ》くの如き沒理《ボツリ》の主張あらんや。社會政策は勞働者のみの爲めに、無產者のみの爲めにするものではない。社會政策とは、社會全體の幸福の爲めに必要なることを、其の直接關係者が少數であらうとも、多數であらうとも國家が施設することの謂《イワレ》である。殊《コト》に現在の勞働雇傭契約なるものは、契約の名あつて其實なきものであるから、私法の及ばざる所を、公法の手段によつて救濟するのである。契約と云ふ名がありさへすれば、而《シカ》して、其の當事者が全く無産者なるにあらざれば、國家は一切無干渉無關係たる可《べ》しと云ふ理は、果して那邊《ナヘン》に存するのか。

殊《コト》に、私を以つて見れば、實に馬鹿々々しくて、殆んど問題とする價値のない議論は、會社の徳義心とか誠意とかに訴へて何分の支拂をせしめよと云ふ論之れである。就中《ナカンズク》、勞働問題に就《ツ》いて、溫情主義とか主從關係とかを高唱する論を晒《サラ》ふ人々から、今火災保險問題に就《ツ》いて此の徳義心論を聞くに至つては、笑止千萬なことである。如何《イカ》に、御座なり論が無難無事であるとは云へ、此れは又た曲學阿世《キョクガクアセイ》も甚だしいのである。道理上一文も支拂ふ義務なしとする會社に、營利會社たる資本主義保險會社に、タトへ一分でも二分でも、道徳的支拂をせよと要求するとは、馬鹿らしいも程があるではないか。彼等會社は舌を出して云ふであらう。オ、道徳的にして人道的なる學者諸君よ、諸君によつて、我々の支拂義務なきことが裏書せられるとは、何たる不思議の因緣ぞや。乍去《サナガラ》、諸君は知るであらう英人の諺を、曰く、ビジネス・イズ・ビジネスと！

私は、花岡博士主張の商法四一九條論には、法律解釋論としては、無理があることを認める。乍去《サリナガラ》、其れと共に契約の實質から見るとき、之れを法律の狹い眼で見ず、廣く人間生存の立場から見るときは、博士の主張は其れとして牢乎《ロウコ》として拔く可《べ》からざる鐵案《テツアン》なりと確信するものである。乍去《サリナガラ》、今日の低く狹い法律の天地には、其の鐵案《テツアン》は到底容れらる可《べ》くもないと認むる外はないのである。

（一）法律解釋上、會社に支拂を要求すること出來ず、（二）國家には、直接何等の義務のないこと明なる以上は、問題の解決は次の三の何《イズ》れか一による外はない。（一）問題全部の放擲《ホウテキ》。卽ち今回の罹災者は放火によるものなること明かなるものは別として一切一文も支拂ひを受けず、國家も亦《マタ》何等措置するを要せずとすること。（二）會社側に於ける施設を國家が援助するによる解決、官民合同組織か、再保險會社設立何《イズ》れも其れである。（三）火災保險官營。是れである。會社の徳義心に訴へて何分か出させ、兼て國家が若干補修をすると云ふ案は、二つの不合理を合併することである。而《シカ》して其れが恐らく、現に實行せられる解決法らしく思はれる。是れ私が極力非なりとして排斥する最不合理的、最姑息《モットモコソク》的解決法である。(一)會社は義務なきものを支拂はしめられ、國家は、一般国民に負擔《フタン》を課して國民の一部に過ざる被保險者を特惠するの無理を敢《アエ》てし、(二)而《シカ》して、支拂を受たる被保險者は決して滿足せず、所謂《イワユル》八方塞りとは、此案の如きを指して云ふのであらう。若《モ》しも此れが實行せらるれば 而《シカ》して十の七八、左様であらう 私は其れを無茶苦茶の跋扈《バッコ》として痛歎《ツウタン》せずに措かれないのである。

合理的なる解決二案の中、會社側に於ける施設を國家が援助することは、資本主義の弊害を助長するのみで、其害は、其れが、與《アタ》ふる若干の利益に倍するものあることは、殆んど多言を要せざることである。福澤某氏の立案の如き、商業會議所の案なりと世上に傳へられるものゝ如き何《イズ》れも然《シカ》りである、但し以上は、今日まで世間に公けにせられたものに就《ツ》いて言ふことで、別に新案あつて、會社側を發動者とし、其の德義とか誠意とか云ふやうな得體《エタイ》の知れない曖昧なものを賴りにせず、何處迄も營利會社としての立場から合理的の立案を爲さしめ、國家が此れに適當にして合理合法的なる援助を爲すことによつて、此問題を解決し得る見込が確立するならば、私は暫行《ザンコウ》方法としては、必ずしも其れに反對するものではない。乍去《サリナガラ》、私は恐る、其れは殆んど不可能なことであらう。而《シカ》して合理、合法の假面の下に、會社特惠、財產階級庇護が實行せられる結果に陥る外はあるまいと。

此《カ》くの如き懸念なき唯一の合理的解決法は、即時火災保險會社を收用して、其の營業を國營とする之れである。私は十月八日、十一日及び同十五日の『二十三日會』(二)に於いて、此議を主張した。左は其の時の批評によつて第六項を修正した私の案の梗概《コウガイ》である。

火災保險金支拂問題處理案（數字は凡て第四十一回日本帝國統計年鑑大正九年度分による）

（一）政府は即時四十二の火災保険會社を收用して、火災保険業を官營とす。
（二）現契約履行の義務は政府之れを承繼し、會社財産は一切之れを收用す。
（三）政府は收用せる四十二會社の財産約二億圓を基金とし、火災保険特別會計を立つ。
（四）右特別會計は基金を運用又は處理し、並に火災保険利益金を基收入とす。
（五）火災保険の經營は、差當り現會社の經營は其儘《ソノママ》承繼し、社員は不必要のものを除くの外全部之れを任用す。
（六）政府は會社收用に對し四十二會社通計

拂込資本額　六五、二四〇、〇〇〇圓

に對し、公債（三十箇年据置、但し隨時其以前の償還を保留す）を發行して、之れを各會社に交付して收用代金とす

（七）右以外政府は會社に對して何等の賠償を交付せず。
（八）政府は今回の大震災の燒失したる家屋動産の被保険者に保険金を支拂ふ。其方法左の如し。

政府支拂金總額　四六一、〇〇〇、〇〇〇圓

内

五千圓迄の保険金　全額支拂

五千一圓以上の保険金　遞減按分率《テイゲンアンブン》による

但し右五千圓は之れを全國平均額三千二百八十三圓に止むるも一案ならん。
（九）支拂は五分利付公債を以つて之れに充つ。
（十）右公債の元利償却案左の如し。

大正九年度末報告による四十二會社收支計算

收入	円
保険料	七三、八一一、八六九
利息	五、一九四、〇三九
其他	二八、五一一、七三〇
合計	一〇七、五一七、六三八
支出	円
保険金	二二、六七四、一〇一
保険金以外契約金	三、六九六、七三二
營業費	一九、四三四、五七五
其他	四〇、〇七〇、八六三
合計	八五、八七六、二七一
差引總利益	二一、六四一、三六七

右の内收入は當分其儘《ソノママ》と假定し、支出に於て營業費及其他中より八百餘萬圓を節約することは易々《イイ》たる可《ベ》し。

仍《ヨッ》て一箇年總利益高概算　三〇、〇〇〇、〇〇〇圓とし、此を以て三十箇年に元利を償還するものとす。

式左の如し

$$a=A\frac{r(1+r)^{n}}{(1+r)^{n}-1}$$

年限を三十箇年、利率を五分とするにより

$$30=x\frac{0.05(1+0.05)^{30}}{(1+0.05)^{30}-1}$$

仍《ヨッ》て三千萬圓を以て三十箇年間に五分利付公債の元利を償還し得可《べ》き金額は四億六千百萬圓となり保險金總額推定十二億五千萬圓（第十一項を見よ）に對し三割六分八厘八毛を支拂ひ得ることゝなる。

（十二）右支拂ふ可《べ》き保險金總額の推定は

A　二階堂氏推定額　一、〇三三、五一〇、〇〇〇圓

B　福田推定額　一、〇六四、〇七〇、〇〇〇圓

福田推定の方法左の如し。

1　日本全國世帶數　一一、二二二、〇五三戸

2　全國保險契約件數　三、七九〇、七〇一件

3　保險契約百分率　三三・七八％

4　東京市焼失家屋數　三一五、〇〇〇戸

5　東京市契約推定件數（4に3を乘ず）　一〇六、四〇七戸

6　一戸平均保險金額を一萬圓とするときは總契約金高

一、〇六四、〇七〇、〇〇〇圓

を得るなり

C　十月十二日發表火災保險協會調査の契約金額

一、〇一八、四〇〇、九六一圓

仍《ヨツ》て概數を　一、〇〇〇、〇〇〇、〇〇〇圓

とす。

東京以外の契約高を東京の二割五分と推定す

二五〇、〇〇〇、〇〇〇圓

通　計　一、二五〇、〇〇〇、〇〇〇圓

十二億五千萬円となる。火災保險協會は總額十八億九千萬圓と公表したれども、之は疑ふ可《べ》し。神奈川縣のみを東京の四割とみるが如き常識上首肯《シュコウ》し難し。

（十二）右火災保險收用並に官營案は、無論一切の保險業官營の第一着歩として考案せるものとす。

（十三）會社收用代金の元利償還は易々《イイ》たる可《べ》し、此點別に考案す。

外國火災保險會社の始末亦《マタ》同じ。

附　十月十八日萬朝報《ヨロズチヨウホウ》掲載。二階堂氏の文に寄れば同氏は横濱の火災保險金總額を東京の二割其他の罹災地のを五分と推定せらる。是れ福田第十一項の推定總額二割五分と全く同じ、余は其の推定の同じきを見て滿足するものなり。

私は別に、一切の保險業の官營、貯蓄機關の官營を以て、復興資金の作り出しに緊要《キンヨウ》なりと信ずるものである。差し當り、火災保險と同時に生命保險をも官營とし、郵便貯金の最高額二千圓を引上げて五千圓若《モシ》くは其以上と《コト》するとの急要なるを主張する。而《シカ》して其等に就《ツイ》て、何《イズ》れ機を得て、卑見《ヒケン》を陳述したいと思つて居る。（十二・十・十八稿）

＝大正十二年十一月『改造』掲載＝

十　失業問題の數的考察

震災による失業者の數が甚《ハナハ》だ多かるべきこと、其の救濟は焦眉《ショウビ》の急を要することであることは、誰も之を認める所であらう。然《シカ》しながら、其總數が實際何程に上り、其れに與《アタ》ふべき職業の種類は如何《イカ》なるものであり、各職業種類に按排《アンバイ》せらるべき失業者それ〴〵の數は何程であるか、又た一般の副業と殊《コト》に婦人の內職との希望者數は如何《イカ》程で、其の種類はどうなるべきや、今日の處《トコロ》一向適確な調査が試みられて居ない。私は十一月一日發行の『エコノミスト』誌上に、此の大缺點を指摘し、兼て自分の力の及ぶ限りの推計を試みて見た。前段八に其文を收む然《シカ》る所以《ユエン》は、此等の事項にして、何分なりとも事實に近く整頓せられた上でなければ、失業者救濟の對案を立つ可《ベ》き方針が全く得られないからである。

我邦の人は、誠に數字嫌ひな國民と見えて、問題起る每に、机上の想像論を以て、色々な意見を吐くことに急で、節を屈して、先《マ》づ事實の眞相如何《イカン》を綿密に客観的に調査する勞を執ることを好まない。政治家といはず、實業家といはず、概《オオム》ね其類であつて、實際家ほど却《カエッ》てより多く空論家であるといふ珍奇な現象を屢々《シバシバ》見受けるのである。目下の大問題たる火災保險金支拂問題に就《ツイ》ても、會社側が保險金總額二十三四億圓だと呼號したのを輕信して、其眞相其內容などを一向精査しようとしない。二階堂氏一人あつて、其は甚《ハナハダ》しい誇張である、東京市內の保險高は十億圓內外なる可《ベ》しと指摘せられたので、會社側も反省する所あつたか、現實の數字を十月十二日になつてやつと公表したが、それは卽ち二階堂氏の推算せられた金高と誠に相近いものであつた。一人の篤學《トクガク》なる統計學者よく民衆を正しい道に導くことが出來たのであるが、滔々《トウトウ》たる論客、實業家、學者、政治家は、この點に就《ツ》いて何事もなさなかつた。

殊《コト》に火災保險問題を論議する學者の大多數は花岡博士は卓越した除外例である契約神聖論一點張りで、地震の當日に於いて既に保險金は一文もとれないと他人に教えて置いたなどと自慢したり、甚《ハナハダ》しいのになると、ドイツ人の何某氏が地震官營保險を立案してあるのを、自分の手柄の樣《ヨウ》に吹聽したり、目前の火保問題の解決に、何等の解決をも與《アタ》へ得ない雜談を誇り顔に公表する學究先生などは、箒ではくほどあるが、十億圓の保險金の內容、殊《コト》に小額保險者と大額保險者との割合が如何《イカガ》なつて居るかの重大事項すら、今日未だ一向確知せられて居ないのである。失業者問題に至つては、更らに甚《ハナハダ》しい、某重要當局は、東京の失業者は二十五萬人を算すなどと云つて居るが、そんな數はどうして算出せられ得るか一向說いて居ない。勞働運動の先覺者たる某氏さへ日本勞働總同盟の調査なりとして、失業者總數三萬三千五百七十四人だと公表せられた。二十五萬も亂暴だが三萬三千に至ては、實に御話にならぬ暴算といはねばならぬ。幸ひ東京市役所では、去る十一月十五日現在について、大規模な罹災者調査を施行したといふから、其調査の結果が適當に擧れば、此處に我々は始めて精確に近い失業者數と其の職業別とを預り知ることを得るわけである。

二

然《シカ》しながら市勢調査や國勢調査の集計行程の經驗に徵すると、右の結果が公けにせらるゝは、果して何時の事であらうか、或ひは喧嘩過ぎての棒ちぎりとなるのではあるまいかと懸念せられる。去る大正九年の国勢調査の結果は、東京市に就《ツ》いては幸ひ當局非常の努力と勉強の御蔭で、本年三月までに浩瀚《コウカン》な報告六冊の刊行を完了したが、日本全國に就《ツ》いては、未だ『速報』といふ短篇の外何物も公けにせられたのを聞かないのである。此の割合で十一月十五日調査の結果が今から三年後にでもなつて公けにせられる次第であると、餓死すべき人は大抵死んで仕舞つて、何回目かの命日に相當することになるかも知れない。センサス（一）としては其れでも宜しいであらうし、また已《ヤ》むを得ぬことではあるが、東京市の罹災者調査はセンサスの材料を得る爲めよりも、寧《ムシ》ろ目前の失業者、また並びに一般罹災者救護の資料を得る爲であらうし、又た左様なくてはならぬのであるから、其結果は至急公けにすべき筈《ハズ》のものである。此の點に對して果して如何《イカ》なる用意があつたか、私は預り知ることを得ないが、其の配布せられた調査用紙を一見した處《トコロ》では、殆んど何等の用意の跡を認むることが出來ないのである。彼の用紙の樣《ヨウ》なものを用ひては集計の際非常の手間を要することであらうと思ふ。更らに又た其の調査の方法、調査事項の排列などを拜見すると、私は彼の調査は恐らく十の八九、全然失敗に終り、二度やり直しをするか、然《シカ》らざれば全く廢棄するか、二つの一を選ばなければならぬ仕儀となりはせぬかと懸念しつゝあるものである。內閣統計局の某々氏等は此事を豫《アラカジ》め慮《オモンパカ》つて注意をせられたとか聞くが、一向其の利目がなかつたようなるは、甚《ハナハ》だ殘念な次第である。

　十五日調査の實狀を色々傳聞した所では、調べる人も調べられる人も、何が何やらサツパリ分らず、隨分甚《ハナハダ》しい誤《ゴ》謬《ビュウ》を其の儘《ママ》記入したようである。殊《コト》に失業といふことの意味が徹底して居らないように思ふ、從つてその結果として出て來る失業者數なるものは、余程妙なものとなりはせぬか、果して然《シカ》らば、それは無用と云はんよりも寧《ムシ》ろ有害となるかも知れないと思ふのである。此文を公けにして後數週、果して新聞紙に此調査は甚《ハナハダ》しい杜撰《ズサン》なりとの非難喧しいことが報ぜられてあつた。事實は果して如何《イカガ》であらうか　然《シカ》る所以《ユエン》は、避難者は其日その日生計を立てゝ、行かねばならぬものであるから、可能なる限りは、何等かの職業を見出しこれを營むものである。日に數百圓の利益をあげる商賣をして居た人が、今スイトン屋（二）をやつてゐるからとて、此れを完全なる有業者と數へるなどは、甚《ハナハ》だ誤つた計數を産み出す外はない。今日の失業は平生《ヘイゼイ》の失業とは、事態甚《ハナハダ》しく異なるのであつて、從つて其取扱は、決して平生《ヘイゼイ》のいはゆる失業者の取扱と同一筆法に出でてはならぬのである。平日の失業は一の經濟的、又社會的現象たるに止るが、今日の失業は獨りそれに止まらないのである、其性質に於いても、また其範圍の廣さに於いても、非常に相違の存するものである。

　私は東京市役所の調査立案者が、これ等の點に對して、果して如何《イカ》程の考慮を用ゐたかを深き疑惑の眼を以つて見ることを禁じ得ないものである。私は切に此の調査が違算なく施行せられて、焦眉《シヨウビ》の大問題たる失業者救濟に確實な資料を一日も早く提供するに至らんことを、神に念じて希《ネガ》ひつゝあるものである。私共が集團バラックを實査した經驗によると、避難者等は、調査中毒に陷つて居る。何回も何回も調査々々と各種の人々が來襲するが、一向調査の爲めに惠を被《コウム》らない、所持の布團の數などを追及的に尋問して行くのに、さて配給の實績如何といへば、布團のフの字の影さへ見せないと喞《カコ》つ人が少からずあつた。其他ヤレ所持金がイクラあるの、親類は何人あるのと、人の秘密を發《アバ》き立てゝ、其結果は一もないと怒つて居た人もあつた。殊《コト》にひどいのは、夜の十時過に寢て居る處《トコロ》を叩き起して調査用紙を前に、男や女の學生が、不得要領の詰問をしたとて、モー調査員は眞平、强ひて調べるといふなら叩き出すぞと叱り飛ばされたこともある、心ない調査騷ぎにも程のあつたものである。

三

　閑話休題、右にいふ大規模の調査の結果が公にせられない今日に於て、失業者問題を出來るだけ事實に近く考慮しようとするには、推計を用ゐる外に道はないのである。恰《アタ》かも火保會社が調査未了と稱して、保險金額を公表しない間に於いて、二階堂氏が出來るだけの資料を蒐《アツ》めて、一の推定を試みられた如くにする外はないのである。私は去る十一月一日發行の『エコノミスト』誌上に、當時十月十二日執筆私の入手し得る限りの材料について失業者の總數と其の分類とについて、一の推算を試みて置いた。前段八それは誠に不充分なものであることは、私の自ら覺悟して居た處《トコロ》であるが、兎《ト》に角《カク》、其の結果として、私は、東京市内外に現住する失業者の總數は十萬乃至《ナイシ》十一萬五千人であらう、而《シカ》して其中工業失業者の數は、六萬乃至《ナイシ》六萬七千人位で、商業失業者數は、三萬三千人位であらうと推定して置いたのである。又た工業に就《ツ》いては十種類に分類した推定數も出して見た。ところが、其後東京市社會教育課で商大學生に市營バラック收容者の職業調査を依頼し來り、學生は私に應援を求めたから、去十一月二日から十日まで八ケ所のバラツクと馬場先のテント村と計九ケ所について百名ばかりの學生を數班に分けて、實地踏査をした。結果を第一回集計表として此の程公けにして置いた。

もとより學生の獨力で施行したことで、市役所から一錢の經費も貰はず、調査用紙を自費で買入れ、其印刷も亦《マ》た學生自ら此れに當るといふ次第であるから、甚《ハナハ》だ不充分なものであるに相違ない。たゞ學生諸子等の熱心と努力とによつて、兎《ト》に角《カク》三萬七千人について調査した結果を有業者票、求職者票に書き入れ自計式によらず他計式により、また票を用ゐたのは集計を出來るだけ迅速に完了して、當面の參考資料を得たいと思つたからであるたのである。

其集計も無論學生自らこれに當つたのであるが、其際、（一）完全有業（二）轉業（三）失業（四）新求職（五）新有業を嚴密に査計することをつとめた。完全有業者とは、震災前と全く同一の職業を有する人をいひ、轉業者とは災前と異る職業を營む人をいひ、災前職業を有して居て現在何等の職業をも有《モ》たぬ人を失業者とし、災前無業者であつて、今日新たに職を求むる人を新求職者、同樣《ドウヨウ》災前無業者であつて、災後新たに職業を有《モ》つ人を新有業者として、分別することにしたのである。更に轉業者については、現在業種を各特色あるものに從つて分類するつもりである。

私は右の結果、（一）有業率（二）失業率（三）有業者扶養者率などを算出して見て、それを東京市内外現在の避難者總數に對比して、それぞれの總數を推算し、兼て失業者の職業分類に分けて、各業の失業者數を推算して見たのである。

四

右の結果、私は、東京市の內外（大東京區域內）に現住する失業者の總數を十一萬二千ばかりと推定した。此の數は『エコノミスト』に掲げた數とは、全く異る根據《コンキョ》から得たものであるけれども、兩數殆んど一致して居るのは、私の甚《ハナハ》だ心強く感ずる所であつて、恐らく此れが事實にかなり接近した數であらうと私は考ふるものである。同じくこの總數を業別にするために、學生踏査の結果得た各職業の失業率によつて算出して見た處《トコロ》、工業失業者六萬五百人、商業失業者三萬二千九百人、交通業（通信、運輸）失業者三千六百人、公務、自由業失業者三千人といふ結果を得た。此れ又た前回の推計と殆んど一致して居るのである。私が机上で得た數字と僅《ワズ》かではあるが、實地踏査の結果得た數字と、かく接近して居ることを見出したのは、有難いこと、思ふ。而《シカ》してそれは、恐らく事實を距《ヘダテ》る餘り遠からざるものではないかとの自信を私に强めしめるのである。

右十一萬餘といふのは、現實の有業者にして目下失業狀態にあるもの丶數であつて、これを最狹義に於ける失業者と名づけて宜しいのである。これ等の失業者は單身者もあるが多くは家族持であつて、何人かの人々は災前に於いてこれ等失業者によつて養はれて居たのである。其の總計は、これを間接失業者と看做《ミナ》すべきである。何となれば、世帶主が失業狀態にある以上、其被扶養者は生計の便りを新たに見出すに非ざる限り、扶養者と共に飢餓の狀にあるものと見なければならないから。そこで其の總數は、如何《イカ》程に上るかと推計して見る方法は、現に各バラツクに住む總人員を災前の有業者數によつて除した率を見出し、其の率を失業者數に乘ずるにある。其の率は有業者一人に對するバラツク收容總數人員の平均人数二・七二五人である。換言すれば、一人の有業者は更らに一・七二五人を扶養して居たのである。そこで十一萬二千餘人に此率を乘ずると、三十萬六千人といふ數を得る。此れが失業者及其扶養者（直接及間接の失業者）總數であつて、今東京市の內外には三十萬六千人といふ多數の人が、其日々の生計を支ふべき道を失つて居る次第となるのである。

五

狹義の失業者に對して廣義の失業者がある。廣義の失業者は或は此れを準失業者とも失業候補者とも名づけ得るかと思ふ。それ等の人々は（一）今現に何か職業は持つて居るが、それは災前の職業其ものでなく、多くは已《ヤ》むを得ず臨時手當り任せに有り付いた職業を營んで居るもの、これを私は轉業者と名づけた。雜貨店の主人がスイトン屋になつたり、旋盤工が燒跡片づけ人夫になつたり、會社の社長が繪ハガキ屋になつたり、其例は實に澤山ある。これ等の中には明日が日にも失業者となり得る危險狀態にあるものが多い。たとへ失業者とはならずとも、現在の收入甚《ハナハ》だ少く、到底十分の生計を立てることが出來ないものもある。殊《コト》に此の頃の樣《ヨウ》に露店追拂ひが勵行《レイコウ》せられると、これら轉業者中から失業者が續出する恐れがある。（二）災前には何等の職業を有して居なかつたもので今も尙職業を有《モ》つて居らぬが、それでは生きて行かれないから、何か身に相應した職業（本業なり副業なり）を得んとする、所謂《イワユル》新求職者がある。これ等の人々の中には、從來營利行爲を營まなかつたものであるから、新たに職を求めても容易にこれを得ることが出來ないで、その生存は痛く危險の狀にある人もある。私は（一）を失業の第一候補者とし、（二）を第二候補者として、共に廣義の失業者と見なすべきではあるまいかと思ふものである。然《シカ》し其の總數は、前の推計法を用ゆると、第一候補者數九萬二千人、第二候補者數五萬五千人となるので、合せて十四萬七千人となるが、郊外の避難者や親戚への避難者は、バラック收容者とは、大分狀態を異にするから其割合は或は低く見積らなければなるまいかと思ふ。よつて假りに其七割を實數なりとすると、總數約十萬人となり、其被扶養者を合算すると二十七萬二千五百人となる。前の直接並に間接失業者總數卅萬六千人をこれに合算すると、無慮《ムリヨ》五十七萬八千五百人となる。七割に見積らなければ、總數は、實に七十萬六千人となる 此の數は廣い意義に於ける生計困難者の總數であつて、罹災市民總數百六十一萬二千人と報ぜられて居るから、其比例を求めると約三割六分に當るのである。罹災者總體の三割六分が直接または間接に、又た狹き或は廣き意味に於いて、罹災の爲めに、其生存を多かれ少なかれ脅かされつゝあるものと云ひ得るのである。從つて復興事業の第一着手として、當局者が絶えず念頭におく可《ベ》き人々の總數は六十萬人乃至《ナイシ》七十萬人と覺悟して貰はねばならぬのであつて、實に容易ならざる事態であるのである。

私は直接失業者の總數を十一萬餘と推定した。然《シカ》らば其人々は如何《イカ》なる職業に分布せられて居るか、これは失業者救濟を案ずるにあたつて、甚《ハナハ》だ大なる意義を有する問題である。單に總數十一萬餘とばかりでは、如何《イカ》なる對案を必要とするかを決す可《ベ》き便りが全く缺けて居るのである。失業者には手當り任せに如何《イカ》なる業でも與《アタ》へさへすれば宜しいと思ふのは、大なる間違である。否それは寧《ムシ》ろ有害な考へ方である。各失業者はそれ〴〵に職業上の適性や熟練や訓練といふ無形の資本をもつて居る、此無形の資本を活用することは、救濟の實行を著しく可能ならしめる、其の反對に、此の無形の資本を度外に置くのは、貴き財産を滅す所以《ユエン》である。有形の資本が全滅した今日、我々は無形の資本を極度まで尊重し、これを活用するにあらざれば、失業者救濟の事を行ふことは出來ない。否日本の經濟復興には、有形の資本よりも、無形の資本に多く賴らなければならないのである。失業者の職業分類を出來るだけ事實に近く見出すといふことは、必竟するに、此の無形資本の在り處を見出すことである。

六

此の事業は失業問題の取扱ひに最とも重要の意義を有することであるにも拘《カカワ》らず、失業問題を論ずる人々の殆んど全部がこれを全く閑却《カンキャク》して居るのは慨《ナゲカ》はしい事である。從つてそれ等の議論は、いづれも空の空なる机上論たるに止る。燒跡人夫、廢艦作業、海外移住などと種々な立案があるが、それ等はいづれも失業者の職業的分布を全く無視した想像論たるのである。私は東京市役所の十一月十五日の調査が、この分類の發見に多大の資料を供すべきことを期待するものであるが、前述の樣子《ヨウス》では、それは甚《ハナハ》だ覺束《オボツカ》ないように思ふ。私は、以上述べた推計法によつて、工業失業者六萬五百、商業同三萬二千九百等と算出したが、更らにこれを職業中分類に細別して見て次の如き結果を得た（數は四捨五入し且《カ》つ余り少いものを省き、多いものから順に配列する）

（一）物品販賣業　一萬九千四百人
（二）被服、身廻品製造業　一萬七千九百人
（三）印刷、製版、製本業　一萬三千二百人
（四）旅宿、料理店、浴場、遊戯、興行業　九千七百人
（五）其他の有業者（日傭、手間取、出面取、其他の雜業）　六千人
（六）纖維工業（紡績、織物、染色、洗濯）　三千二百人
（七）運輸業（鐵道、自動車、馬車、船舶運輸、人力車夫等）　三千百人
（八）金屬工業　二千九百五十人

(九)	紙工業	二千八百五十人
(十)	機械製造業	二千七百人
	（器具製造業と合算すれば）	四千三百人
(十一)	木竹製造業	二千六百人
(十二)	媒介周旋業	千九百六十人
(十三)	土木建築業	千八百人
(十四)	飲食物製造業	千八百人
(十五)	家事使用人	千七百人
(十六)	藝術家	千七百人
(十七)	器具製造業	千六百人
(十八)	雜工業	千五百六十人
(十九)	化學工業	千五百人
(二十)	通信業	千五百人
(廿一)	官公吏雇傭	千二百人
(廿二)	皮、骨、毛製造業	千三十人

（下略）

右の數字は、市營バラック收容者に就《ツ》いて得た百分率を推定失業者總數に乘じたものに過ぎないから、實際は餘程差異の生ずべきは云ふまでもない處《トコロ》で、たゞ極《ゴ》く大體の分布の有樣を彷彿《ホウフツ》せしむるに止るものであるが、然《シカ》し多少參考の値はないでもあるまいと思ふ。

最高位にある者は、物品販賣業者で、其の數の多いのは、小賣商の失業者の多數なる事《コト》が主たる原因であるに相違ない。東京には餘りに小賣業が多過ぎる事《コト》は誰人も認むる處《トコロ》であるが、果然《カゼン》震災による失業者番附の横綱の地位を占めて居る。而《シカ》して災後の轉業者中、小賣業に轉じた割合は餘程大であるから、災後の東京はいよ〳〵甚《ハナハ》だしく小賣業者の都となつたといひ得ると思ふ。たゞ目前の救濟のことばかり考へて、なんでも業を與《アタ》へれば濟むと云ふ考なら、それでも宜しからうが、日本の經濟復興といふ大局の上から考へれば、東京が更らにより多く小賣業のパラダイスとなることは、寧《ムシ》ろ憂ふべき傾向であるといはねばなるまい。失業者救濟のことを考ふる者の先《マ》づ考慮すべきは、この一事であらう。

七

男子に就《ツ》いて第一位を占むるは物品販賣業であるが、女子に就《ツ》いて失業者數の首位を占むるは、被服品製造業で、男女兩者を通じても、これは第二位を占めて居る。女子の失業率は、バラツク調査の結果では六割三分といふ驚くべき率を示して居る、而《シカ》して被服製造業は三割弱（約半數）を占めて居るのである。果然《カゼン》女子の希望業務の首位を占めて居るものも矢張り裁縫であつた。これは甚《ハナハ》だ自然の現象で別に絮説《ジョセツ》を要すまいが、女子失業者の第二位を占むるものは、印刷、製版、製本業で、而《シカ》して男女兩者を通じて見ても、この業は、失業番附の第三位を占めて居るのである。

これに反して、狹義の工業は全體としては無論失業者の最大多數を示しては居るが、中分類別けにした各業の失業率は、以上に比べると遙かに下位にあるのである。バラツク調査中には月島といふ純工業地帶が包含せられて居るが、

其總數は少いから、全體として見ると、ズット少くなつて居る。月島の失業分類の百分率は

工　業　　七一・八四
商　業　　二・九一
其　他　　二五・二五

である。兎《ト》に角《カク》、東京全體として見ての失業者が、商業其他の工業以外の中分類に多い事だけは、疑ふべからざる事實である。失業者問題の解決にあたつては、この事實は重大の意義を有せねばならぬ。物品販賣、被服製造、印刷の三中分類だけで合計五萬人に上り、更らに右の（四）（五）（十二）（十五）（十六）（二十）（廿一）等通算すると七萬四千人ばかりとなる。殘りの三萬八千人ばかりが狹義の純工場の失業者たる勘定である。この兩者は、其間餘程異つた取扱を必要とすることはいふ迄もない。少くとも失業救濟は、これを二大部に分けて七萬四千の前者と三萬八千の後者とについて、別途の考案を要するのである。其れについての卑見《ヒケン》は、いづれ他日述ぶる折をまたねばならぬが、兎《ト》に角《カク》、以上失業者の現狀について、私が乏しい材料を出來るだけ利用して得た結果を茲《ココ》に開陳して、當面焦眉《シヨウビ》の大問題を數的に考慮せんとする人々の參考に供して置く次第である。（十二・十一・廿二）

＝大正十二年自十一月廿八日至十二月四日『報知新聞』掲載＝

十一　エコノミック・デモグラフヰーより見たる震災前の東京市

一

エコノミック・デモグラフヰー(一)、今假りに譯して『經濟民勢學』とする。經濟統計の一部でもあり、又た經濟地理の一部でもある。私は之れを主として、經濟統計の一部、否其基礎的部門として考察したいと思ふ。經濟統計は今日でも、未だ甚《ハナハ》だ發達せざるものであつて、其主要內容は如何《イカ》なるものたる可《ベ》きか、其のモルフォロギー(二)は如何《イカ》にす可《ベ》きかすら、判然とは定つて居らぬ。歴史的現實的研究を唱道《シヨウドウ》して奮起した獨逸《ドイツ》の歴史派は、經濟史の研究に就《ツイ》ては多大の貢獻を爲したと云ひ得るが、經濟統計の研究は、マイツエンを除くの外は殆んど獨立の業績を示さぬ。唯だブュヒアー(三)のフランクフルト人口の研究等が存するに過ぎない。其他は部分的に、物價、勞銀、所得等に就《ツイ》ての試みが存するに止まつて居る。有名なゲオルヒ・フォン・マイア先生の大著作(四)も、總論、人口統計、社會統計の一部分のみが完成せられた丈《ダ》けで、經濟統計に進入して居らぬ。米國の學者メーヨ・スミスの(五)『統計學と經濟學』は決して系統的の著作とは云へない。此《カ》くの如くにして、今日の經濟統計學は、僅《ワズ》かに、生産統計、物價統計、勞銀統計等に關する若干の斷片的研究を排列して、責《セキ》を塞《フサ》ぐに止まつて居る。私の見る處、此等の部門は何《イズ》れも甚《ハナハ》だ有用のものであるには相違ないが、其れは、物の統計たるに止る、而《シ》かも其物たる何《イズ》れも、今日の價格經濟を動きなきものと前提しての物たるに外ならない。價格經濟の組織が變化すれば、其等の統計研究は、單に歴史的價値を保つに止り、何等統制的權威を有《モ》たぬものとなるの外なかる可《ベ》きである。更らに、其等の物の統計は、其の依つて立つ基礎を缺くものである。物價の變動、勞銀の高低、所得の增減は、之を惹《ヒ》き起す所の人間の經濟生活によつて基礎付けられて居るものである。從つて其等の研究の前提としては、經濟する所の人間の經濟統計がなくてはならぬものである。經濟組織の變遷は、此の經濟する人間の生活態樣《タイヨウ》の變遷である。されば、現在の生活態樣《タイヨウ》を定めて置けば、起り得べき變化に對して相當の準備が與《アタ》へられるのである。經濟する人間（der wirtschaftende Mensch）の生活態樣《タイヨウ》の研究は、かくして、二樣《ヨウ》の重要な任務を有するものである。卽ち一は現在の價格經濟の經濟的捕捉（statistische Erfassung）に、其の基礎を供し、物の變動を單なる物の變動として觀察するのみに止まらず、之を人間變動の外的表徵《ヒヨウチヨウ》として補捉することを得せしめ、客觀觀察に必要なる主觀基調を授けること是れである。第二は、此の價格經濟に起り來る可《ベ》き幷《ナラビ》に遠き將來の諸變動を豫測し、之れに向つて準備する爲めの根柢を與《アタ》ふること是れである。此《カ》く二樣《ヨウ》の重大なる任務を有する經濟する人間の生活態樣《タイヨウ》の統計的研究、之れを私は名づけて、エコノミツク・デモグラフヰーと云ふのである。

二

私は、現在の統計學者（マイア先生を筆頭として）の統計學の部門分けに滿足し能《アタ》はざるものである。マイア先生は、其大著『統計學と社會學』を分けて（一）理論的總論（二）人口統計（卽ちデモグラフヰー又はデモロギー）（三）社會統計の三とし、（三）を更らに分けて道德統計、經濟統計狹義の社會統計等として居られるが、此分け方は物を本位とする分け方であつて、今日の社會科學の根本的要件たる人を本位とする分け方ではない。言ひ換れば十八世紀來傳來の分け方を殆ど其儘《ソノママ》に襲踏するものであつて、二十世紀思想の根本基調の上に築かれたものではないと思ふ。統計學を精密社會學なりとし、其研究對象を『視會群衆』(soziale Masse) なりとすることは、必ずしも不可なりとは思はないが、少しく囚《トラ》はれ過ぎた考へ方ではあるまいかと思ふ。私は、統計學の本體は、デモグラフヰー(又はデモロギー) たるヿ《コト》にありと信ずるものである。從つて統計學と社會學とは、明かに分界せられ得るし、又せられねばならぬものと思ふ。何となれば社会學は、社會其ものを社會其ものと見ての立場から觀察する學問であらねばならぬもので、之に反して統計學は、其の社會を構成する民衆を民衆としての立場から、而《シカ》して主として構成體として、lebende Masse (生きたる群衆) として觀察するものであらねばならぬと信ずるからである。從つて社會群衆の發生史的研究は全く社會學に屬して、統計學には屬せぬのである。其れと共に、社會群衆の發展史的前進併究も亦《マ》た社會學研究の對象たる可《ベ》く、之れに反して統計學は、與《アタ》へられたる社會民衆を、與《アタ》へられたる儘《ママ》に、與《アタ》へられたる狀態と生活態樣《タイヨウ》と其の運動とに就《ツイ》て觀察す可《ベ》きものであると思ふ。少くとも、デモグラフヰーと云ふ名の下に、私が解釋する所は其れであるし、其れでなければならぬものと信ずる。從つて、統計學の部門は、(一) 理論的總論に續いて、(二) 生存民勢學 Existenzdemographie として、所謂《イワユル》人口の靜態 自然的及生存的分賦による人口靜態、即ち體性別構成、年齡別構成、健康狀態別構成、家族的身分別構成 と、人口の動態 一般動態卽ち出生、死亡、移出入、發展動態卽ち結婚、離婚、疾病 等を研究する從來の人口統計學の大部分を包含す可《ベ》く、(三) 經濟民勢學 Wirtschaftsdemographie として私が茲《ココ》に考ふる所の全部を取扱ひ (四) 社會民勢學として、マイア先生の所謂《イワユル》社會統計の爾餘《ジヨ》の部分を網羅す可《ベ》きものであると考ふるものである。從來の經濟統計學は、此の (三) の經濟民勢學の一《イッ》半《パン》たるに過ぎない、而《シ》かも其の殘せる一半《イッパン》は遙かに重要の大なるものであると私は信ずる。

三

私は專門の經濟原理の研究に寸暇を剩さゞるものであるが爲めに、今日迄徒《イタズ》らに經濟民勢學構成の計劃を保有するのみで、其の Ausarbeitung（六）に從事する餘力を見出し得ないことを、甚《ハナハ》だ殘念に思ふこと久しいものである。今日の經濟學教育に於ける統計學は、繼子《ケイシ》の地位を有するに過ぎず、統計の講座を受持つ人も、努力甚《ハナハダ》不十分なるの恨なきにあらず。乍去《サリナガラ》、私の所謂《イワユル》將來の經濟學たる社會政策學の段々發達し行くに伴ひ、其の姉妹學としての統計學、デモグラフヰーとしての統計學は、前途甚《ハナハダ》多望なものとなるに相違ない。獨斷的な、精神體操術《タイソウジュツ》以上に出でない今日多くの經濟原論なるものは、來る可《ベ》き世界に於いては、必ず落伍《ラクゴ》者となるであらう。然《シカ》るとき、其地位に入れ換る可《ベ》きものは、新しい意味にての社會政策學と此デモグラフヰーとしての統計學であらねばならぬと、私は信じつゝあるものである。學者の怠慢は近き將來に於いて、大なる違算を見出すことゝなる外はあるまい。否、歐羅巴《ヨーロッパ》大戰後の經濟生活の變革は、此傾向を著しく助長せしめた。而《シカ》して更らに本年の日本關東地方の大震災は、日本に在つて學を講ずる我々に對してデモグラフヰー閑却《カンキャク》の非を痛切に感得せしめた。少くとも私は、時間に餘裕なきの故を以つて、多年の宿志《シュクシ》たるエコノミツク・デモグラフヰー研究に怠つて居たことを甚《ハナハ》だ悔ひつゝあるものである。今度東京市社會教育課が商大學生にバラツク避難者の職業調査のことを委囑せられ、學生諸子奮然決意して其任を引受けられたについて、私は指導の任を忝《カタジケノ》ふする機會を得たのは、多年の宿志《シュクシ》の一端を實現するに絶好の便宜であつた。學生數十子の實地踏査の結果は、何《イズ》れ何かの形に於て公けにせられることゝ思ふ。然《シカ》る場合には、私はバラツク收容者に於いて觀察せられ得た限りの、震災後のエコノミツク・デモグラフヰーに就《ツイ》て所見を開陳する機會を得るであらうと思ふ。今其準備行程若《モシ》くは問題の企ての意味に於いて、震災前のエコノミツク・デモグラフヰーに就《ツイ》て、若干の卑懐《ヒカイ》を記述して置くことは、比較の基本を供する上に於いて、必ずしも無益ではあるまいかと考へる。此れは別に學術的研究の結果などと稱し得可《ベ》きものではない、唯だ國勢調査や市勢調査に顯《アラ》はれた東京市のエコノミツク・デモグラフヰーの僅《ワズ》か一部に就《ツイ》ての結果に關する私の感想を順序なく排列したに過ぎないものである。材料は凡《スベ》て東京市臨時市勢統計課刊行の『東京市市勢統計原表』自第一巻至第五巻及比例篇 大正九年十月一日現在、大正十一年至十二年刊行 と、東京市役所調査課統計掛より年々刊行せらるゝ尨大《ボウダイ》な報告書『東京市統計年表』 最近刊行は第十九回大正十二年刊である より得たもので、大正九年現在を主とし、別に増減の推算を試みないものである。序に申す。種々の點に於て甚《ハナハダ》不滿足なる東京市、殊《コト》に殆ど無能、無爲と稱す可《ベ》き其の社會局ある他方に、其の統計係が常に甚《ハナハ》だ良心に鋭く、事務に忠にして、近世文明都市の統計行政の要求を粗《ホ》ぼ充して遺憾なきは、我々研究者の深く徳とせねばならぬ所である。殊《コト》に国勢調査の職業に關する部分が、最も早く我が東京市に就《ツイ》て發表せられ、大阪市を初め他の主要都市は、此點に就《ツイ》て、全く何事をも爲して居らぬのである 恰《アタカ》も本年三月を以て全部を刊行したのは、此度の震災によるエコノミツク・デモグラフヰーの變動を考慮するに絶好無二の資料を整頓し置いたものとして、甚《ハナハ》だ感謝す可《ベ》き事である。

四

明治四十一年の市勢調査は、種々の點に於いて不滿足のものであつたことは、周知の事實である。乍去《サリナガラ》大正九年の國勢調査の結果を吟味考察するに就《ツイ》て、四十一年の數字が色々の意味に於て、甚大な興味と利益とを有することは又た否定す可《ベ》からざる處である。此の意味に於いて、四十一年の不滿足な調査も決して徒爾《トジ》でなかつたと斷言し得るのである。殊《コト》に、大正九年より今日に至る增減の推算更正には、四十一年に溯る類推は多くの役目を演ずることが出來るのである。前述『東京市市勢統計原表』には兩者を詳しく比較して、實數、增減率の計算がのせてある。私は以下、此れに基いて、若干項目について簡單に考察して見たいと思ふのである。

五

先《マ》づ一般的モルフォロギーから始める。

大正九年十月一日現在の東京市の總人口數は二百十七萬三千二百人で、內男百十七萬一千一百八十八人、女百萬二千十二人であつた。此總數の分屬する世帶總數は四十五萬六千八百十六であつて、內普通世帶四十五萬二千四百七、準世帶四千四百九であつた。然《シカ》るに明治四十一年の市勢調査に顯はれた總人口數は百六十二萬六千百三人で、內男八十七萬三千百一人、女七十五萬三千二人、其等の分屬する世帶總數は三十七萬六千四百二十八で、普通世帶數は三十七萬三千百十一、準世帶は三千三百十七であつた。ソコで兩者を突き合せて一箇年平均の增減百分率を計算すると、

人口總數に於いて	二・三七
男の數に於いて	二・四〇
女の數に於いて	二・三三
世帶總數に於いて	一・五四
普通世帶數に於いて	一・五三
準世帶數に於いて	二・一七

の增加を爲しつゝあつたのである。卽ち人口總數及男と女の數に於いて二・三乃至《ナイシ》二・四の增加率を示して居るのに、世帶總數に於いては僅《ワズ》かに一・五四しか增加を示して居らないのである。此れは主として普通世帶數の增加率が低かつた結果であつて、準世帶の方は、人口增加率と粗《ホ》ぼ相近い二・二七と云ふ增加率を示して居るのである。準世帶の數は甚《ハナハ》だ少いから、其の增加率高くとも、世帶總數の增加率を引上げる力を有《モ》つて居らない。從つて槪して云へば、明治四十一年から大正九年に至る期間に於いては、東京市の人口は百分の二・四見當で增加しつゝあつたけれども、其れは同比率の世帶數增加率によつて伴はれない、換言すれば、一世帶の所屬人數は、聊《イササ》か增加の傾向を有《モ》つて居たと云ひ得るのである。之を經濟學の術語で言表はして見ると、東京市民の經濟單位は稍々《(セ)シヨウシヨウ》擴大の傾向を示して居ると云ふことになるのである。同じことを反對に云へば、明治四十一年から大正九年に至る十二ケ年間に於ては、一世帶當りの人口數は增加したる可《ベ》き筈《ハズ》である。『東京市市勢統計原表』第一卷七頁には、各區に就《ツイ》て兩年の數を示してある。卽ち左の通りである。

區名	世帶平均人口 市勢調査	世帶平均人口 國勢調査	增加
麴町	五・二	五・七	〇・五
神田	四・七	五・三	〇・六
日本橋	五・三	六・一	〇・八
京橋	四・二	四・九	〇・七
芝	四・三	四・九	〇・六
麻布	四・四	四・七	〇・三
赤坂	五・一	五・四	〇・三

四谷	四・四	四・五	〇・一
牛込	四・五	四・九	〇・四
小石川	四・三	四・六	〇・三
本郷	四・六	五・〇	〇・四
下谷	四・〇	四・三	〇・三
淺草	四・一	四・四	〇・三
本所	四・二	四・五	〇・三
深川	四・二	四・六	〇・四
全市	四・三	四・八	〇・五

六

右表に添附した市勢統計課の説明に云ふ。『明治四十一年に比し全市及各區共孰《イズ》れも其平均人口を増加せり即ち全市の平均に於いては一割二分の増加を示す而《シカ》して其増加の最も高きは

京橋區の　一割七分
日本橋區の　一割五分

にして最も低き四谷區に於ても尚且《カ》つ二分の増加を示せり是れに依て之れを觀るに我東京市は十二年前に比し其世帶構成の平均人員寧《ムシ》ろ増大せるの現象を示すに至り大都市として頗《スコブ》る奇異の感なくんばあらざるなり』と。右書には又

云つてある。曰く『各區一世帶の平均人口を見るに最も多きは日本橋區の六人を首位とし麴町區の五人七分第二位を占め第三位は赤坂區の五人四分にして神田區の五人三分本鄉區の五人牛込、芝兩區の四人九分京橋區四人八分麻布區の四人七分等順次之に次ぎ其最も少きは下谷區の四人三分とす然《シカ》れども以上述ぶる所の一世帶平均人口と稱するは普通世帶及準世帶を包括したるものなるを以て麴町區麻布區赤坂區の如きは準世帶の一種たる兵營の如き一世帶にして尙且《カ》つ五六千人を算し神田區本鄉區の如きも亦《マタ》病院、旅人宿、下宿屋等の準世帶に於ける人口を包含するが爲めに一世帶の平均人口に影響するところ尠《スクナ》からず故に今普通世帶のみに就《ツ》き更らに其平均人口を算出すれば最も高きは日本橋區の五人九分にして依然として第一位を占む之れ本區は市內隨一の商業區域なるを以て大商店等の普通世帶にして一世帶中營業使用人及家事使用人の多數を包含する世帶多きが爲め準世帶の存在が一世帶平均人口に及ぼす影響極《キワ》めて少なきものの如し之れに次ぐは麴町神田の二區にして孰《イズ》れも平均五人赤坂區は稍《ヤヤ》少くして四人九分芝、京橋、牛込の三區は四人七分（中略）にして最も少きは下谷區の四人三分とす是れに依て之れを觀れば普通世帶一箇の全市平均四人六分より高きものは

日本橋　神田　麴町　赤坂　芝　京橋　牛込

の七區にして全市の平均以下にあるは

小石川　四谷　淺草　本所　深川　下谷

の六區とす而《シカ》して

本鄉　麻布

の二區は孰《イズ》れも全市普通世帶の總平均人口に等し』（同書六頁）と。

各區一世帶平均人口 大正九年國勢調査

區名	普通世帶人口	準世帶人口	總平均人口
麹町	五・〇	三三・五	五・七
神田	五・〇	一七・六	五・二
日本橋	五・九	一一・三	六・〇
京橋	四・七	一一・七	四・八
芝	四・七	一九・二	四・九
麻布	四・六	三〇・二	四・七
赤坂	四・九	六二・八	五・四
四谷	四・四	一七・三	四・五
牛込	四・七	二八・五	四・九
小石川	四・五	二七・六	四・六
本郷	四・六	二四・〇	五・〇
下谷	四・三	一四・七	四・三
淺草	四・三	一二・四	四・四
本所	四・四	二四・〇	四・五
深川	四・四	二三・五	四・五
全市	四・六	二一・三	四・八

七

右表で明なる一事は、十二ケ年間に於ける一世帶當り平均人口數の著く增加した日本橋、京橋に於いては、準世帶の影響極《キワ》めて微少なることであつて、其れと共に前にあげた通り此十二ケ年に於いて準世帶數の增加率は、普通世帶數の增加率よりも遙かに大（一・五三對二・二七）なる事實が明かであるから、此の經濟單位擴大の傾向は決して準世帶平均人口の擴大の結果でないことは之を斷言することが出來る。從つて單位擴大の傾向は主として一般の普通世帶の方面に於ける現象と云はなければならない。換言すれば其傾向は、準世帶と云ふ變態世帶の上に於ける現象ではなく、一般普通の現象であるのであつて、右概說に云ふ通り、近世文明國の大都市としては聊《イササ》か奇異な現象と云ふ可《ベ》きであらう。右書には『其原因數ふべきもの多々あらんも近時市內に於ける住宅難の影響する所亦尠《マタスクナ》からざるは蓋《ケダ》し想像に難からず』（同書七頁）と斷定してある。此斷定に對して私は遽《スミヤ》かに當否を判じ兼ぬる者である。住宅難は一戶當り平均人口、又は一棟當り平均人口の增加を說明するには有力な事實であらう。卽ち住居てふ物の側を說明するには當を得て居るであらう。乍併《サナガラ》、一世帶と云ふことは、一棟又は一戶と云ふことと同樣《ドウヨウ》に取扱ふ可《ベ》きではない。其れには物の側もあるには相違ないが、主として經濟生活の態樣《タイヨウ》其組成の人的事實である。單に住む可《ベ》き居宅、營業す可《ベ》き店舖が得るに困難であるから、世帶單位が擴大したものとは斷言し得られないのである。一戶當りの人口數は却《カエ》つて減少して居ることは表の示す通りである。（第十九回東京市統計年表一三三頁による）

明治 41	4.00
42	3.78
43	3.87
44	3.91
大正 1	3.93
2	3.91
3	3.88
4	3.84
5	3.79
6	3.79
7	3.83
8	3.79
9	3.82

一棟の內に別箇の世帯を立つることは決して稀有の現象ではない。市勢調査對國勢調査の上に顯《アラ》はれた此の經濟單位の擴大的發展の傾向は、單に住宅難てふ物的原因を以て說明し盡さる可《ベ》きものとは思はれない。私は此現象はモット深き根蔕《コンテイ》を有すること、考ふべきではあるまいかと思ふものである。其れを一口に言表はせば、住宅難よりも寧《ムシ》ろ生活難と云ふべきであらう。生活難は種々の方面に顯《アラ》はれることであるが、男女成年に達しても獨立の生計を立て、獨立の世帯を張ることが困難で、親なり兄姉なり其他の親戚なりの世帯內の一員として永く我慢せねばならぬ。世帯構成難も亦《マタ》生活難の一の顯《アラ》はれである。其れと同時に婚姻年齢の晩れることも其の原因たり、結果たることは疑を容る丶餘地はあるまい。今市勢調査の年から國勢調査の年に至る本籍人口に付、東京市內の婚姻組數を見ると、次の通りに大體に於いて減少の傾向を示して居るのを見出すのである。

第十九回東京市統計年表二九四—五頁より

明治 41	14.01
42	11.05
43	9.91
44	10.08
大正 1	9.88
2	9.42
3	9.48
4	9.19
5	8.98
6	9.47
7	10.43
8	10;05
9	10.93

更らに同じく国勢調査に顯《アラワ》れた一世帯當り平均人口を他の三十九市に較べて見ると左の通りである。

第四十一回日本帝國統計年鑑二十九頁による

全國	5.0
以下四十市平均	4.8
東京市	4.8
大阪市	4.5
神戸市	4.4
京都市	4.6
名古屋市	4.7
横濱市	4.4
長崎市	4.8
廣島市	4.6
函館區	5.0
呉市	4.6
金澤市	4.4
仙臺市	5.4
小樽區	5.1
鹿兒島市	5.2
札幌區	5.1
八幡市	4.5
福岡市	5.3
岡山市	4.4
新潟市	4.9
横須賀市	5.5
佐世保市	5.3
堺市	4.6
和歌山市	4.3
静岡市	4.9
下關市	4.5
門司市	4.4
熊本市	5.1
德島市	4.3
豊橋市	5.0
濱松市	5.2
大牟田市	4.9
宇都宮市	4.9
岐阜市	5.6
前橋市	4.9
富山市	4.6
旭川區	5.4
福井市	4.3
甲府市	4.7
室蘭市	4.7
那覇市	4.1

〔下略〕

六大都市中では、東京が最高位に居るので、神戸、横濱は最下位に居る。平均數が東京と同じになる全國四十市の中には、東京より低位にあるものが尠《スクナ》からずある。又た統計區劃別に見ると

北海區	5.2	
東北區	5.8	
關東區	5.1	
北陸區	5.6	
東山區	4.9	
東海區	5.0	
近畿區	4.6	×
中國區	4.6	×
四國區	4.6	×
九州區	5.0	
沖繩縣	4.8	

近畿區、中國區、四國區は何《イヅ》れも東京よりも少く、沖繩縣が東京と同率を示して居るのである。之を要するに、東京市の一世帶平均人口數の多いことは、之を他の市に比べても、又之を統計區劃別に比べても、大都市とし首都としては、聊《イササ》か異樣の感を惹起《ジヤツキ》せずして已《ヤ》む能《アタ》はざる所である。震災前に於ける此のモルフオロギーは震災後のバラック集團に於ける避難者のモルフオロギーと對照するに方り、若干興味の存する所と思ふ。日比谷を除いた市營バラック集團八ケ所に於ける一世帶平均人口數は三・四九であつた。四・八と三・四九と此の二つの數字は我々に考ふ可《ベ》き資料を供するものであらうと思ふ。擴大的傾向を有して居た東京市の經濟單位は、バラック收容者に於いて著しき縮少的現象を呈して居るのである。其の振ひ落された較差は果して如何《イカ》なる運命を辿つたものであらうか。私は玆《ココ》に味ふ可《ベ》き教訓の存することを豫感するものである。

八

エコノミック・デモグラフキーの根本事實は職業を有するもの以下有業者と稱すと、職業を有せざるもの以下無業者と稱すとの對照であらねばならぬは云ふまでもない。今日の經濟組織は各經濟主體が何等かの職業によつて生を營み其從屬者を扶養するヿ《コト》を原則とする。單に收入に衣食するもの、全く職業なきものは、經濟主體としては、例外的のものとして取扱はるゝのである。職業は營業とは別たる可《ベ》き概念であつて、營業は客觀的に見た經濟行爲の經營的概念であるに反し、職業は主觀的に見た經濟行爲の民勢學的（社會的）概念である。從つて職業は單に行爲としての事實たるに止まらないで、一の狀態一のステータスを言表はすものである。今日の經濟組織にして變ぜざる限り、各經濟主體は其有《モ》つ所の職業によつて生を營むと共に、其職業によつて、民勢學的に、社會的に地位付けられ、又分類せらるるのである。之をエコノミック・モルフオロギーと云ふ。社會に於ける人間は色々の眼點から地位付けられ、分類せられることが出來る。乍併《サナガラ》現實の研究に於て最も重きを成すものは、此經濟民勢學的分類である。而《シカ》して此分類は今日の社會に於ける一切の人に其の根基を供し、其れに一の社會色（ソーシアル・カラー）を與《アタ》へるものである。獨逸《ドイツ》の諺に『人は其の食ふ所のものである』"Der Mensch ist, was er isst."と云ふことがある。此れを我々の立場から飜譯《ホンヤク》して見ると『人は其職業とする所のものである』"Der Mensch ist, was er als Beruf hat." "Man is what he professes."と云ふことになる。

九

社會は經濟主體のみから成るものではない、否、各經濟主體は必ず若干の從屬者を有することが原則である。其れは前節に一世帶平均人口のことを述べたことによつて明瞭であらう。其の從屬員の中には有業者あり無業者あり、從つて一世帶當りの平均人口數と、一有業者當りの平均人口數とは必ずしも同一ではない。通例の場合に於いては、一有業者當りの平均人口數は、一世帶當りの平均人口數よりも、遙かに少いと云ふのが、今日の文明國の實狀である。

國勢調査に顯《アラ》はれた東京市の有業者總數は九十萬八千四百四十二人であつて、総人口數二百十七萬三千二百人に對比すると、一有業者當りの平均人口數は、二・三九二人であつて、一世帶の平均人口數四・八よりは遙かに少いのである。此度の東京市營バラツク職業調査に顯《アラ》はれた一有業者當り平均人口數は二・七二五人であつた。此比較も前の一世帶平均人口數の問題と共に興味ある資料であるかと思ふ。

國勢調査の結果によれば、東京市に於ける總人口数に對し

有業者の百分率	四一・八
無業者の百分率	五八・二

であつた。市勢調査の結果に於いては

有業者の百分率	四二・六三
無業者の百分率	五七・三七

で有業者の減少、無業者の増加の百分率は、〇・八三であつた。之を各區分けにして見ると左の通りである。

	國勢調査		市勢調査	
	有業者	無業者	有業者	無業者
麹町	四一・九〇	五八・一〇	三八・八〇	六一・二〇
神田	四五・〇三	五四・九七	四三・九一	五六・〇九
日本橋	五一・〇三	四八・九七	四六・七一	五三・二九
京橋	四七・一三	五二・八七	四五・〇五	五四・九六
芝	四一・四八	五八・五二	三九・六二	六〇・三八
麻布	三七・二五	六二・七五	三八・一〇	六一・九〇
赤坂	三八・八三	六一・一七	四〇・〇一	五九・九九
四谷	三七・三七	六二・六三	三七・一九	六二・八一
牛込	三四・三八	六五・六二	三五・一六	六四・八四
小石川	三四・七三	六五・二七	三五・三二	六四・六八
本郷	三五・八八	六四・一二	三五・七七	六四・二三
下谷	四〇・四二	五九・五八	四〇・四三	五九・五七
淺草	四四・四一	五五・五九	四四・六三	五五・三七
本所	四四・〇〇	五六・〇〇	四六・二三	五三・七七
深川	四三・六〇	五六・四〇	四五・六〇	五四・四〇
全市	四一・八〇	五八・二〇	四二・六三	五七・三七

私共の此度の調査では日比谷を除いた各バラックに於ける、震災前の有業者と無業者の百分比は左の通りであつた。

	有業者	無業者
外苑	三九・四七	六〇・五三
竹の臺	四〇・一〇	五九・九〇
馬場先	四二・三九	五七・六一
池の端	三五・一四	六四・八六
月島	三七・〇一	六二・九九
九段上	三四・八二	六五・一八
芝公園	三五・二三	六四・七七
芝離宮	三一・三五	六六・六五
平均	三六・七〇	六三・三〇

右數は或は私共の調査に重大な錯誤があつたものではあるまいかと思はる丶ほど、國勢、市勢兩調査の結果と相違して居る。何《イズ》れ精査の上卑見《ヒケン》を陳ずるつもりである。

十

我が國勢調査に於ては、（一）職業を有するものと、職業を有せざるものとの分類と相並んで、（二）本業有業者と本業從屬者との分類を爲して居て、一寸聞いた所では、兩者同一のやうに思はれるが、實は兩者は異るのである。其

説明によれば、

A｛職業を有する者…　職業分類の第九までの本業者
　職業を有せざる者…　職業分類の第十の無職業の本業者及各職業の本業なき従屬者及家事使用人（分類第九に非《アラ》ず）

B｛本業有業者…　世帯主及其他の有業者
　本業從屬者…　世帯主以外の無業家族及女中、子守、小間使、乳母等の家事使用人

としてある。卽ち

本業有業者＝職業を有する者（有業者）＋分類第十の世帯主

となるのである。此の稱《トナ》へ方は甚《ハナハ》だ誤解を惹《ヒ》き起し易いのみならず、言葉の使用法としても無職業の世帯主を本來有業者と稱するは妥當を缺くものと思ふ。寧《ムシ》ろ詳細に世帯主及其他の有業者とするか、若《モシ》くは有業者及扶養義務者とでもする方が當を得て居ると思ふ。

さて此意味に於ける本業有業者と本業從屬者との割合如何《イカン》と見ると、國勢調査の結果は

本業有業者　四六・六
本業從屬者　五三・四

であり、市勢調査の結果は

本業有業者　四三・八
本業從屬者　五六・二

であつて、十二年間に本業有業者は增加し、從屬者は減ずること二・八であつたのである。換言すれば、市勢調査の

結果では、本業有業者一人は一・二八三人を扶養して居たのが、國勢調査に顯《アラ》はれた所では、一・一四四人を扶養するに止まつて居るのである。言ひ改めれば、扶養人數に於て百分の一三・九を減じたものである。茲《ココ》に市勢統計原表の編者は、甚《ハナハ》だ解し難い言を成して居る。曰く『之を換言すれば本業有業者の扶養負擔《フタン》は過去十二年間に於て殆んど半減せられたるの觀あり』原表第三巻七頁と。一二八・三の負擔《フタン》が一一四・四に減じたのは、如何《イカ》なる計算法によつて半減などと云ひ得るか、甚《ハナハ》だ不思議な算術もあればあるものである。思ふに右編者は一二八・三と一一四・四との兩數中に扶養者自らが算入せられて居るものとして一〇〇を差引き其殘餘の二八・三と一四・四とが扶養負擔《フタン》なりとし、かくて半減云々《ウンヌン》と云ふ算法を用ひたものであらう。さりとは不可思議な事ではある。

十二

遮莫《サモアラバアレ》、明治四十一年から大正九年に至る十二年間に於いて、本業有業者の扶養負擔《フタン》人數が百分の一三・九を減じたことは事實である。此事實は果して何事を暗示するか、エコノミック・デモグラフヰーに於て甚《ハナハ》だ興味ある研究題目である。右編者は云ふ『これ果して喜ぶべき現象なりや否や未だ遽《スミヤ》かに之が斷定を下し難しと雖《イエド》も而《シ》かも被扶養者に比して之が扶養の任に當たる本業有業者の增加てふ事實は亦《マタ》以て本市經濟上の好事象なりと稱するを得んか』同上頁と。遽《スミヤ》かに斷定し難しと云ふ口の下から經濟上の好事象なりと遽《スミヤ》かに斷定して居らるゝは、私としては遽《スミヤ》かに贊同し兼ぬる所である。否、私は前に經濟單位の擴大的傾向を見たのと同じ目を以て此現象を見る方が當を得ては居らぬかと考へつゝあるものである。卽ち一般に生活が困難になつて、從屬者たりしものが、何かの業を營んで、聊《イササ》かたりとも收入を得て、世帶主を助ける必要が增加したことが、本業有業者の增加從屬者の減少、卽ち有業者の扶養負擔《フタン》の減少となつて現はれたので、經濟上の好事象たるよりも、寧《ムシ》ろ餘り希《ネガ》はしからざる事象と見る方が眞相に近くはあるまいかと思ふのである。職業を有《モ》つと云ふことは、今日の經濟主體に取つては原則である。併《シカ》し其れは決して同時に凡《ス》べての國民が職業を有《モ》つ𪜈《コト》が結構なりとの推論を伴ふものではない。教育年齢にあるもの、老衰の境にあるもの、家庭の主宰者たるものまでが、皆悉《コトゴト》く有業者となると云ふことは、決して經濟上喜ぶ可《ベ》き好事象ではないのである。喜ぶ可《ベ》きか喜ぶ可《ベ》からざるかは、單に右の百分比丈《ダケ》では決せられない。百分比の變化の內容を、或度まで追究して見た上でなければ何とも云ひ難いのである。老弱男女悉《コトゴト》く是れ齷齪《アクセク》として營利行爲に從ふは、如何《イカ》なる文明狀態に於いても、決して理想的なりと云ふことは出來ない。『勞働國家』の意義をはき違へて『營利國家』若《モシ》くは Nation of Shopkeepers, Krämerstadt と同意義とするのは、寧《ムシ》ろ危險なる考へ方である。

十二

エコノミツク・デモグラフヰーに於いて主題となるは、無業者でなく、有業者である。殊《コト》に扶養の義務を有《モ》つ世帶主を含みたる所謂《イワユル》本業有業者である。此の本業者に就《ツイ》て、先《マ》づ起り來る問題は、其の本業の種類如何と云ふ一事是れである。國勢調査に顯《アラワ》れた東京市の本業者百一萬三千六百六十二人に就《ツイ》て、其大分類を人數の多少の順に配列して見ると左の通りである。

	實數	百分比
1 工業	三七七、八一九	三七・二七
2 商業	三一〇、五五〇	三〇・六四
3 公務、自由業	一一八、三七一	一一・六八

4	無職業	一〇五、二二八	一〇・三八
5	交通業	六四、一〇三	六・三二
6	其他の有業者	二一、三二一	二・一〇
7	農業	八、九四五	〇・八八
8	鑛業	三、一八〇	〇・三一
9	家事使用人	三、〇六四	〇・三〇
10	水産業	一、〇八四	〇・一一

右國勢調査の結果を四十一年の市勢調査の其れと比較するときは、農業、水産業、鑛業、工業、交通業、其他の有業者は、割合が減じて居り、之に反して、割合の増加した職業は、商業、公務自由業、家事使用人、無職業であつて、殊《コト》に無職業は、四十一年には總數百中二・六八に過ぎなかつたのが、大正九年には一〇・三八と云ふ驚く可《べ》き程の激増を呈示して居るのである。玆《ココ》に市勢原表の編者は、前に指摘した誤算を再び繰返して云ふ『十二年前に比し本業有業者に對する從屬者の割合が殆んど二分の一に減じたるに拘《カカ》はらず無職業が同期間に於て右の如く増加したるは甚《ハナハ》だ奇異の感なくんばあらず』同書十頁と。此は二分の一減と云ふ奇妙なる算術から生じた奇異の現象で、之に對して奇異の感なくんばあらざるものは、右の事實其ものよりも、寧《ムシ》ろ其奇異の算術である。無職業の激増は驚く可《べ》きと《コト》たるには相違ないが、其れは大都會たり殊《コト》には首都たる東京としては、必ずしも奇異の感を生ぜしむ可《べ》き現象ではない。寧《ムシ》ろ甚《ハナハ》だ多くの蓋然《ガイゼン》性を帶びて居る現象である。但し市勢調査と國勢調査との間に無職業の分類方に手心上の違ひがなかつたものと前提して兎《ト》に角《カク》無職業の激増、家事使用人、公務自由業、商業等の増率は世人が屢々《シバシバ》指摘する如く東京市が消費的の都會でありより、益々《マスマス》非《アラ》不とは云はず生産的の都會となりつゝあることを裏書するものと言つて決して誤はないこと、信ずる。是れが現下《ゲンカ》の失業救濟の方針に大に參考とせられなければならぬことは、何《イズ》れ他の機會に申述べるであらうが、此度の震災後少くとも今日までの傾向では、

東京の此の消費的のモルフオロギーを彌々《ビビ》益々《マスマス》強めたことは、我々の十二分に考慮せねばならぬ點である。

十三

職業分類による全體の構成と、其の消費的傾向とは、此度の震災による失業者の割合と、從つて其の救濟法の適當なる按排《アンバイ》とに就《ツイ》て重大なる意義を有することである。而《シカ》して其れは又地理的分布と體性的分布との差違によつて著しく影響せられるに相違ない。今十五區に分けた其の分布の有様を見ると、工業有業者の最高率を示して居るのは本所區で、總有業者の五割五分八一を示して居る。之に次ぐは淺草區の四割三分三一、深川區の四割二分三八、下谷區の四割二分一〇である。三割臺なのは、小石川區、芝區、京橋區、麻布區、神田區、である。其割合の最も少いのは日本橋區の一割八分、麴町區の一割八分六五、赤坂區の一割九分七六である。之れに反して商業有業者の最高率を示すのは、日本橋區の六割〇九五で嶄然《ザンゼン》として群を拔いて居る。之れに次ぐのは割合がズツト下つて神田區の三割七分一七、京橋區の三割四分三二、淺草區の三割二分八七である。最少率を示すのは、小石川區の二割二分四六、本所區の二割三分一四である。公務自由業での筆頭は赤坂區の三割三分八〇、之れに次いでは麴町區の三割一分九四で、他區は遠く之れに及ばない。卽ち第三位は一割九分三一の牛込區、一割六分四五の麻布區である。最少率を有《モ》つのは深川の四分八七、本所の五分六二である。

體性別に見ると男有業者百に對する女有業者の割合は國勢調査では三割三分一八（市勢調査では二割二分六一）であつた。之を業別に見ると女の割合の最も高いのは、無職業の十割二九八と云ふ非常な率を外にしては、其他の有業者の五割八分六七、公務自由業の三割二分一四、家事使用人の二割五四であつて、最少率を示すのは、鑛業、水產業を除いては、交通業の九分三七、工業の一割一分六二である。市勢調査に比べると女の有業者の割合は少しく増加して居ること前に示す通りであるが、之を業別に見ると、鑛業、工業、商業、家事使用人は割合が減じ、農業、交通業、公務自由業、其他の有業及無職業等は割合が増して居る。殊《コト》に増加の著しいのは、公務自由業と農業とである。前者に於いては男百に對する女二割二分六一が三割二分一四に殖えて居る。是は所謂《イワユル》婦人職業の増加的發展の趨勢《スウセイ》を明かに示して居るものである。有業者の多い處、殊《コト》に擴大傾向の現はれる處、其處は又何かの事變起るとき失業者を多く產出す可《ベ》き處である。此度の震災による女子有業者の失業に就《ツイ》ては、何《イズ》れ他の折に考察するであらうが災前の事實と其傾向とは、其適當なる判定に基調を成すものであらねばならぬと思ふ。

此外猶《ナオ》若干陳述したいと思付いたこともある。殊《コト》に有業者の職業上の地位、本業者の副業との關係等に就《ツイ》ては、市勢原表に非常に豐富な材料が滿載されて居るから、其れに就《ツイ》て考慮を下すことは、甚《ハナハ》だ趣味深いことではあるが、今は其遑《ヒマ》がないから、甚《ハナハ》だ杜撰《ズサン》粗笨《ソホン》な以上の數項を以て責を塞ぐことゝして置く。（十二、十一、二十一、稿）

――『復興叢書』第一輯掲載――

十二　失業調査と其に基く若干の推定

一

失業問題は今日の文明國に向っての一大呪ひである。殊《コト》に歐洲大戰後の世界は、他の多くの問題と共に、此問題の爲めに、痛く惱まされて居る。比較的好況を呈すと信ぜられて居る英國ですら一九二一年六月二十四日の調査の結果によると、無慮《ムリヨ》二百十七萬七千人が明かに失業の狀態にあつた。更らに半失業又は準失業、所謂《イワユル》短時間雇傭者に至つては、百萬人を突破すと信ぜられて居る。此等の純、半兩種の失業者に其家族を合算するときは、現在に於て約八百萬人が失業の爲めに生計維持の道を絶たれて居る。最近の調査による歐洲諸國の失業率をあぐれば、粗《ホ》ぼ左の如くである。カーコネル（一）『失業の國際的面目』九十六頁による

	百分率
英國（勞働組合總員）	一四・八
瑞典《スウェーデン》	二六・二
ノルウェー（登簿勞働者のみにて）	一九・一

デンマルク	一六・六――二〇・八
和蘭《オランダ》	一六・五
白耳義《ベルギー》	一七・七――三二・二
米國マサチューセッツ	一九・一――二一・二
カナダ	八・五
オーストラリア	一一・四

實數で云へば、米國は同年九月に於いて約七百萬、イタリーは純失業四十五萬五千、半失業十三萬、瑞西《スイス》八萬である。獨逸《ドイツ》は現在に於いて三百萬と稱せらる、失業者數を有すること最も少い國は、獨りフランスあるのみで、全人口の二十分一パーセントしか失業者はなかつたと云はれて居る。

我邦の失業者總數其の人口に對する比例等は全く之を窺ひ知ることが出來ないから、右と比較することが出來ない。歐米諸國に就《ツ》いても失業統計なるものは甚《ハナハ》だ不備であつて、其多くは眞の統計でなく概略の推算に屬するものである。殊《コト》に失業と云ふことの定義が判然と一定して居ないから、或邦で失業と看做《ミナ》することも、他の國では左樣認めないものがある。從つて各國を通じて正確に比較することは甚《ハナハ》だ困難である。ローントリー氏（二）は、失業者を定義して『賃銀雇傭勞働を爲さんとする人にして、才能に適し並びに其地方の標準に照して合理的なる條件の下に、其求むる職を見出し能《アタ》はざる人』と云て居り、ピグー氏は『英國國民保險條例』の定義を採用して云ふ『失業とは（一）勞働爭議の爲めでなく（二）從來勞働して居た場所に於て從來得て居た賃銀又は條件に於て若《モシ》くは（三）從來勞働して居た場所以外に於て雇主勞働者各團體間の協約若《モシ》くは其地方に於ける善き雇主が定むる賃銀又は條件に於いて職を得る能《アタ》はざることの謂《イワレ》であつて、普通失業と認めない短時間勞働も亦《マタ》其中に含まる可《ベ》きである』（三）と云つて居る。

我邦に於ては、勞働團體が事實上未だ公認せられて居らず、職業紹介機關の機能十分に發達せず、殊《コト》に勞働統計が甚《ハナハ》だ不備であるから勞働者保護の法案を立つるに方《アタ》つても、大抵暗中模索でやるより外仕方がない。然《シカ》るに幸か不幸か、過般の大震災によつて、突如として出現した失業問題に就《ツイ》ては、若《モ》し適當な手段を盡くすならば、稍《ヤヤ》、精確に統計的調査を爲すことが出來る。恐らく此機會が、我邦に於て初めて稍々《ショウショウ》系統的な失業調査を爲し得る機會であらう、此機會を外《ハ》づしては、次の機會は之を見出すこと却々《ナカナカ》困難であらうと思はれる。幸ひ去る十一月十五日に行はれた東京市役所の罹災者總調査は、我我に絶好の資料を供することであらう。乍去《サリナガラ》私が既に前段十一指摘して置いた通り、彼の調査は其の成功を保す可《ベ》き條件の幾つかを全く缺いたものであつて、私の推察する所では、殆んど其の所期の結果を擧げることは出來ない樣《ヨウ》である。是れは如何《イカ》にも殘念千萬なことであつて、再び到來せざる絶好の機會を永久に逸《イツ》して仕舞つたのである。幸にして、私の此の杞憂《キユウ》が裏切られ、彼の調査が效果を示めすことにならない限り、罹災者失業の問題は、一般の失業問題と共に依然として暗中模索の狀態に放置せられるより外はないのである。若《モ》し果して然《シカ》りとすれば、私が此頃商大學生と共に試みた市直營バラツク丈《ダ》けに就《ツイ》ての調査と、之に基く私の推計とは、此の暗中模索を若干にても減ずるを得可《ベ》き資料たるであらう。私は實は之を悲むのである。何となれば、私共の調査は、平《ヘイ》生《ゼイ》其樣の事に全く經驗のない學生の仕事であつて、而《シ》かも僅《ワズ》かの人數が、單に奉仕の念から試みたに過ぎないのであつて、失業調査としては、元より甚《ハナハダ》不完全極るものであるから、此れのみに頼ることは、實は甚《ハナハ》だ心細い次第であるのである。併《シカ》し若干の試みではあるが、兎《ト》に角《カク》誠實を以て、且《カ》つ與《アタ》へられた境遇の下に於いては、最善を盡したつもりのものであるから、東京市の行つた調査が失敗に終るか、若《モシ》くは、其結果の公表が遲れるによつて、當面の參考資料を缺くかする場合には、多少の材料となることは出來るかと思ふ。依つて以下其れに就《ツ》いて、少しく記述して大方識者の是正を仰ぎたいと思ふのである。

二

震災による失業の狀態を正しく判斷する爲めには、震災前の東京市民の職業狀態は如何《イカ》なるものであつたかを知つて置くことが肝要である。從來は、此事も全く未知に屬して居たのであるが、去大正九年十月一日に行はれた國勢調査には、職業調査も伴つて居て、而《シ》かも其結果は日本全國に就《ツ》いては、三年後の今日に至る迄一も公表せらるゝに至つて居らぬ、我々が最も知りたいと思ふ重要都市の何《イズ》れに就《ツイ》ても、何事も知ることは出來ないのであるが、玆《ココ》に甚《ハナハダ》幸なることは、東京市丈《ダ》けに就《ツイ》ては、市統計課の非常な努力と勉强とによつて、本年の三月迄に合計六冊の甚《ハナハ》だ浩瀚《コウカン》な報告が刋行せられて居る。恰《アタカ》かも九月一日の大災を豫知し、比較の材料を豫め提供して置いて吳《ク》れたかのやうである。此れは他の多くの點に於いて、甚《ハナハダ》無能無爲なる東京市役所としては、異常なる例外とも稱《トナ》ふ可《ベ》き功績である。反對に、他の點に於いて殊《コト》に其社會部と勞働調査課東京市よりは遙かに勝つて居る大阪市は、此一事に就《ツ》いて、何事もして居ないのである。若《モ》しも九月一日の地震が東京でなく大阪に起つたとしたら、我々は、比較の材料を見出すことが出來なかつたであらう。私は怠慢無爲な役人を責めることに少しも遠慮しないと同時に、此《カ》くも忠勤であつた東京市の統計擔任吏員に對しては、深厚《シンコウ》な敬意を表することなくして已《ヤ》む能《アタ》はざるものである。

さて災前の東京市民を、職業を有する者と職業を有せざる者とに二大別すると、前者は四割一分八厘、後者は五割八分二厘を占めて居た。明治四十一年の市勢調査の結果に比較すると、前者は減じ後者は增すこと八厘三毛である。十二年間に八厘三毛の推移があつたのであるから、假りに此割合で推移の傾向が繼續して居たものとするときは、大正十二年に於ては、右割合は前者減、後者增（三年と見て）二厘一毛（四捨五入）であつた筈《ハズ》で、震災當時の東京市民は職業を有する者四割一分五厘九毛、有せざる者五割八分四厘一毛であつたる可《ベ》き勘定となる。

國勢調査による東京市の大正九年十月一日現在の總人口數は二百十七萬三千二百人であつたが、震災當時の人口數は何程であつたらうか、之れを推計するには大正九年の右數を明治四十一年の市勢調査の數と對照して、其の増加率を見出し、之を大正九年十月一日から大正十二年九月一日迄に就《ツ》いて算出するのが、最も妥當な方法である。其結果震災當日の東京市の總人口數は、二百三十四萬六千九百八十二人となる。二階堂保則氏の調査によると、其の中罹災者は百五十一萬七千七百六十八人であるから、罹災率は六割四分六厘七毛となる勘定である。或調査には此數を百七十餘萬としてあつたから、其方が實に近いものとすれば、罹災率は今少しく高くなるわけであるが、其の根據《コンキヨ》が判明せぬから今論外として置く。ソコデ右推計の九月一日の東京市人口數に推定の割合を乘じて見ると、

職業を有する者　九十七萬六千百十八人
職業を有せざる者　百三十七萬八百七十二人

となる勘定である。此の職業を有する者の總數へ、右の罹災率六四・六七を乘ずると、職業を有する者にして罹災した人々の總數は、六十三萬一千二百五十人となる。震災の爲め業を失つた人は罹災者以外にもあることであらうが、例へば山手に住居して市内の工場に勤めて居た人が、自宅は無事であつても其工場が焼けた爲め失業する如き其れは大體の推計上度外に置くも差支《サシツカエ》あるまいから、現前の失業者は此六十三萬餘人中に含まれて居るものと推定して大過はなからうと思ふ。私は本文の終りに至つて此數から算出した失業者數を掲げて、他の方法による推定數と甚《ハナハ》だ相近いものなることを指摘するであらう。

國勢調査に於いては、右の職業の有無による區別と相並んで、本業有業者と本業從屬者との區別を立てゝ居る。本業有業者とは、職を有する者の外に、無職業者にして世帶主たるものを含み、本業從屬者とは、無業の家族と家事使用人（家庭内に住居する僕婢《ボクヒ》）とを總稱するものである。此區別は失業調査に取つては無論問題外に置かれなければ

ならぬものである。國勢調査に於ける無職業とは全く何等の職業をも有《モ》たざるものと、收入に依つて衣食する者とを包含して居るのであるが、其兩種とも失業者とはならないものである、何となれば此等の人々は初めから失ふ可《ベ》き業を有《モ》たぬものであるから。之れに反し家庭内の僕婢《ボクヒ》は失業者となり得るものである。彼等は疑もなく一の雇傭勞働者であつて、雇傭主が焼け出された爲めに解雇せられ他に之を雇入れて吳《ク》れる人がなければ、純然たる失業者であるのである。されば私共の市直營バラック調査に於ては、此の本業有業者、本業從屬者の區別を取らず、一に前の職業を有する者と職業を有せざる者との二大別のみを採用したのである。

三

國勢調査に顯《アラ》はれた本業有業者各職業の百分率は左の通りであつた。

農業	〇・八八
水産業	〇・一一
鑛業	〇・三一
工業	三七・二七
商業	三〇・六四
交通業	六・三三
公務自由業	一一・六八
其他の有業者	二・一〇
家事使用人	〇・三〇

今對照の便の爲めに右比例を補正して無職業を除きたる數を百とし、各其百分率を算出して上段に掲げ、下段には、此度私共の調査の結果たる市直營バラック九ケ所に於ける災前有業者の職業別を示めせば、左の如くになるのである。

無職業	一〇・三八	
合計	一〇〇・〇〇	
農業	〇・九八	〇・三五
水産業	〇・一二	〇・〇五
鑛業	〇・三五	〇・〇四
工業	四一・五九	四七・五七
商業	三四・一九	二八・〇七
交通業	七・〇六	八・六六
公務自由業	一三・〇三	七・四四
其他の有業者	二・三四	六・九八
家事使用人	〇・三四	〇・八四
合計	一〇〇・〇〇	一〇〇・〇〇

私共の調査は職業を有する者有せざる者に分ち、且《カツ》又國勢調査に於いて、本業從屬者及職業を有せざる者中に計上した家庭内の僕婢《ボクヒ》は之を有業者として家事使用人の分類へ算入したのであるから、補正數に於いても少し誤差が生ず可《べ》き筈《ハズ》である。私が國勢調査と比較するときに此《カ》くの如き誤差が生ず可《べ》きを覺悟して、右の様《ヨウ》にした理由は現實の問題として、失業と云ふことを考ふるに方《アタ》つては、其方が妥當であると信じたからである。

茲《ココ》に更らに特に明かにして置かねばならぬことは、私は現在の問題としての失業問題を取扱ふに方《アタ》つては、ローントリー氏やピグー氏の定義に従はざるものであり又従ふ可《ベ》きものでないと考ふること是れである。兩氏共に失業雇傭勞働にのみ限られた問題として考へた。平生《ヘイゼイ》の失業問題に於いては、無論左様す可《ベ》き筈《ハズ》で、若《モ》し左様でないのなら其事を特に明白にしてかゝらねばならぬ。私が今日現在の罹災者失業問題は平日の失業問題とは、其性質を異にすると主張する理由の重《オモ》なもの、一は、實に此點に存するのである。平生《ヘイゼイ》の失業とは、適切に云へば、失雇傭のことであって、雇はれ口のない賃銀勞働者のことを失業者と云ふに外ならないのである。今日謂《イ》ふ所の失業者の大多數は無論其れであるに相違ないが、併《シカ》し其れのみではない、廣く職業を失ひ之を恢復《カイフク》し能《アタ》はざるもの、全部を意味して居るのである。故に若《モ》し言葉の上で區別しようとならば、平生《ヘイゼイ》の失雇傭者を失職者と云ひ、其の以外の職業を失つたものを失業者と云ひ、兩者を總稱するときは、失職業者として、失職者と失業者とを包含することゝしても宜しいであらう。兎《ト》に角《カク》私が以下失業者と稱するは、此失職者失業者の兩者を併稱《ヘイシヨウ》して云ふので、何等の職業をも見出す能《アタ》はざるが爲に、自己の意思によらずして（インヴオランタリーに）(四)遊んで居る人々を總稱するのである。而《シカ》して私は、準失業者又は失業候補者として、轉業者なるものを算《カゾ》ふ可《ベ》しと信ずるものである。ピグー氏は、短時間勞働者卽ち一日所定の時間（八時間とか九時間とか）丈《ダ》けの仕事を得る能《アタ》はず、其れより短い時間（四時間とか五時間とか）丈《ダ》けの仕事しか見出し得ず、従つて、其れ丈《ダ》け少い賃銀しか得ることの出來ない勞働者は失業者と看做《ミナ》す可《ベ》きものであると云つて居るが、我邦今日現在の問題としては、之れに該當するものは、轉業者である。轉業者中に自己の營利能力を十分發揮する能《アタ》はざるものが多數存する。例へば、旋盤工が燒跡片付け人夫になつて居たり、畫家が看板書きになつて居たり、タイピストが新聞賣子になつて居たりするのは、其れであつて、此數が甚《ハナハ》だ尠《スクナ》くない。又殊《コト》に失業者に接近して居る者は、三日に一日しか仕事に有付かぬもの、如き、所謂《イワユル》カジユアル・レーボア(五)の甚《ハナハダ》しきもの是れである。職業紹介所の門前には、朝未明甚《ハナハダ》しきは前晩から求職者が押しかけて順番の來るを待つて居る。早い順番に當らなければ、其日一日は所謂《イワユル》アブレるのである。是れは求職者に取つて甚《ハナハダ》しい苦痛であつて、何《イズ》れのバラックに就《ツイ》て聞いても、一日の賃銀が十錢や十五錢低くても厭《イト》はぬから、何とかして毎日必ず仕事にあり付ける様《ヨウ》な職業を得たいものであると訴ふるものが尠《スクナ》くなかつた。此等は半失業者又は四分の三失業者とでも名《ナヅ》く可《ベ》きものであらう。さて此等の半失業四分の三失業と純粋失業とを如何《イカ》にして區別す可《ベ》きかは、甚《ハナハダ》困難な問題であるが、失業調査の模範たるローントリー氏の調査では、調査の當時に於いて職を有するものは皆有業者とし、其然《シカ》らざるものを皆失業者としてある。私共の調査に於いても亦《マタ》此標準による外ないとして取扱つた。其他の點に就《ツイ》ても、私はローントリー氏の調査を藍本《ランポン》とした。何となれば、其れが今日まで行はれたアンケート的失業調査中最も典型的なものであるから。

四

ローントリー調査は、一九一〇年六月七日に英國ヨーク市（總人口八萬二千）に於いて、ローントリー氏が其日現在の失業者を、其日及び次の二日に亙《ワタ》りて、六十人の調査員を指揮して、同市居住の勞働者を戸別訪問して失業者なりや否や、職を求むるや否や、其人の男なるか女なるか、並びに其求むる職は何なりやを質問して廻つたのである。氏は三日を限り、其間に凡《スベ》ての勞働者の家を訪はしめることゝする爲め、質問事項を極《ゴ》く簡單にした、而《シカ》して不在其他の爲め答を得ざるものは、後日改めて訪問することゝした。以上を第一回調査とし、之れに續いて第二回調査を行ひ、失業者と判明したもの丈《ダ》けを更らに訪問して、次ぎの様《ヨウ》な調査票に調査員をして其得た處の答を書き入れしめたのである。

調　査　票

（一）調査票番號　　姓名　居所　年齢　世帯主との續柄。

（二）最終の職業。

其種類、毎週の所得高、雇傭期間、雇傭主の姓名及居所 解雇の時日及其理由。

（三）其以前の職業。

種類	期間	雇主の姓名	解雇の理由	失業の期間
	自　至	居　所		

（四）最高所得高。

（五）失業期間の所得。何によりて、毎週の所得高。

（六）所屬勞働組合。共濟組合。教會其他。組合員の種類。組合より受くる利益は何。

（七）出生地。ヨーク市居住年數。學校退學年齢。教育の程度。

（八）最初の職業。職業修得の練習。補修教育。海陸軍從事の時其期間。

（九）求職。求むる職の種類。求職の理由。

（十）家族。數、世帯主との續柄、性、年齢、職業又は學業、一週の所得。

（十一）住居の状態。室數。家賃。

（十二）世帯の總所得。其他の收入（贈與、慈善、救助）借金。

（十三）其他（略之）

調査年月日　　　　調査員姓名

猶《ナオ》ローントリー氏調査の詳細は、同氏及ラスカー氏共著『失業、社會的研究』B. S. Rowntree & B. Lasker, Unemployment: a social study. London 1911 にのせてある。

五

私共の調査は、若干の點に於て右ローントリー氏の調査に似て居る。卽ち私共は東京市直營の集團バラック八ケ所、日比谷、竹の臺、池端、明治神宮外苑、月島、芝公園、芝離宮、九段上並にテント村一ケ所卽ち馬場先合計九ケ所に於ける罹災避難者約三萬七千人に就《ツイ》て、去十一月二日より十日に至る間、日曜を除きたる八日間左の日割によつて調査を施行したのである。

職業調査日割表

バラック所在地	*東京市調査による世帯數	調査班　調査日	調査班　調査班數	調査班　一班當世帶數	整理班　整理日	整理班　擔當班名
日比谷	一、五〇六	二日	八	一〇五	三日	第八班
日比谷	一、五〇六	三日	七	一一九	五日	第一班
外苑	一、八〇一	五日	七	一二九	六日	第五班
外苑	一、八〇一	六日	七	一二九	七日	第七班
竹ノ臺	四五〇	七日	三	一五〇	八日	第二班
馬場先	七〇〇	七日	四	一二五	八日	第二班

月島	四〇〇	八日	二	二〇〇	九日	準備班
池ノ端	一、〇〇〇		五	二〇〇		第三班
芝公園	一、四七八	九日	七	二一一	十日	第六班
芝離宮	一、〇二八	十日	四	二五七	十一日	第四班
九段上	六八五		三	二二八		第二班

＊此數は私共の實査とは、かなり異つて居る。

△調査班　集合時間　班長午前六時四十分　班員同六時四十五分
　　　　　集合所　前日委員長之ヲ定ム
　　　　　調査本部　同前
△整理班　集合時間　前日之ヲ定ム
　　　　　集合所
　　　　　調査本部　同前

調査員の數は、日によつて多少の異動があつたが、初めから終まで一日の缺勤なく從事した學生調査員の數は四十七名、一回にても調査に加はつた人の總數は百三名で、平均毎日約七十名であつた。第一日には八十九名集つた。之れを十名毎に一班とし、各班に班長一名を定め、其人に大體の監督と責任とを負はしめ、更らに調査員以外に、學生中から委員長一名、副委員長二名、準備班長一名、傳令四名を選出した。私はローントリー氏調査の第一回第二回を合して一回の調査とし、調査事項を氏の第二回よりは遙かに簡單に、第一回よりは複雜に、其中間に當るものとした。但し氏の第一回調査に當る可《ベ》き仕事をする爲めに準備班なるものを別に設け、調査日の前日に調査バラックに就《ツ》いて世帯票の番號、居所、姓名丈《ダ》けを書き入れ置き、之を調査の時の索引兼目錄に充てしむること丶した。世帯票の様式は左の通りで×印を附した項は準備班之れに記入し、◎を附した項は調査員之を記入し、希望業の種類は集計のとき之を記入すること、した。但し最後のものは、事實其用なきことを發見するに至つたから、記入せずにある。

世帯票

世帯票	No. ×	× バラツク		町		棟	號
個人票	No. ◎ ヨリ No. 迄	世帯主ノ氏名	×				年齢 ◎
從來世帯の生計費	一日 ◎	一月 ◎		現在世帯の收入	一日 ◎	一月 ◎	
希望業ノ種類（本・副）	個人票番號	男	女	年齢	本業	副業	
合計							

大正十二年十一月　◎　日　　調査員　◎　日

調査員は、右の世帯票若干（初日は一人約十世帯擔任としたから十枚、以下各員の練熟するに從つて擔任數を增加した）と其れに該當す可《べ》き數の個人票とを、各班長から受取るので、其れによつて、各員は其調査す可《べ》き場所と世帯とを指定せらる丶ことになる。調査員は世帯票の◎項と、個人票の各項とを記入するのである。個人票の樣式は次頁に揭げた通りである。

茲《ココ》で特に注意したいと思ふ事は、世帯表、個人票を通じて、私は（一）他計式を採用して、自計式[六]を取らなかつたと《コト》（二）票（ビユレタン）式を用ゐて、表（シエヂユール[七]又はリスト）式を用ゐなかつたことの二點である。若《モ》しも此度の調査が多少役に立つことありとせば、其原因は、先《マ》づ第一に右の二點にあること丶思ふ。東京市役所の十一月十五日の調査を始め、各所に於いて色々な團體が行つた避難者調査は、此の二點に於いて用意不十分であつたもの丶やうに思はれる。自計式は結構なことであるが、之れは國勢調査の時のやうに、豫め被調査者に宣傳、豫習等によつて、十分要點を呑み込んで置いて貰つた上でなければ、如何《イカ》に、何を記入して然《シカ》る可《べ》きや、一寸判斷に苦むので、其結果甚《ハナハ》だ誤つた記入をして、用を爲さないと《コト》になる恐れがある。此度の如き速成を第一とする調査にあつては、自計式は甚《ハナハダ》不適當で、然《シカ》る可《べ》き習練を有する調査員による他計式の方が當を得て居ること丶思ふ。ローントリー氏も他計式によつたのである 次に簡單な而《シカ》して立ち乍《ナガ》ら片手に持つて居て記入し得る樣の票（ビユレタン）として、形の大きな表としなかつたのは（一）記入のとき甚《ハナハ》だ便であり（二）後日集計するに方《アタ》つて、直ちに其票を但し一應監査を經て 利用し得るによつて、手數と時間とを、著しく省き得るの便がある。現に青山外苑では、自治會に於て餘程周到な調査をやつたやうであるが、表から票へ轉記する手數が大なる爲め、折角調査はしたが、之を迅速に集計すること出來ず、其儘寶《ソノママタカラ》の持腐れとなつて居るのを、私は實見したのである。末弘博士が私共に示された調査用紙も、此點から云へば、甚《ハナハ》だ不實際的なものであつた、農商務省で作成したとて示されたもの、社會局某氏の試案せられたもの、何《イズ》れも皆實際の便利を全く度外に置かれたもの丶如くであつた。

個　人　票

世帯票 No.			男				年齢		世帯主
個人票 No.			女						家族
				地位			タイム	ピース	月収
本業	従來			1	2	3	日 月		
	現在			1	2	3	日 月		
副業	従來	內					日 月		
		外							
	現在	內					日 月		
		外							
希望ノ副業	種類	Ⅰ 內 外			Ⅱ 內 外			Ⅲ 內 外	
	時間	晝		希望ノ	日	備			
		夜		收入	月	考			
大正十二年十一月　　日					調査員　　日				

六

さて、他計式を用ゐる以上、調査員に出來る丈《ダ》けの習練を與《アタ》へて置かなければならぬ。唯奉仕心の厚いのを頼みとし、無準備にバラック村に飛込んだのではいけない。私は次の如き要綱を作り、其れについて稍々《ショウショウ》長い時間に亙《ワタ》つて調査員に講話を爲し、更らに若干の假例に就《ツ》いて、調査票記入法の練習を課した。

職業調査要綱

本調査は「センサス」(Census)に非ず、「アンケート」(Enquête)なり。(十一月十五日社會局の失業調査は「センサス」)

(A)「センサス」の要件 ＝ (一)同時的 (二)網羅的 (三)計數的

(B)「アンケート」の要件 ＝ (一)適時的 (二)徹底的 (三)記述的

「アンケート」調査員の心得は (一)慇懃《インギン》 (二)精確 (三)詳密《ショウミツ》(殊《コト》に具體的)なるを要す。

其の避くべき事は (一)横柄 (二)臆斷 (三)粗雜是れなり。

(一)慇懃《インギン》 被調査者に對する言辭應對は極《キワ》めて鄭重《テイチョウ》なるべし。

(二)精確 一度尋ねて要領を得ざる事も少時の後他の「交錯質問法」(Cross questioning)(八)を用ゐて再問三問し要を得るに勉むべし。

(三)詳密《ショウミツ》 職業種類、副業の希望等は成るべく詳密《ショウミツ》に且《カ》つ具體的に記入すべし、例へば單に某會社職工とせず某會社工場何々係何々擔任の工長、平職工、又は助手等とするが如し。

職業調査記入凡例

(一)世帯票は一世帯毎に個人票を綜合したる目録たり索引たるものに付き個人票記入に方《アタ》つては必ず之を携帶するを要す且《カ》つ其

の記入は個人票に先立つて之を爲すべし。

(二) 被調査者の姓名は世帯票の世帯主欄にのみ之を記入し其他には凡《スベ》て記入を要せず各個人は各世帯番號に分屬し世帯內に於ては男女別、年齢の二項によりて辨別《ベンベツ》するものとす、故に世帯票番號個人票番號、男女別、年齢の項は必ず脫漏なきを期せざるべからず。

(三) 凡《スベ》て擇一事項は當該項を存し不當該項の上に斜線を引くべし。

例、(イ)―男女―男ナルトキ、(ロ)―日月―月給ナルトキ、(ハ)―晝《ヒル》夜―晝《ヒル》ナルトキ、(ニ)―內外―外勤ノトキ、の如し。

(四) 同上にして其別明かならざるときは其儘《ソノママ》に爲し置くべし。

例　時間―晝《ヒル》夜二拘《カカワ》ラズ
5―五時間ノ副業ヲナシツ、アル者
晝《ヒル》夜―又ハ其ヲ希望スルモノ、場合
內外―副業の內外別判然セザル場合

(五) 希望職業のⅠ、Ⅱ、Ⅲ、は希望の順位なり卽ちⅠは第一希望、Ⅱは第二希望、Ⅲは第三希望なり一種類のみを申出づる場合は第一希望欄にのみ記入す、以下同じ。

(六) 金額(日月給、月收、生計費)は凡《スベ》て洋數字を以て左の如く記入すべし。

例　15.60　十五圓六十錢　　.70　七十錢

(七) 職業上の地位1. 2. 3. とあるのは(公務、自由業、其他の有業者、家事使用人に就《ツイ》ては區別せず、農工、商業交通業のみに就《ツイ》て分つ。

1. 業　主　業務を主宰經營する者
2. 職　員　業主の下に在りて事務又は技術に從事する者
3. 勞働者　業主職員の下に在りて單に勞務に從事する者

其別明ならざるときは强ひて臆斷を用ゐ《イ》ず其儘《ソノママ》に爲し置くべし、但し職業種類を成る可《ベ》く詳記し集計の際地位の分別に資することを勉むべし。

（八）「タイム」（Time 時間給賃銀）「ピース」（Piece 出來高給賃銀）は雇傭者（職員、勞務者）の場合に記入し更らに「月收」の欄に一ケ月合計の收入高を記入す。

業主に就《ツイ》ては「月收」の欄にのみ記入し「タイム」「ピース」欄に記入せず。

以　上

更らに調査の行程を左の如くに定めた。

職業調査行程

一、毎調査日、各班長は調査開始の二十分前に各バラック團內所定の集合點に參集すべし、（日比谷に於ては花壇內に參集のこと、其他各バラック團に就き集合點を定めて豫め通知す）

二、調査員は調査開始の十五分前に、同前。

三、班長は調査の前日委員長より世帶票及個人票を受取り、當日所定の員數に應じ各調査員に交付すべし。

四、委員長第一合圖《アイズ》をするときは、各班長は卽時集合點に集るべし。

五、委員長第二合圖《アイズ》をするときは、各調査員右同斷。第一合圖《アイズ》及第二合圖《アイズ》は傳令を以て之に代ふることあるべし。

六、所定の調査を終りたる調査員は調査票を一括して其の班長に交附すべし、班長は之を卽時委員長に報告して其指揮を乞ふべし、指揮なくして調査員の退散するを許さず。

七、各班長は毎日調査終了後委員長の指揮により其所轄調査員全部の調査票を本學構內臨時職業調査事務所へ持參し委員長に交付し、次日分の調査票を受取りたる後退散すべし、而《シカ》して其調査票は次の調査日に被調査バラック內所定集合點に持參し所轄調査員に配付すべし。

八、委員長は各調査日の終わりに受取りたる調査票を所定の容器に收む可《ベ》し、決して他の箇所に放置することを得ず。

九、委員長又は副委員長の中一名は必ず當日の集合點に駐在するものとす、但し差支《サシツカエ》あるときは代人を依囑することを得。

一〇、凡《オヨ》そ疑義は班長之を決し、其の及ばざるものは委員長之を決し、猶《ナオ》及ばざるものは輔導者之を決す。

一一、調査は原則として毎日午前正七時より之を開始す、但し臨時變更する場合は前日之を告知す。
一二、調査時間は毎日約四時間を見當とす。
一三、凡《スベ》て時間は厳守するものとす、殊《コト》に集合時間は之を勵行《レイコウ》す。

かくて豫定の通り滞《トドコオリ》なく實地踏査を終つたのは十一月十日のことである。一日四時間を調査時間とはしたが、種々の理由から其れよりも遙かに延長して、班によりては七八時間の長きを要した。殊《コト》に重病者の訴へ、三日間絶食者の續出などの爲めに、冷かな調査は先《マ》づ擱《オ》いて、其人々の訴を聞き、臨機の處置を取つた班などに至つては朝七時から夕五時までもかゝつたことがある。又た全家不在の者に就《ツ》いては、別に整理班を組織し、再訪再調を行つた爲め、人數に著しく不足を感じた。日比谷に於ては、再訪猶《ナオ》不在の世帶數が一區畫丈《ダ》けで六十にも及んだ故、私共は有志の調査員と共に更らに夜五時半から八時半まで夜間訪問して調査したことがある。八時半で打切つたのは、夜間訪問の無禮を恐れたからで、現に芝では、某團體某大學の人々が十時過に調査を行つた爲め、甚《ハナハ》だ憤つて居た人々を多く見出したから、私共は日比谷以外の他の箇所に就《ツイ》ては、夜間訪問を全廢することにした。其の爲め全く調査不能に終つたものが尠《スクナ》からずある。又た、バラック事務所の原簿に記入した姓名と異つた人が居住して居たものも尠《スクナ》からずある。其れは、何《イズ》れも、バラック事務所の怠慢又は粗漏《ソロウ》を立證するもので、中には權利金を以って、バラック居住權（其んな權利が新たに發生したのである）を買取つて入り來つた人もあるとか云ふが、其等は何《イズ》れも無屆《トドケ》で、事務所では、依然元の人が居住するものとして取扱つて居るのである。更らに又た原簿に何等の記入なき人々の居住して居るのもある。其等を合計すると九ケ所通算で一千七十七世帶に及んで居る。調査不能であつた總數は（其の大多數は原簿にあつて實際居住なきものである）一千七十一世帶であつた。其から再度訪問しても不在であつたもの、總數が九百八十八であつた。其詳細をバラック別にあげると次の如くである。

再調不在及バラック事務所原簿と符合せざる世帯數

	再調不在	バラック事務所原簿に記入無かりし現住世帯	バラック事務所原簿に記入ありて現住せざる世帯
日比谷	127	205	147
外苑	148	89	101
竹之臺	86	93	61
馬場先	21	48	91
池之端	78	179	101
月島	44	38	48
九段上	233	176	226
芝公園	184	202	189
芝離宮	67	47	107
總計	988	1,077	1,071
備考	次頁表本調査世帯數に算入す		次頁表本調査世帯數に算入せず

再訪不在のものも世帯數合計中には通算し、個人數には一人として計上して置いた。此點亦《マタ》一の誤差の原因となるに相違ないが、私共の調査としては、四訪五訪することは不可能で已《ヤ》むを得ないのである。

總人員及世帶數表

	總人員	世帶數	一世帶當り平均人員
日比谷	6,942 ※	1,670	4,157
外苑	6,388	1,956	3,265
竹之臺	4,411	1,310	3,367
馬場先	1,727	508	3,390
池之端	4,269	1,140	3,367
月島	1,151	287	4,014
九段上	2,711	790	3,432
芝公園	4,979	1,483	3,359
芝離宮	4,530	1,180	3,839
總計	37,108	10,324	3,594

※ 日比谷總人員は調査不十分なりし爲め仲町實査によつて得たる世帶當り平均人員數を總世帶實査數に乘じて算出せるものなり

		總人員	世帶數	一世帶平均人員
日比谷仲町 三井集會所 バラックを除く	男	669	279	2,505
	女	461		1,652
	計	1,160		4,157

七

右の如くにして、總計一萬三百二十四の世帶票、有業者一萬三千四百一人の調査票、一千九百三十の女子求職者の調査票を得た（外に男子求職票も若干あるが、それは、集計する必要なしと認めて、其儘《ソノママ》にしてある。）先づ左に一覧表を掲げ、其れに就《ツ》いて説明して見よう。（一覧表は次頁に掲ぐ。）

有業者總數一萬三千四百一人を男女に分けて見ると、男一萬二百六十六、女三千百三十五人である。此れ丈《ダ》けが、震災前何等かの職業を有《モ》つて居た人で、現に九ケ所の市營バラックに收容せられて居るのである。さて其の內何人が、災前と同一の職業を繼續して居るか（之れを完全有業者と名けた）と云ふと總數五千五十八人、內男四千三百六十九人、女六百八十九人あるのである。之れを有業者總數に割り當てゝは二割五分三厘であるが、女の其れは驚く可《ベ》し六割三分一厘六毛に見ると男女合計では、總數の三割七分七厘四毛となり、男女別にして見ると、男は四割二分五厘六毛あるが、女は遙かに割合が少く、僅《ワズ》かに二割一分九厘八毛にしか當らないのである。換言すれば、震災の爲めに元の業を繼續し得る者は男は四割强であるが、女は其半分の二割强にしか當つて居らないのである。而《シカ》して此數を除いた殘りは、完全又は不完全の失業者である。完全失業者とは純失業者のことで、現在に於いて全く何等の職業（本業副業とも）を有《モ》たないものを云ひ、不完全とは轉業者のことで、從來の副業を本業としたり、又は震災前とは全く異る職業を營んで居る人のことを云ふのである。其割合は純失業者三割四分一厘六毛、轉業者二割八分一厘であるが、之を男女別々に見ると、其間大なる差違がある。卽ち男の純失業の割合は二割五分三厘であるが、女の其れは驚く可《ベ》し六割三分一厘六毛に昇つて居るのである。卽ち女は災前の職業を繼續するものが少い反面に於いて、今全く失業の狀態にあるものが、此《カ》く多數に及んで居るのである。之れと反對に轉業者は、男の方が多く、女の方は少い。卽ち男は三割二分一厘四毛であるのに、女は一割四分八厘六毛しかない。女は轉業と云ふことが中々困難で、大抵は、本當の失業者となつて仕舞つて居るが、男の方は約三分の一は兎《ト》に角《カク》何か他の職業を見出して之を營んで居るのである。此事實は、我々に色々な教訓を與《アタ》ふること、思ふ。男の大多數は一家の主人で、何とでもして收入を得る重い義務を負ふから、好き嫌ひを問はず又た適不適を論せず、得られる限りの職に就《ツ》くが、女は必ずしも左様でなく、又左様までする必要を有《モ》たないものも尠《スクナ》くはあるまい。此理由が右の如く轉業者の男女別に著しい相違を生ぜしめたのであらう、而《シカ》して此事實の反面は、卽ち女の失業者の割合の甚《ハナハ》だ大なりてふ事實を伴ふのであらう。併《シカ》し其れと同時に、女はタトヒ職を得る必要は大であり、其希望は甚《ハナハ》だ強いにも拘《カカワ》らず、今日の狀態に於いて、其希望其必要を充たす道を持たない。例へば職業紹介所の狀態を見ても、婦人求職者は男の其れに比べて甚《ハナハ》だ少い。殊《コト》に現在の樣《ヨウ》に朝暗い內から紹介所へ詰めかけなければならぬと云ふ樣《ヨウ》な有樣では、女はとても紹介所へ行くことが出來ないのである。紹介所へ申込み來る婦人求職者少しとて樂觀するは大なる誤である。是れは、急速に婦人求職者の方へ出張して紹介する制度を作らねばならぬのである。ソコデ一般の求職者は男女を通じて失業した其本業若《モシ》くは其れに類似した業なる可《ベ》しと推定して大過なきものとして、私共は殊《コト》に新たに求めらる、婦人內職の希望を調査して見たのである。其調査の結果は實に次頁掲載表の通りであつた。

現 狀 一 覽 表

			比例								
現在失業者數			完全有業者ノ從來有業者ニ對スル百分率			轉業者ノ從來有業者ニ對スル百分率			失業者ノ從來有業者ニ對スル百分率		
男	女	計	男	女	計	男	女	計	男	女	計
384	303	687	47.23	21.27	41.63	31.75	18.49	28.88	21.02	60.24	29.49
494	355	849	38.53	21.32	34.59	36.06	17.16	31.73	25.41	61.52	33.68
441	289	730	31.91	18.30	28.38	34.43	18.74	30.35	33.66	62.96	41.27
160	103	263	42.78	18.18	37.98	30.05	9.79	26.09	27.17	72.03	35.93
343	229	572	34.59	20.12	31.34	35.89	12.13	30.53	29.52	67.75	38.13
80	103	183	47.12	10.69	35.91	25.76	10.69	21.13	27.12	78.62	42.96
178	168	346	47.95	22.90	41.00	25.95	12.98	22.35	26.10	64.12	36.65
291	243	534	48.55	28.98	43.94	29.81	12.32	25.70	21.64	58.70	30.36
226	187	413	50.90	28.25	45.99	28.78	11.04	24.92	20.32	60.71	29.09
2,597	1,980	4,577	42.56	21.98	37.74	32.14	14.86	28.10	25.30	63.16	34.16

災前有業者

	實數												
	世帯數	從來有業者數			現在有業者數								
					完全有業者			転業者			合計		
		男	女	計	男	女	計	男	女	計	男	女	計
日比谷	1,790	1,827	503	2,330	863	107	970	580	93	673	1,443	200	1,643
外苑	1,956	1,944	577	2,521	749	123	872	701	99	800	1,450	222	1,672
竹之臺	1,310	1,310	450	1,760	418	84	502	451	86	537	869	170	1,039
馬場先	508	589	143	732	252	26	278	177	14	191	429	40	469
池之端	1,140	1,162	338	1,500	402	68	470	417	41	458	819	109	928
月島	287	295	131	426	139	14	153	76	14	90	215	28	243
九段上	790	682	262	944	327	60	387	177	34	211	504	94	598
芝公園	1,483	1,345	414	1,759	653	120	773	401	51	452	1,054	171	1,225
芝離宮	1,180	1,112	308	1,420	566	87	653	320	34	354	886	121	1,007
總計	10,324	10,266	3,135	13,401	4,369	689	5,058	3,300	466	3,766	7,669	1,155	8,824

右表の分類は、農商務省が企てつゝある內職授産計劃の種類に成可《べ》く應ずるやうにして、直ぐに授産實行の參考資料として、何分なりとも役立ち得るやうにしたのであるが、其以外の希望職業と雖《イエド》も洩らさず之を計上して置いたのである。

八

次に甚《ハナハ》だ重要なことは、（一）失業者の職業別（二）轉業者の從來職業別と現在職業別とである。（一）に就《ツイ》ては、次の樣《ヨウ》な二つの方法を以つて、比例を算出して見た。第一は、各バラツクに於ける失業者總數を百とし、之れに對する失業者其れ〴〵の震災前の職業別人數の百分率を算出する之である。第二は、同じく各バラツクに於ける各職業の有業者數を百とし、之に對する其業の失業者數の百分率を算出する之である。私は假りに前者を失業者職業分類率(Berufsgruppenrate der Beschäftigungslosen）と名つけ、後者を各職業失業率（Beschaftigunglosig-keitsrate）と名つけた。今前者を各業に分けて示せば、左の通りである。

女子希望副業分類表

女子希望副業ノ分類	日比谷	外苑	竹之臺	馬場先	池之端	月島	九段上	芝公園	芝離宮	合計	總數ニ對スル百分率
1 裁縫、ミシン、足袋	107	113	89	41	56	23	42	44	62	577	29.92%
2 編物、造花、刺繍、袋物	20	46	13	3	3	2	11	11	14	123	6.37%
3 麻絲ツナギ、絲巻	2	3	1	—	2	—	—	1	8	17	0.88%
4 紙箱、玩具	4	9	7	6	5	1	—	4	4	40	2.07%
5 紙袋、封筒、熨斗《ノシ》、製本	35	47	19	20	4	22	18	25	34	224	11.62%
6 鼻緒《ハナオ》、爪皮《ツマカワ》、草履《ゾウリ》	6	9	29	2	7	2	1	4	12	72	3.73%
7 女給、飲食店女中	2	2	1	—	5	—	—	2	2	14	0.72%
8 女中（子守ヲ含ム）	22	19	2	4	8	6	2	3	2	68	3.52%
9 事務員、店員、給仕（官廳、會社等）	14	10	9	1	6	3	2	5	6	56	2.90%
10 電話交換手	3	2	—	1	2	—	—	1	2	11	0.57%
11 女工、雑役婦	8	28	11	4	5	22	2	10	20	110	5.69%
12 教員、遊藝及手藝師匠	5	3	2	—	—	—	—	—	—	10	0.52%
13 看護婦、助産婦	4	—	1	—	—	1	—	—	2	8	0.41%
14 其ノ他	63	51	24	10	19	8	10	26	60	271	14.05%
15 A 種類ヲ指定セザルモノ（家庭内ニ於て）	35	50	33	6	17	—	16	26	4	187	9.68%
15 B 種類ヲ指定セザルモノ（家庭内外ヲ問ハズ）	16	16	25	4	37	1	3	14	26	142	7.35%
15 計	(51)	(66)	(58)	(10)	(54)	(1)	(19)	(40)	(30)	(329)	(17.03%)
總計	346	408	266	102	176	91	107	176	258	1,930	100.00%

分類率表

		失業者職業分類率
一、農業	一、農耕、畜産、蠶業《サンギョウ》。	○・○四
	二、林業	○・○七
	合計	○・一一
二、水産業	三、漁業、製鹽《セイエン》業。	○・○四
三、鑛業	四、採鑛、冶金業。	○・○二
	五、土石採取業	—
	合計	○・○二
四、工業	六、窯業。	○・四二
	七、金屬工業。	二・六二
	八Ａ、機械製造業。	二・四○
	八Ｂ、器具製造業。	一・四九
	九、化學工業。	一・三八
	一○、繊維工業。	二・八八
	一一、紙工業。	二・五三
	一二、皮革、骨、角、甲、羽毛品類製造業。	○・九二
	一三、木竹類ニ關スル製造業。	二・二九
	一四、飲食料品ノ嗜好品製造業。	一・六三
	一五、被服、身ノ廻リ品製造業。	一五・九三
	一六、土木建築業。	一・六八
	一七、製版、印刷、製本業。	一一・七三
	一八、學藝、娯樂、装飾品製造業。	三・八○
	一九、瓦斯、電氣及天然力利用ニ關スル業。	○・七四
	二○、其他ノ工業。	一・三九
	合計	五三・八三

失業者職業		
五、商業	二一、物品販賣業。	一七・二八
	二二、媒介、周旋業。	一・七五
	二三、金融、保險業。	〇・七九
	二四、物品賃貸業、預り業。	〇・五〇
	二五、旅宿、飲食店、浴場業等。	八・六三
	二六、其他ノ商業。	〇・三三
	合　計	二九・二八
六、交通業	二七、通信業	一・三三
	二八、運輸業。	二・七三
	合　計	四・〇六
七、公務、自由業	二九、陸海軍人。	〇・〇〇
	三〇、官吏、公吏、雇傭。	一・〇五
	三一、宗教ニ關スル業。	〇・一五
	三二、教育ニ關スル業。	〇・三五
	三三、醫務ニ關スル業。	〇・九〇
	三四、法務ニ關スル業。	〇・〇四
	三五、記者、著述者。	〇・二〇
	三六、藝術家。	一・五三
	三七、其他ノ自由業。	一・六〇
	合　計	五・八二
八、其他ノ有業者	三八、其他ノ有業者。	五・三一
九、家事使用人	三九、家事使用人。	一・五三
	通　計	一〇〇・〇〇

更に後者を示せば、左表の如くになるのである。

失業率表

一、農業	一、農耕、畜産、蠶業《サンギョウ》。	五・〇〇
	二、林業。	四二・八六
二、水産業	三、漁業、製鹽《セイエン》業。	三三・三三
三、鑛業	四、採鑛、冶金業。	二五・〇〇
	五、土石採取業。	—
四、工業	六、窯業。	二五・〇〇
	七、金屬工業。	一九・四八
	八A、機械製造業。	四七・〇一
	八B、器具製造業。	二五・四七
	九、化學工業。	五〇・八一
	一〇、纖維工業。	五七・三九
	一一、紙工業。	五五・五〇
	一二、皮革、骨、角、甲、羽毛品類製造業。	四二・八七
	一三、木、竹類ニ關スル製造業。	二七・二八
	一四、飲食料品、嗜好品製造業。	二八・〇三
	一五、被服、身ノ廻リ品製造業。	五六・一二
	一六、土木建築業。	一〇・七七
	一七、製版、印刷、製本業。	四四・三四
	一八、學藝、娯樂、裝飾品製造業。	五三・七一
	一九、瓦斯、電氣及天然力利用ニ關スル業。	一四・九一
	二〇、其他ノ工業。	六六・六六
五、商業	二一、物品販賣業。	三二・六六
	二二、媒介、周旋業。	四二・七八
	二三、金融、保險業。	三一・五八
	二四、物品賃貸業、預リ業。	三七・一〇

各職業		
	二五、旅宿、飲食店、浴場業等。	四一・七六
	二六、其他ノ商業。	四六・八八
六、交通業	二七、通信業。	三一・九四
	二八、運輸業。	一二・八八
七、公務、自由業	二九、陸海軍人	—
	三〇、官吏、公吏、雇傭。	一〇・八六
	三一、宗教ニ關スル業。	二九・一七
	三二、教育ニ關スル業	一八・一八
	三三、醫務ニ關スル業。	三六・六一
	三四、法務ニ關スル業。	二五・〇〇
	三五、記者、著述者。	三九・一三
	三六、藝術家。	五一・〇九
	三七、其他ノ自由業。	四五・六二
八、其他ノ有業者	三八、其他ノ有業者。	六二・五〇
九、家事使用人	三九、家事使用人。	
	總計	三四・一六

以上は、何《イズ》れも實數と其れに基いて算出した百分率であつて、一も推計を用ゐないもので、現に九ケ所のバラックに居住する避難者實際の狀況を各々比例的に表したものである。元より前にも云ふ通り、短日月の間の調査であり、殊《コト》に集計を僅《ワズ》か數日間で仕上げたもので、國勢調査の様《ヨウ》に三年も經つても猶《ナオ》未だ結果をあげない程丁寧《テイネイ》周到にやつて居るものとは、比較することの出來ない拙速的のものであるから誤算もあらうし又は票の集計、分類等にも誤謬《ゴビユウ》があるであらう。私自ら決して之を十二分に信憑《シンピヨウ》す可《ベ》き計數なりと云ふ勇氣を有《モ》たぬものである。去り乍《ナガ》ら、今日までバラックに就《ツイ》て調査を試みた團體や吏員や有志家、其の數は莫大なものであつたやうだが、何《イズ》れも、其結果を集成して

公表したものを聞かない。随分甚《ハナハダ》しいのは、私共が三十人がかりで五六時間もかゝつてやつと調査した或バラックへ僅《ワズ》か二人の女學生が來つて、二時間ばかりで調査を完了して歸つて行つた實例を知つて居る。其類の調査は果して如何云ふ風に其結果を計算するか、實に不可解である。又市役所とか社會局とかでも未だ纒《マトマ》つた數字を公けにしない。否此頃彼等の公けにして居る數字は、實は私共の集計表の而《シカ》も以下に述ぶる所の推計の部分を、如何《イカ》にも實數であるかの樣《ヨウ》に新聞記者に物語つたものなのである。或る吏員は私共に感謝して云ふ、我々も此等の數字を作る可《ベ》きだが、未だ其暇がなくて新聞記者に尋ねらるゝ毎に困難を感じて居る、御蔭で向後《コウゴ》は彼等に責められないで濟むと。實に驚いた次第ではないか。此《カ》種の吏員は新聞記者に尋ねらるゝことなくば、其樣な調査は必要を感ぜぬものと見える。實に此くの如き現狀に於いては、甚《ハナハ》だ不十分なる私共の調査も、或は多少の資料となり得るかと思ふのであつて、私共の與《アタ》へた此刺戟に促されて、責任ある吏僚が更らに遙かに完備した實地調査を急施《キュウシ》するやうになるならば、私共の本望は達せられるので、私共のあげた結果は、其時の至るまで生命を有し得るに過ぎない、より完全なものが出現せば、私共のあげた結果の如きは全く其用を失ふ可《ベ》きものである。

九

兎《ト》に角《カク》現在に於いては、他に何の賴る可《ベ》きものがないのである。ソコデ、私は更らに右の實査の結果を取つて、若干の推計を試みて見た、推計は飽迄《アクマデ》も推計であつて、實査の結果とは、同日を以て談ず可《ベ》きものでない。如何《イカ》によき方法を以て推計するとしても、其の學問的價値は少いものである。況《イワ》んや私の試みた推計は其の方法に於て甚《ハナハ》だ不十分なものである。多くの時間を有するならば、今少しく精密な方法を用ゐることも出來るが、急速に目前の參考資料を得ようとするには、其様する暇がないのである。

私の推計は次ぎの如くである。

失業者總數及其職業別推計

〔一〕大東京區域內に現住する罹災避難者總數

A 市內〔警視廳警務課調査係發表避難民收容場所、人員及燒跡復歸者數十月十日調市內の部合計數〕　三六四、四二四人

B 市外〔東京市非常災害事務總務部調査課乙第四二號大東京區域內避難民數調査總數〕　五三一、三二七人

合　計　八九五、七五一人

〔二〕右合計人數に今回調査の結果たるバラック收容總避難民數に對する災前有業者數の百分率

（之を有業率と名《ナヅ》く）三六・七を乘ずるときは

避難者總員中の災前有業者總數　三二八、七四一人

を得。

〔三〕右災前有業者推定總數に今回の調査の結果たる有業者數に對する現在失業者數の百分率

（之を失業率と名付く）三四・一六を乘ずるときは

大東京區域內に住居する避難者總數中失業者　一一二、二九八人

を得るなり。

〔四〕右失業者數に有業者一人に對する避難者數一人七二五を乘ずれば

失業者及其扶養人數合計　三〇六、〇一二人

を得。

〔五〕右失業者總數を災前の職業別によつて分類推計せんには今回の調査の結果たる失業者職業別の失業者総數に對する百分率

（之を失業者職業分類率と名付く）を各總數に乘ず。其結果は次の如し。

一、農業	一、農耕、畜産、蠶《サンギョウ》業。	四五
	二、林業。	七九
二、水産業	三、漁業、製鹽《セイエン》業。	四五
三、鑛業	四、採鑛、冶金業。	二二
	五、土石採取業。	―
四、工業	六、窯業。	四七一
	七、金屬工業。	二、九四二
	八A、機械製造業。	二、六九五
	八B、器具製造業。	一、六七三
	九、化學工業。	一、五五〇
	一〇、纖維工業。	三、二三四
	一一、紙工業。	二、八四一
	一二、皮革、骨、角、甲、羽毛品類製造業。	一、〇三三
	一三、木、竹類ニ關スル製造業。	二、五七二
	一四、飲食料品、嗜好品製造業。	一、八三〇
	一五、被服、身ノ廻リ品製造業。	一七、八八九
	一六、土木建築業。	一、八八七
	一七、製版、印刷、製本業。	一三、一七三
	一八、學藝、娯樂、裝飾品製造業。	四、二六七
	一九、瓦斯、電氣及天然力利用ニ關スル業。	八三一
	二〇、其他ノ工業。	一、五六一
五、商業	二一、物品販賣業。	一九、四〇五
	二二、媒介、周旋業。	一、九六五

	二三、金融、保険業。	八八七
	二四、物品賃貸業、預リ業。	五六一
	二六、其他ノ商業。	三七一
	二五、旅宿、飲食店、浴場業等。	九、六九一
六、交通業	二七、通信業。	一、四九四
	二八、運輸業。	三、〇六六
七、公務、自由業	二九、陸海軍人。	―
	三〇、官吏、公吏、雇傭。	一、一七九
	三一、宗教ニ關スル業。	一六九
	三二、教育ニ關スル業。	三九三
	三三、醫務ニ關スル業。	一、〇一一
	三四、法務ニ關スル業。	四五
	三五、記者、著述者。	二二五
	三六、藝術家。	一、七一八
	三七、其他ノ自由業。	一、七九七
八、其他ノ有業者	三八、其他ノ有業者。	五、九六三
九、家事使用人	三九、家事使用人。	一、七一八
	總　計	一二二、二九八

右推定を更らに學生諸氏が訂正したものは左の如くであつて、此の後者の方がより正しいと信ずるから、之をも掲げて置く。

職業中分類の失業者推定數（訂正）

職業大分類	職業中分類	有業者總數に對する失業者百分比	推定總人員	前回推定類との差
Ⅰ、農業	1. 農耕、畜產、蠶業《サンギョウ》	0.01	33	+12
	2. 林業	0.02	64	+15
	合計		97	
Ⅱ、水產業	3. 漁業、製鹽《セイエン》業	0.01	33	+12
Ⅲ、鑛業	4. 採鑛、冶金業	0.01	33	-11
	5. 土石採取業	——	——	——
	合計		33	
Ⅳ、工業	6. 窯業	0.15	492	-21
	7. 金屬工業	0.90	2,957	-15
	8. A機械製造業	0.82	2,695	0
	8. B器具製造業	0.51	1,675	-2
	9. 化學工業	0.47	1,544	+6
	10. 纖維工業	0.99	3,254	-20
	11. 紙工業	0.87	2,859	-18
	12. 皮、骨、羽毛品類製造業	0.31	1,0 9	+14
	13. 木、竹類ニ關スル製造業	0.78	2,596	-24
	14. 飲食料品、嗜好品製造業	0.55	1,808	+22
	15. 被服、身廻品製造業	5.44	17,883	+6
	16. 土木建築業	0.58	1,905	-18
	17. 製版、印刷、製本業	4.01	13,182	-9
	18. 學藝、娛樂裝飾品製造業	1.30	4,273	-5
	19. 瓦斯電氣及天然力業	0.25	821	+10
	20. 其他ノ工業	0.48	1,577	-16
	合計		60,539	

Ⅴ、商業	21. 物品販賣業	5.90	19,395	+10
	22. 媒介、周旋業	0.60	1,971	-6
	23. 金融、保險業	0.27	888	-1
	24. 物品賃貸業、預業	0.17	558	+3
	25. 旅宿、飲食店、浴場	2.95	9,697	-6
	26. 其他ノ商業	0.11	362	+9
	合計		32,871	
Ⅵ、交通業	27. 通信業	0.46	1,511	-17
	28. 運輸業	0.93	3,057	+9
	合計		4,568	
Ⅶ、公務、自由業	29. 陸海軍人	——	——	——
	30. 官公吏雇傭	0.36	1,179	0
	31. 宗教ニ關スル業	0.05	163	+6
	32. 教育ニ關スル業	0.12	394	-1
	33. 醫務ニ關スル業	0.31	1,018	-7
	34. 法務ニ關スル業	0.01	33	+12
	35. 記者、著述者	0.07	229	-4
	36. 藝術家	0.52	1,708	+10
	37. 其他ノ自由業	0.54	1,775	+22
	合計		6,499	
Ⅷ、其他ノ有業者	38. 其他ノ有業者	1.81	5,950	+13
Ⅸ、家事使用人	39. 家事使用人	0.52	1,708	+10
總	計	34,16	112,298	0

〔註〕前回の失業者總數の推定は平均失業率と失業分類率と二つを用ゐた爲め若干の誤差を生じて居る。依つて今回は從來有業者の推定數に從來有業者總數に對する各業別失業者の百分率を乘じて推計したその推定數と前回推定數に對する誤差を示したものである。

茲《ココ》に繰返して斷らなければならぬことは、右は全く一の推計に過ぎないもので、而《シ》かも數箇の推計を重加したもので、實數の根據《コンキヨ》は一もないものであること之れである。從つて、失業者總數の十一萬餘は多少の確らしさを有するとしても、其内譯たる各職業者推定數は實際とは決して合致するものでないは、當然のことである。唯或度迄の接近性を有すると云ふに過ぎない。其れも中間に近い場合に於て然《シカ》るので、中間を距《ヘダタ》ること上下共に遠いほど、實際とは距《ヘダタ》りのある可《ベ》きものである。更らに失業の率は、男と女とは大いに異るから、兩者合計の率を以つて算出した右數は、更らに誤差を生ず可《ベ》きは當然である。

十

更らに轉じて、各職業失業率を罹災有業者推定數に乘ずるのも一法である。併《シカ》し乍《ナガ》ら之は、右の推計よりも、更らに、より多く事の實際とは遠ざかるであらうと考へられる。若《モ》しも各職業の實際罹災者の實數が判明して居り、而《シカ》して其數に、各職業失業率を乘じたら、或は實際に近い數が得られるであらうと思ふが、實際罹災者の職業別實數が判明する程なら、失業者の實數も同時に判明す可《ベ》きであらうから、其樣な推計は無用である。此《カ》くの如き實數が得られないからこそ推計を試みることが許されるので、實數を得る見込が少しでも存するなら、初めから推計などは全然斷念す可《ベ》きことである。仍《ヨツ》て私は、此の第二の方法は用ゐなかつたのである。例へば、國勢調査の結果では、物品販賣業者の實數は、男女計十八萬八千人である。之に本文の初めに言つた二階堂氏調査の罹災率六割五分を乘ずると十二萬二千人の罹災物品販賣業者を得る。此推定數に罹災者現住率（百五十一萬七千七百六十八分の八十九萬五千七百五十一）五九・〇〇を乘ずると七萬二千人を得る、此數に各業失業率中の物品販賣業率三二・六六を乘ずると二萬三千五百人の失業者推定數を得ることになり第一の方法で推算し得た一萬九千四百人よりは大なる數が出るが、私の推測では、此の一萬九千餘と云ふ後の數の方が前の數よりも遙かに多く實際に接近して居るやうである。乍去《サリナガラ》、箇々の職業に就《ツイ》ては、此《カ》くの如くであるが、全體に就《ツイ》て推算すると、第二の方法による推定數と第一の方法による推定數とは、餘り大なる差を示さない。此れは少くも第一の方法が全體に就《ツイ》ても、餘り大なる誤差を生ぜないことを裏書する所以《ユエン》であらうと思ふ。卽ち第二の方法による可《ベ》く本文の初めにあげた有職業者の罹災推定數六十三萬一千二百五十人に罹災者現住率五九を乘ずると三十七萬二千四百三十八人を得、之に全體の失業率三四・一六を乘ずれば、十二萬七千人と云ふ失業者推定總數を得るので、第一方法による推定數十一萬二千人と大差なきを見出すのである。前段八の拙文に於いては、全く他の方法で推計して得た數を揭げて置いたが、其數も亦《マタ》右兩者に甚《ハナハ》だ近いものである。卽ち十一萬五千人と云ふのが其數である。此等の種々なる方法で得た數が相近いものであることは、私が此度の調査から第一の方法によつて推定した十一萬二千若《モシ》くは第二の方法による推定數十二萬七千人の何《イズ》れかに近く實際の失業者數は位して居るものとの推測無論推測に過ぎない、決して實數ではないを確めしめるやうに思ふのである。各職業別の推定數は、此總數に比すれば、蓋然《ガイゼン》性を有すること無論遙かに少いものである。併《シカ》し兎《ト》に角《カク》、多少の參考材料とはなり得るかと考へて居るのである。

失業者に次で考察を要するは、（一）從來職業を有せずして、災後新たに業を有するに至つた者（之を新有業者と名《ナツ》く）（二）未だ職を得るに及ばないが、之を求めている者（之を新求職者と名《ナヅ》く）（三）災後業を得ては居るが、其れは災前の業と同じからざるもの（之を轉業者と名《ナヅ》く）の三種の人々である。今市直營バラック避難者中此三種に屬する人々に關する調査の結果を次ぎ次ぎに示して見よう。

災後の新有業者及新求職者一覧表

	新有業			新求職			合計		
	男	女	計	男	女	計	男	女	計
日比谷	29	56	85	36	161	197	65	217	282
外苑	37	110	147	50	157	207	87	267	354
竹之臺	21	54	75	23	116	137	44	170	214
馬場先	13	9	22	24	42	66	37	51	88
池之端	14	43	57	18	62	80	32	105	137
月島	9	4	13	5	24	29	14	28	42
九段上	19	23	42	18	49	67	37	72	109
芝公園	18	36	54	39	84	123	57	120	177
芝離宮	21	35	56	19	97	116	40	132	172
總	181	370	551	232	792	1,024	413	1,162	1,575

右の內新有業者を職業別にして見ると次頁掲載表の通りである。

新有業者の現状一覧表

		V						VI		VII									VIII	IX	合計
19	20	21	22	23	24	25	26	27	28	29	30	31	32	33	34	35	36	37	38	39	
—	—	6	—	1	—	7	—	—	1	—	2	—	—	—	—	—	—	—	7	—	29
—	—	27	—	—	—	9	—	—	—	—	1	—	—	—	—	—	—	—	1	—	56
—	—	33	—	1	—	16	—	—	1	—	3	—	—	—	—	—	—	—	8	—	85
1	—	8	—	—	—	3	—	2	—	—	3	—	1	—	—	—	—	—	12	—	37
—	—	30	—	—	—	4	—	1	—	—	1	—	1	—	—	—	—	—	5	2	110
1	—	38	—	—	—	7	—	3	—	—	4	—	2	—	—	—	—	—	17	2	147
—	—	7	—	—	—	—	—	1	—	—	—	—	—	—	—	—	—	—	4	—	21
—	3	11	—	—	—	1	—	—	—	—	2	—	—	—	—	—	—	1	3	2	54
—	3	18	—	—	—	1	—	1	—	—	2	—	—	—	—	—	—	1	7	2	75
—	—	7	—	—	—	2	—	—	—	—	—	—	—	—	—	—	—	—	3	—	13
—	—	3	—	—	—	—	—	—	—	—	—	—	—	—	—	—	—	—	—	—	9
—	—	10	—	—	—	2	—	—	—	—	—	—	—	—	—	—	—	—	3	—	22
1	—	3	—	—	—	—	—	—	1	—	1	—	—	1	—	—	—	—	3	—	14
—	3	13	—	—	—	6	—	—	—	—	—	—	—	—	—	—	—	1	4	—	43
1	3	16	—	—	—	6	—	—	1	—	1	—	—	1	—	—	—	1	7	—	57
—	—	1	—	—	—	—	—	—	—	—	—	—	—	—	—	—	—	—	7	—	9
—	—	1	—	—	—	1	—	—	—	—	1	—	—	—	—	—	—	—	1	—	4
—	—	2	—	—	—	1	—	—	—	—	1	—	—	—	—	—	—	—	8	—	13
—	—	5	—	—	—	2	—	—	1	—	—	—	—	—	—	—	—	—	7	—	19
—	—	8	—	—	—	1	—	—	—	—	—	—	—	—	—	—	—	—	1	—	23
—	—	13	—	—	—	3	—	—	1	—	—	—	—	—	—	—	—	—	8	—	42
—	—	9	—	—	—	2	—	—	—	—	1	—	—	—	—	—	—	—	5	—	18
1	2	7	—	—	—	2	—	—	—	—	—	—	—	—	—	—	—	—	1	—	36
1	2	16	—	—	—	4	—	—	—	—	1	—	—	—	—	—	—	—	6	—	54
—	—	4	1	—	—	—	—	—	—	—	1	—	—	—	—	—	—	—	10	—	21
—	—	12	—	—	—	8	—	—	—	—	—	—	—	—	—	—	—	—	—	—	35
—	—	16	1	—	—	8	—	—	—	—	1	—	—	—	—	—	—	—	10	—	56
2	—	50	1	1	—	16	—	3	3	—	8	—	1	1	—	—	—	—	58	—	181
1	8	112	—	—	—	32	—	1	—	—	5	—	1	—	—	—	—	2	16	4	370
3	8	162	1	1	—	48	—	4	3	—	13	—	2	1	—	—	—	2	74	4	551

職業中分類に分ちたる

		I		II	III		IV												
		1	2	3	4	5	6	7	8A	8B	9	10	11	12	13	14	15	16	17	18
日比谷	男	1	—	—	—	—	—	—	1	—	—	2	—	—	—	—	—	—	1	—
	女	—	—	—	—	—	—	—	—	—	—	—	1	—	—	1	6	1	9	—
	計	1	—	—	—	—	—	—	1	—	—	2	1	—	—	1	6	1	10	—
外　苑	男	—	—	—	—	—	—	—	—	—	—	—	—	—	—	2	2	2	1	—
	女	—	—	—	—	—	—	—	—	—	—	17	1	—	—	—	48	—	—	—
	計	—	—	—	—	—	—	—	—	—	—	17	1	—	—	2	50	2	1	—
竹之臺	男	—	—	—	—	—	—	2	—	—	—	—	2	—	—	1	1	1	2	—
	女	—	—	—	—	—	—	—	—	—	1	7	3	—	—	—	19	—	1	—
	計	—	—	—	—	—	—	2	—	—	1	7	5	—	—	1	20	1	3	—
馬場先	男	—	—	—	—	—	—	1	—	—	—	—	—	—	—	—	—	—	—	—
	女	—	—	—	—	—	—	1	—	—	—	—	—	—	—	—	5	—	—	—
	計	—	—	—	—	—	—	2	—	—	—	—	—	—	—	—	5	—	—	—
池之端	男	—	—	—	—	—	—	—	—	1	—	—	—	—	—	—	2	1	—	—
	女	—	—	—	—	—	—	—	—	—	—	2	2	—	1	—	1*	—	—	—
	計	—	—	—	—	—	—	—	—	—	—	2	2	—	1	—	13	1	—	—
月　島	男	—	—	—	—	—	—	1	—	—	—	—	—	—	—	—	—	—	—	—
	女	—	—	—	—	—	—	—	—	—	—	—	—	—	—	—	—	—	—	—
	計	—	—	—	—	—	—	1	—	—	—	—	—	—	—	—	—	—	—	—
九段上	男	—	—	—	—	—	—	—	—	—	—	—	—	—	1	—	1	—	1	1
	女	—	—	—	—	—	—	—	—	—	—	6	—	—	—	—	7	—	—	—
	計	—	—	—	—	—	—	—	—	—	—	6	—	—	1	—	8	—	1	1
芝公園	男	—	—	—	—	—	—	—	—	—	—	—	—	—	—	—	—	—	1	—
	女	—	—	—	—	—	—	—	—	—	—	2	1	—	—	5	9	—	6	—
	計	—	—	—	—	—	—	—	—	—	—	2	1	—	—	5	9	—	7	—
芝離宮	男	—	—	—	—	—	—	—	—	—	—	—	1	—	—	—	—	1	3	—
	女	—	—	—	—	—	—	—	1	—	—	—	1	—	—	3	4	—	5	1
	計	—	—	—	—	—	—	—	1	—	—	—	2	—	—	3	4	1	8	1
總　計	男	1	—	—	—	—	—	4	1	1	—	2	3	—	1	3	6	5	9	1
	女	—	—	—	—	—	—	1	1	—	1	34	9	—	1	9	109	1	21	1
	計	1	—	—	—	—	—	5	2	1	1	36	12	—	2	12	115	6	30	2

更に前表の中、重要若《モシ》くは特色ある職業中分類五種を細別して見ると左の如くである。

轉業者の從來職業別は下表の通りである。

特色ある五中分類の細別表

月島		九段上		芝公園		芝離宮		合計		
男	女	男	女	男	女	男	女	男	女	計
—	—	—	—	—	—	—	—	1	—	1
—	—	—	—	—	—	—	—	1	—	1
—	—	—	—	—	—	—	—	2	—	2
—	—	—	—	—	—	1	—	1	1	2
—	—	—	—	—	—	1	—	5	1	6
—	—	—	1	—	1	—	—	3	66	69
—	—	—	6	—	5	—	4	—	34	34
—	—	1	—	—	1	—	—	2	2	4
—	—	—	—	—	2	—	—	1	7	8
—	—	1	7	—	9	—	4	6	109	115
1	—	2	1	1	—	—	—	9	4	13
—	—	—	—	—	—	—	—	—	2	2
—	—	—	—	—	—	—	—	1	3	4
—	—	—	—	1	—	2	—	4	4	8
—	1	—	—	1	—	—	—	3	8	11
—	—	—	—	—	—	—	1	—	5	5
—	—	—	2	—	—	—	—	1	6	7
—	—	—	—	1	4	—	5	4	33	37
—	—	1	—	4	1	1	2	11	17	28
—	—	2	5	1	2	1	4	17	30	47
1	1	5	8	9	7	4	12	50	112	162
—	—	—	1	—	—	—	1	1	4	5
—	—	—	—	—	—	—	—	—	2	2
—	—	—	—	—	—	—	1	—	2	2
—	—	—	—	—	1	—	1	4	7	11
—	—	2	—	2	1	—	3	10	6	16
—	—	2	—	2	2	—	6	15	21	36
—	1	—	—	—	—	—	—	1	6	7
—	—	—	—	—	—	—	2	—	5	5
—	1	2	1	2	2	—	8	16	32	48
1	1	—	—	—	—	1	—	8	1	9
—	—	—	—	1	—	—	—	7	—	7
6	—	6	—	3	—	8	—	30	—	30
—	—	1	1	1	1	1	—	13	15	28
7	1	7	1	5	1	10	—	58	16	74

從來職業別表

Ⅴ						Ⅵ		Ⅶ									Ⅷ	Ⅸ	合計
21	22	23	24	25	26	27	28	29	30	31	32	33	34	35	36	37	38	39	3,766
864	76	15	19	300	5	11	236	—	24	11	11	18	3	6	40	38	173	26	

新有業者の現在職業中重要並に

		日比谷		外　苑		竹之臺		馬場先		池之端	
		男	女	男	女	男	女	男	女	男	女
土木建築業	土工	—	—	1	—	—	—	—	—	—	—
	日傭	—	—	1	—	—	—	—	—	—	—
	大工	—	—	—	—	1	—	—	—	1	—
	其他	—	1	—	—	—	—	—	—	—	—
	計	—	1	2	—	1	—	—	—	1	—
被服、身廻品製造業	蒲團側縫	—	6	2	39	1	16	—	2	—	1
	和服裁縫	—	—	—	9	—	—	—	3	—	7
	ミシン裁縫	—	—	—	—	—	—	—	—	1	1
	其他	—	—	—	—	—	3	—	—	1	2
	計	—	6	2	48	1	19	—	5	2	11
物品販賣業	畫報、新聞、繪ハガキ	—	—	2	1	2	—	—	—	1	2
	マスク賣	—	—	—	—	—	—	—	2	—	—
	烟草賣	—	2	1	1	—	—	—	—	—	—
	被服類販賣	—	2	1	1	—	—	—	1	—	—
	今川焼	—	1	1	5	—	1	—	—	1	—
	芋屋	—	—	—	2	—	2	—	—	—	—
	揚物類販賣業	—	3	—	1	—	—	1	—	—	—
	菓子屋	1	6	1	9	1	5	—	—	—	4
	其他ノ飲食物販賣	2	4	—	6	2	1	—	1	1	2
	其他	3	9	2	4	2	2	6	2	—	2
	計	6	27	8	30	7	11	7	3	3	13
旅宿、飲食店、浴場等	飲食店										
	しるこ、ゆであづき	1	2	—	—	—	—	—	—	—	—
	焼とり	—	1	—	—	—	—	—	—	—	1
	うどん、そば	—	1	—	—	—	—	—	—	—	—
	おでん、酒肴	1	4	1	—	—	—	2	—	—	1
	其他ノ飲食店	4	—	2	1	—	1	—	—	—	—
	小計	6	8	3	1	—	1	2	—	—	2
	理髪店	1	1	—	1	—	—	—	—	—	3
	其他	—	—	—	2	—	—	—	—	—	1
	計	7	9	3	4	—	1	2	—	—	6
其他ノ有業者	焼跡片付	1	—	3	—	—	—	—	—	2	—
	夜番	4	—	—	—	2	—	—	—	—	—
	單ニ人夫又ハ勞働者	—	—	5	—	—	—	1	—	1	—
	其他	2	1	4	5	2	3	2	—	—	4
	計	7	1	12	5	4	3	3	—	3	4

轉業者の

Ⅰ		Ⅱ	Ⅲ		Ⅳ														
1	2	3	4	5	6	7	8A	8B	9	10	11	12	13	14	15	16	17	18	19	20
31	2	3	3	1	31	275	81	98	47	67	56	32	140	82	281	107	372	115	53	16

轉業者の現在職業一覧表

	V						VI		VII									VIII	IX	合計
20	21	22	23	24	25	26	27	28	29	30	31	32	33	34	35	36	37	38	39	
2	164	2	—	1	75	—	1	25	—	31	1	—	2	—	—	—	2	185	—	580
—	44	—	—	—	24	—	—	—	—	1	—	—	—	—	—	—	—	9	—	93
2	208	2	—	1	99	—	1	25	—	32	1	—	2	—	—	—	2	194	—	673
1	100	2	1	—	17	—	3	24	—	35	—	—	4	1	—	1	1	379	2	701
—	16	—	—	—	1	—	—	—	—	—	—	—	3	—	—	—	—	5	4	99
1	116	2	1	—	18	—	3	24	—	35	—	—	7	1	—	1	1	384	6	800
2	96	6	—	—	27	1	1	5	—	3	3	3	—	—	—	2	—	244	—	451
—	14	—	1	—	11	—	—	—	—	—	—	—	—	—	—	—	—	2	—	86
2	110	6	1	—	28	1	1	5	—	3	3	3	—	—	—	2	—	246	—	537
—	30	2	1	1	10	—	—	6	—	1	—	1	—	—	—	—	—	106	—	177
—	2	1	—	—	1	—	—	—	—	1	—	—	—	—	—	—	—	2	—	14
—	32	3	1	1	11	—	—	6	—	2	—	1	—	—	—	—	—	108	—	191
2	125	6	—	—	13	—	—	7	—	16	—	—	2	—	—	—	—	179	—	417
—	15	—	—	—	7	—	—	—	—	—	—	—	—	—	—	—	—	3	2	41
2	140	6	—	—	20	—	—	7	—	16	—	—	2	—	—	—	—	182	2	458
—	10	—	—	—	—	—	—	3	—	—	—	—	—	—	—	—	—	52	—	76
—	1	—	—	—	1	—	—	—	—	1	—	—	—	—	—	—	—	5	1	14
—	11	—	—	—	1	—	—	3	—	1	—	—	—	—	—	—	—	57	1	90
—	72	1	1	—	13	1	—	7	—	5	—	—	3	—	—	—	1	42	—	177
2	11	—	—	—	5	—	—	—	—	—	—	—	—	—	—	—	1	2	—	34
2	83	1	1	—	18	1	—	7	—	5	—	—	3	—	—	—	2	44	—	211
2	40	—	—	—	20	—	—	22	—	11	—	—	1	1	—	—	—	234	—	401
—	14	—	—	—	7	—	—	—	—	—	—	—	1	—	—	—	—	4	2	51
2	54	—	—	—	27	—	—	22	—	11	—	—	2	1	—	—	—	238	2	452
—	54	1	—	1	18	—	1	13	—	2	1	—	—	1	—	—	—	180	—	320
—	14	—	—	—	2	—	—	—	—	—	—	—	—	—	—	—	—	1	2	34
—	68	1	—	1	20	—	1	13	—	2	1	—	—	1	—	—	—	181	2	354
9	69	20	3	3	193	2	6	112	—	104	5	4	12	3	—	3	4	1,601	2	3,300
2	131	1	1	—	59	—	—	—	—	3	—	—	4	—	—	—	1	33	11	466
11	822	21	4	3	252	2	6	112	—	107	5	4	16	3	—	3	5	1,634	13	3,766
0.29	21.82	0.56	0.11	0.08	6.69	0.05	0.16	2.97	—	2.84	0.13	0.11	0.42	0.08	—	0.08	0.13	43.39	0.34	100.00

轉業者の現在職業別は左の如くである。

職業中分類に分ちたる

		Ⅰ		Ⅱ	Ⅲ								Ⅳ							
		1	2	3	4	5	6	7	8A	8B	9	10	11	12	13	14	15	16	17	18	19
日比谷	男	—	1	—	—	—	—	5	1	1	—	—	—	—	5	—	15	42	9	1	9
	女	1	—	—	—	—	—	1	—	—	—	2	1	—	—	—	7	—	3	—	—
	計	1	1	—	—	—	—	6	1	1	—	2	1	—	5	—	22	42	12	1	9
外　苑	男	—	3	—	—	—	2	8	4	—	1	1	6	—	9	3	9	67	8	2	7
	女	—	—	—	—	—	—	1	1	—	—	16	1	—	—	—	50	—	1	—	—
	計	—	3	—	—	—	2	9	5	—	1	17	7	—	9	3	59	67	9	2	7
竹之臺	男	—	—	—	—	—	3	8	1	1	—	4	3	—	5	2	3	23	—	4	1
	女	—	—	—	—	—	—	—	—	1	—	8	12	2	—	—	31	—	3	1	—
	計	—	—	—	—	—	3	8	1	2	—	12	15	2	5	2	34	23	3	5	1
馬場先	男	—	—	—	—	—	—	—	—	—	—	—	—	—	1	—	3	11	1	—	3
	女	—	—	—	—	—	—	—	—	—	—	—	1	—	—	—	6	—	—	—	—
	計	—	—	—	—	—	—	—	—	—	—	—	1	—	1	—	9	11	1	—	3
池之端	男	—	2	—	—	—	—	1	1	4	2	1	—	—	6	1	8	32	2	5	2
	女	—	—	—	—	—	—	—	—	1	—	1	—	—	—	—	11	—	—	1	—
	計	—	2	—	—	—	—	1	1	5	2	2	—	—	6	1	19	32	2	6	2
月　島	男	—	—	—	—	—	2	2	4	—	—	—	—	—	—	1	—	—	2	—	—
	女	—	—	—	—	—	1	—	—	—	—	1	—	—	—	—	2	—	1	—	—
	計	—	—	—	—	—	3	2	4	—	—	1	—	—	—	1	2	—	3	—	—
九段上	男	—	—	—	—	—	—	4	1	2	1	1	1	—	1	2	2	8	6	—	2
	女	—	—	—	—	—	—	—	—	—	—	3	—	—	—	—	9	—	1	—	—
	計	—	—	—	—	—	—	4	1	2	1	4	1	—	1	2	11	8	7	—	2
芝公園	男	—	—	—	—	—	3	5	2	3	—	1	5	—	7	2	7	20	7	2	5
	女	—	—	—	—	—	—	—	2	—	—	—	2	—	—	6	9	—	2	—	2
	計	—	—	—	—	—	3	5	4	3	—	1	7	—	7	8	16	20	9	2	7
芝離宮	男	—	1	—	—	—	—	5	2	3	—	—	2	—	2	1	3	19	5	4	1
	女	—	—	—	—	—	1	—	—	—	—	1	—	—	1	3	6	—	3	—	—
	計	—	1	—	—	—	1	5	2	3	—	1	2	—	3	4	9	19	8	4	1
總　計	男	—	8	—	—	—	10	38	16	14	4	8	17	—	36	12	50	222	40	18	30
	女	1	—	—	—	—	2	2	3	2	—	32	17	2	1	9	131	—	14	2	2
	計	1	8	—	—	—	12	40	19	16	4	40	34	2	37	21	181	222	54	20	32
比　例		0.02	0.21	—	—	—	0.32	1.06	0.50	0.42	0.11	1.06	0.90	0.05	1.03	0.56	4.80	5.89	1.43	0.53	0.85

更らに、同じく轉業者に就て、其現在職業中重要なるもの、若くは特色あるものを細別して示して置く。

轉業者の現在職業中重要並に特色ある九中分類の細別表

		日比谷		外苑		竹之臺		馬場先		池之端		月島		九段上		芝公園		芝離宮		合計		
		男	女	男	女	男	女	男	女	男	女	男	女	男	女	男	女	男	女	男	女	計
金工屬業	トタン板、ブリキ板製造	—	1	1	—	4	—	—	—	—	—	—	—	1	—	1	—	—	—	7	1	8
	其他	5	—	7	1	4	—	—	—	1	—	2	—	3	—	4	—	5	—	31	1	32
	計	5	1	8	1	8	—	—	—	1	—	2	—	4	—	5	—	5	—	38	2	40
機械製造業	焼損機械修繕	—	—	2	—	—	—	—	—	1	—	2	—	—	—	—	2	1	—	6	2	8
	其他	1	—	2	1	1	—	—	—	—	—	2	—	1	—	2	—	1	—	10	1	11
	計	1	—	4	1	1	—	—	—	1	—	4	—	1	—	2	2	2	—	16	3	19
器具製造業	自轉車修繕	1	—	—	—	—	—	—	—	1	—	—	—	2	—	1	—	2	—	7	—	7
	其他	—	—	—	—	1	1	—	—	3	1	—	—	—	—	2	—	1	—	7	2	9
	計	1	—	—	—	1	1	—	—	4	1	—	—	2	—	3	—	3	—	14	2	16
土木建築業	大工	5	—	8	—	14	—	—	—	2	—	—	—	2	—	2	—	2	—	35	—	35
	左官	2	—	1	—	4	—	—	—	1	—	—	—	2	—	—	—	—	—	10	—	10
	石工	—	—	—	—	—	—	—	—	—	—	—	—	—	—	—	—	—	—	—	—	—
	瓦職	—	—	5	—	2	—	—	—	1	—	—	—	2	—	—	—	—	—	10	—	10
	土工	6	—	10	—	1	—	1	—	—	—	—	—	1	—	—	—	2	—	21	—	21
	日傭	27	—	26	—	—	—	10	—	26	—	—	—	1	—	17	—	13	—	120	—	120
	道路人夫	1	—	—	—	—	—	—	—	—	—	—	—	—	—	—	—	—	—	1	—	1
	ペンキ屋	1	—	—	—	2	—	—	—	—	—	—	—	—	—	1	—	—	—	4	—	4
	其他	—	—	17	—	—	—	—	—	2	—	—	—	—	—	—	—	2	—	21	—	21
	計	42	—	67	—	23	—	11	—	32	—	—	—	8	—	20	—	19	—	222	—	222
被服、身廻品製造業	蒲團側縫	1	—	1	50	1	4	—	2	—	—	—	—	—	2	4	4	—	—	7	62	69
	和服裁縫	1	5	—	—	—	18	—	4	—	8	—	2	—	5	1	3	1	6	3	51	54
	ミシン裁縫	1	1	3	—	—	2	—	—	2	1	—	—	1	—	2	1	2	—	11	5	16
	其他	12	1	5	—	2	7	3	—	6	2	—	—	1	2	—	1	—	—	29	13	42
	計	15	7	9	50	3	31	3	6	8	11	—	2	2	9	7	9	3	6	50	131	181
物品	書報、新聞、繪ハガキ	25	—	15	—	6	2	2	—	10	—	—	—	8	—	2	2	2	—	70	4	74
	マスク賣	—	—	—	—	—	—	—	—	—	—	—	—	—	1	—	—	—	—	—	1	1
	烟草賣	1	4	1	1	3	1	1	—	3	—	—	—	2	2	—	—	—	—	11	8	19
	被服類販賣	16	4	6	—	15	—	5	—	2	—	—	—	4	—	4	1	4	2	56	7	63

販賣業		今川焼	9	1	5	3	5	1	1	—	3	1	—	1	3	—	2	1	3	—	31	8	39
		芋屋	6	2	4	1	3	—	1	—	1	—	—	—	1	—	—	1	2	—	18	4	22
		揚物類販賣業	—	4	3	1	—	—	1	—	2	—	—	—	3	—	—	1	2	1	11	7	18
		菓子屋	13	13	4	5	6	3	4	—	10	3	1	—	6	5	5	6	4	5	53	40	93
		其他ノ飲食物販賣	34	5	32	5	20	3	4	1	25	3	3	—	13	1	10	2	17	1	158	21	179
		其他	60	11	30	—	38	4	11	1	69	8	6	—	32	2	17	—	20	5	283	31	314
		計	164	44	100	16	96	14	30	2	125	15	10	1	72	11	40	14	54	14	691	131	822
旅宿、飲食店、浴場等	飲食店	牛飯ライスカレー屋	9	2	—	—	1	1	2	—	2	—	—	—	—	—	2	—	2	—	18	3	21
		しるこ、ゆであづき屋	14	5	1	—	1	1	—	—	—	1	—	—	1	—	—	3	1	—	18	10	28
		すいとん屋	1	—	—	—	—	—	—	—	—	—	—	—	—	—	—	—	—	—	1	—	1
		一品料理屋	—	—	1	—	—	—	1	—	—	—	—	—	1	—	3	—	—	—	6	—	6
		喫茶店	—	1	1	—	—	—	—	—	—	—	—	—	—	—	—	1	—	—	1	2	3
		燒鳥屋	—	—	1	1	1	—	—	—	1	—	—	—	—	—	3	—	—	—	6	1	7
		うどん、そば屋	9	1	2	—	3	—	1	—	—	—	—	—	2	2	1	—	2	—	20	3	23
		おでん、酒肴屋	7	5	3	—	11	4	2	—	5	3	—	—	1	1	6	1	3	1	38	15	53
		其他ノ飲食店	34	10	3	—	6	4	4	1	4	1	—	1	8	2	4	2	10	1	73	22	95
		小計	74	24	12	1	23	10	10	1	12	5	—	1	13	5	9	7	18	2	181	56	237
		理髪店	—	—	3	—	4	1	—	—	1	—	—	—	—	—	—	—	—	—	8	1	9
		其他	1	—	2	—	—	—	—	—	—	2	—	—	—	—	1	—	—	—	4	2	6
		計	75	24	17	1	27	11	10	1	13	7	—	1	13	5	20	7	18	2	193	59	252
運輸業		自働車從業員	2	—	5	—	—	—	—	—	—	—	—	—	—	—	1	—	—	—	8	—	8
		車夫、馬丁	3	—	—	—	1	—	1	—	3	—	—	—	—	—	—	—	2	—	10	—	10
		沖仲仕	9	—	16	—	—	—	—	—	—	—	—	—	—	—	9	—	4	—	38	—	38
		車力	2	—	2	—	2	—	2	—	4	—	1	—	4	—	3	—	—	—	20	—	20
		其他	9	—	1	—	2	—	3	—	—	—	2	—	—3	—	9	—	7	—	36	—	36
		計	25	—	24	—	5	—	6	—	7	—	3	—	7	—	22	—	13	—	112	—	112
其他ノ有業者		燒跡片付	70	—	67	—	54	—	9	—	18	1	14	—	3	—	28	—	22	1	285	2	287
		夜番	—	—	3	—	—	—	—	—	1	—	—	—	—	—	—	—	—	—	4	—	4
		救護手傳	—	—	—	—	3	—	5	—	3	—	—	1	—	—	—	1	1	—	12	2	14
		電柱ペンキ落シ	2	—	1	—	—	—	—	—	—	—	—	—	—	—	—	—	—	—	3	—	3
		塵芥夫	1	—	1	—	—	—	—	—	1	—	—	—	—	—	—	—	1	—	4	—	4
		單ニ人夫又ハ勞働者	88	2	278	1	171	—	84	—	243	1	35	2	3	—	198	1	143	—	1,170	—	1,177
		其他	24	7	29	4	16	2	8	2	13	1	3	2	9	2	8	2	13	—	123	22	145
		計	185	9	379	5	244	2	106	2	179	3	52	5	42	2	234	4	180	1	1,601	33	1,634

右に示した數字は、又た同時に集團バラック以外に於ける一般罹災者の現狀を推測するに多少の參考となるであらうと思ふ。

十一

以上を以つて、私は私共の失業調査の結果の大要を紹介し終わつたが、之れに關連して、失業對案に就《ツイ》て一言して本文を終らうと思ふ。

先《マ》づ婦人の失業及新求職者に對しては、餘り大なる困難なく職を與《アタ》ふる𪜈《コト》が出來やうと思ふ。副業求職者の內、最多數を占むるものは、裁縫であり、之れに次ぐものは、前表二三五頁挿入に其他とした種々な職業であり、第三は紙類に關する仕事、第四は種類を指定せず唯家庭內に於て職を得んとするもの、第五は同上にして別に家庭の內外を問はざるもの、第六は編物其他、第七は女工、第八は鼻緒製造等、第九は女中其他、第十は事務員等であつたが、此の割合は集團バラック收容民のみに就《ツイ》てゞなく、粗《ホ》ぼ一般の罹災女子に就《ツイ》て當つて居るであらうと思ふ。幸ひ農商務省では色々其紹介、授產方を工夫して居ると云ふことであるから、豫算が取れる取れないなどと意氣地《イクジ》のないことを言はず、最善の努力を以つて、授產なり紹介なりに勉めたなれば、著しく失業女子の數を減ずることは出來るであらうと思ふ。呉々《クレグレ》も豫算々々と云ふことを已《ヤ》めて貰ひ度い。第一、九月一日の地震と云ふことは、何處の官廳《チヨウ》の豫算にも繰まれては居なかつたことを考へて呉《ク》れなくては困る。親が燒け死んでも豫算がないからとて、葬ひを出さない官吏もあるまい。自分が丸燒に會へば、豫算がないとて、何とかして居るであらう。此點を篤《トク》と考へて呉《ク》れゝば、豫算が取れずとも、若干の工夫を案出することは出來る可《ベ》き筈《ハズ》である。併《シカ》し政府なり又は團體なりに於いて、折角結構な思ひ付きをした農商務省に、出來る丈《ダ》け經費を給して、其實行に當らしめるやうにせられたい。濟生會とか、善後會とか名前許《バカ》り結構な團體もあるが、下らぬ雜誌を出したり、掛け持先生の夜學校をやつたりすることを全廢しても、此《カ》くの如き事の爲めに費用を出すやうにして貰ひ度いものと思ふ。

最後に一般失業者に對する對案は、決して千篇一律なるを得ない。右に實數をあげ且《カツ》又推定總數を示めした樣《ヨウ》に、失業者は各種の職業に分布せられて居る。唯一途の救濟法を以てしては、此等失業者が災前の職業に於いて有して居た營利能性を利用することが出來ない。ピグー氏の云ふ樣に、其の能性に適し、其災前得て居た收入に相當する所得ある職業が與《アタ》へられない限り、彼等は全然失業狀態を脫したものとは云へないので、唯一時凌《シノ》ぎの業を與《アタ》ふることは、純失業者を半失業者、四分の三失業者とするに止るのである。失業對案の標的は、失業者を全く失業狀態から脫せしめること、並びにデカジユアリゼーション（九）（職業の不安定を取除くと《コト》）でなければならぬ。卽ち以上失業調査の結果を極《ゴ》く大體に就《ツイ》て紹介して、失業對案に考慮を施しつゝ、ある志士仁人《シシジンジン》の參考に供して置く次第である。（十二・十一・卅）

＝大正十三年一月及二月『太陽』掲載＝

復興經濟の原理及若干問題（終）

大正十三年七月一日印刷
大正十三年七月三日發行

復興經濟の原理及若干問題

定價　金參圓貳拾錢

著者　福田德三

發行者　株式會社同文館
東京市神田表神保町二番地
右代表者　田中六藏

印刷者　北島三作
東京市神田區佐久間町三丁目十九番地

製本者　山縣純次
東京市神田區今川小路一ノ一

發兌　株式會社同文館
東京市神田區表神保町貳番地
振替貯金口座東京一三五番

三洋印刷株式會社印刷

解説・資料

『復興経済の原理及若干問題』注

序の一

（一）　関一（せき はじめ、一八七三―一九三五）東京高等商業学校（一橋大学）卒業後大蔵省、県立神戸商業学校教諭、市立新潟商業学校校長兼教諭を経て一八九七年母校教授。ベルギー留学後、交通政策、工業政策など研究。高等商業学校の大学昇格を巡る紛争で一九一四年辞任し、大阪市助役。後大阪市長となり、今日の「大大阪」の基礎を築く。主著には『都市政策の理論と実際』（一九三六）がある（『現代日本 朝日人物事典』）。

（二）　坂西由蔵（さかにし よしぞう、一八七七―一九四二）東京高等商業学校（一橋大学）卒業後、神戸高等商業学校（神戸大学）講師・教授。福田徳三門下の白眉。ブレンターノに師事。企業論、経済史を研究。主著は『企業論』（一九〇四）。福田徳三の *Die gesellschaftliche und wirtschaftliche Entwickelung in Japan* (1900) を『日本経済史論』（一九二五）として邦訳（『日本人名大事典 現代』）。

（三）　車谷馬一郎は保険科を一九〇七年に卒業し、福田の「企業の倫理論」執筆に貢献した。また中谷芳邦（なかや よしくに）は当時東京商科大学の学生で福田の専攻部のゼミ生で、生存権の指導を受けた。一九一五年卒業。卒業論文は「ゴドウィン・ホール・グレー研究」であった（金沢幾子編『福田徳三書誌』日本経済評論社、二〇一一、七四八頁、七五一頁）。

（四）　乾政彦（いぬい まさひこ、一八七六―一九五一）日本中学から第一高等学校、東京帝国大学法科に進み、卒業後、東京高等商業学校・法政大学の講師となる。一九〇一年、民法法学研究のためドイツに留学。ボン大学で研鑽し、帰国後東京高商教授。一九一五年、教授職を辞し弁護士。東京弁護士会会長。一九四六年貴族院議員（『大正人名辞典Ⅱ』上巻、一九八九（一九九二）、日本図書センター）。

（五）改造社は、東京毎日新聞社社長であった山本実彦が一九一八年に設立した出版社で、社会主義的傾向をもつ総合雑誌『改造』を発刊する一方、バートランド・ラッセルやアルベルト・アインシュタインなどを招き話題を集めた。一九二〇から二四年に出版された賀川豊彦『死線を越えて』がベストセラーとなり、一九二六年刊行開始された『現代日本文学全集』（六三巻）は昭和の「円本ブーム」の先駆けとなった。また、『マルクス・エンゲルス全集』を刊行したが、一九四四年に軍部により解散され、戦後再建し『改造』も復刊された（『国史大辞典』第三巻）。

（六）関東大震災に際して福田徳三がとった行動については、金沢幾子「福田徳三とは――その人となり（三）――関東大震災をめぐって」『評論』（日本経済評論社、一八五号、二〇一一年一〇月）に詳しい。

序の二

（一）営生機会とは、福田徳三の独自の用語であり、「今日の人間は、生存する為に、生活し営業し労働しなければならぬ」との考えから、その「生活、営業及労働機会」を総称したものを意味する（本書、一三三頁）。また、福田は、営生本拠権（居住権）を生存本拠権と営業本拠権を併せたものであると考えている（本書、一三九頁）。

（二）岩田宙造（いわた ちゅうぞう、一八七五―一九六六）東京帝国大学在学中伊藤博文の知遇をえる。卒業後、『東京日々新聞』記者。一九〇二年弁護士登録し、一貫して民事専門弁護士活動。四〇年大政翼賛会設立に反対。戦後、東久邇宮内閣、幣原内閣司法相（『現代日本 朝日人物事典』）。

（三）末弘厳太郎（すえひろ いずたろう、一八八八―一九五一）東京帝国大学卒業後、一九一八―二〇年欧米留学。帰国後、当時主流であったドイツ概念法学派の法学からの決別を主張。アメリカで学んだケース・メソッドにならって判例の共同研究会（判例民事法研究会）を発足。一九二四年学生による関東大震災後の救民組織を発展させた東大セッツルメントを設立し、労働者教育、実費診療、児童教育、法律相談、消費組合運動を手がけた（『現代日本 朝日人物事典』）。

（四）永井亨（ながい とおる、一八七八―一九七三）東京帝国大学卒業後、農商務省入省、鉄道省経理局長を経て、

一九二〇年協調会専務理事、二六年中央労働学園長、人口問題研究会理事長、人口学会会長、専修大学教授を歴任。経済学博士（『日本人名大事典　現代』）。

（五）　賀川豊彦（かがわ　とよひこ、一八八八—一九六〇）明治学院高等学部神学予科卒業後、新設の神戸神学校入学。神戸の貧民窟で、伝道と貧民救済に尽くす。一九一四年渡米し、プリンストン大学、プリンストン神学校に進学。帰国後鈴木文治らと友愛会関西労働同盟会を指導、日本基督教会で牧師の資格を取得。一九二一年の神戸の川崎・三菱造船所の争議を指導し、関東大震災では被災者救済に努める。一九五五—五八年まで関西学院の理事を務めた。著書に『貧民真理の研究』（一九一五）、『死線を越えて』（一九二〇）などがあり、『賀川豊彦全集』全二四巻がある（『関西学院事典』、『日本近現代人名辞典』）。

一　復興經濟の第一原理

（一）　本所の安田氏の文庫とは、第三国立銀行や安田銀行（富士銀行の前身）などを設立した安田財閥の創業者安田善次郎（一八三六—一九二一）の長男二代目善次郎（幼名は善之助、一八七九—一九三六）の蔵書で、その前期は松廼舎《まつのや》文庫、後期は安田文庫と称した。松廼舎文庫は、東京・本所横網町の安田家本邸内にあり、彼の号「松廼舎」が文庫名として使われた。江戸文学、殊に歌舞伎・能楽の珍本を主とし、広く名家の自筆本や短冊類にも及んだという。後期の安田文庫は古写経・古版本により力点がおかれた。古活字本は四百点余に達している。この他にも絵入り通俗読み物・江戸絵図・書誌類などさまざまな名品を揃え、質量ともに全国屈指の善本文庫に発展した。しかし、これら全ては関東大震災の劫火で邸とともに灰となった。なお、初代安田は後藤新平による東京市の開発および市政調査会の構想に共鳴していたが、震災前の一九二一年九月二八日刺殺された。東京大学の安田講堂の寄付は彼の死後実現した（二代目善次郎およびこの文庫については、国立国会図書館の「蔵書印の世界」電子展示会［http://www.ndl.go.jp/zoshoin/zousyo/04yasuda.html］。初代善次郎については『日本近現代人名辞典』および『安田善次郎伝』中公文庫、一九七九年を参照のこと）。

（二）福田によれば、流通経済の原理とは「経済学殊に流通経済の原理」（二一頁）として、経済学原理の一部であり、その「流通経済の第一原理」として、リカルドおよびミルが「国際貿易論」で用いた「比較的生産費説の理論」（二五頁）を挙げている。

（三）暴利取締令は異常な利益をもたらす売買を規制する法令で、一九一七年九月一日に、第一次世界大戦ブームによる物価抑制のために公布・施行された。対象品目は米穀類・鉄・石炭・紙・綿糸布・染料・薬品の七品目であった。日中戦争開始後は対象を二六品目（後にさらに三二品目）に拡大された。価格等統制令などが整備されると、この法律は統制の補完的役割を持つようになった（『国史大辞典』一二巻）。

（四）リカルド（David Ricardo, 1772-1823）イギリスの経済学者でワーテルロー戦役（一八一五）前後の国債取引で財をなした。ナポレオン戦争下のイングランド銀行兌換停止中の金価格・物価高騰・為替相場大幅下落の原因を巡り地金論争が起こり、リカードウは『地金高価論』（一八一〇）で早期兌換再開政策を擁護した。また、商工業の戦後恐慌時の穀物価格急落に対してマルサス（T. R. Malthus, 1766-1834）が農業保護政策を支持したのに対して、彼は『利潤論』（一八一五）で反論し、『経済学原理』（一八一五）を出し労働価値論に基づく経済学を提案した（『経済思想史辞典』）。

（五）比較的生産費の理論（比較生産費説）とは、貿易が利益となる根拠と国際分業パターンすなわち輸出入の方向の決定を各国生産費の相対的な格差に求める理論である。リカードウは、一国が生産性において他国に劣る財を輸出することも可能であり、また自国が生産性において優越する財の輸入によってさえ利益を獲得することができることを示した。つまり、比較的優位をもたない財を生産するよりも、その労働力を比較的優位財の生産に振り向けて貿易をした方が必ず有利になることを明らかにした（『経済思想史辞典』）。

（六）ミル（John Stuart Mill, 1806-73）J・ミルの長男で、父から周到な個人教育を受けて成長、古典語、論理学、経済学の初歩を一四歳までに学んだ。ベンサム主義者に心酔し、哲学的急進派の論客から、憂鬱症を経て浪漫派・歴主義・社会主義を理解するようになり、また、ハリエット・テイラーの交際・結婚を通じて女性問題にも深い理解を示すようになった。主著に『論理学』（一八四三）、『経済学原理』（一八四八）、『自由論』（一八五九）、『代議政治論』（一八六一）などがある。ミルはリカードウの比較生産費説に貿易財の国際的交換比率の決定のために相互需要論を導入した（『経済思想史辞典』）。

（七）　関東大震災における東京帝国大学全体の帳簿価額での損害は建物関係一六〇〇万円、機械器具関係で一二〇〇万円、書籍焼失七〇万冊であった、この図書の中に「エンゲル文庫」（一万四千冊）、ベルリナー主唱の「商業資料文庫」（諸企業の事業報告書）、新渡戸稲造寄贈のスミス蔵書を基にした「アダム・スミス文庫」（一四一部三〇八冊）が含まれていたが「スミス文庫」が長峰用務員と第一高等学校生徒によって持ち出された（『東大経済学部五十年史』）。

（八）　「鮮人云々の浮説」とは、大震災が起こった九月一日夕刻から朝鮮人による放火・投毒の流言のことである。二日になると朝鮮人来襲の流言となって広がった。その日の午後内務省警保局長は朝鮮人の放火をあげてその厳重な取り締まりを命令する電報を各地方長官宛に打ち、戒厳令の一部が施行され、同時に非常徴発令が公布された。戒厳令で出動した軍隊は朝鮮人をかりたて、軍隊・警察・自警団の手で数千人にのぼる朝鮮人が虐殺され、中国人も殺された。やがて流言が虚報とわかると、五日から当局は自警団の取り締まり乗り出したが、それにかわり検問所を増やし、この背後に社会主義者が扇動したと宣伝することを決め、社会主義者の検束がすすめられ、一六日には大杉栄夫妻ら殺害事件（甘粕事件）が起こった（『国史大辞典』第三巻）。

（九）　専門学校（旧制）は、大木喬任文部卿が構想した「専門学校」のこと。それは「外国教師ニ教授スル高尚ナル学校」であり、「外国教師ヲ雇ヒ専門諸学校ヲ開ク」のは、「専ラ彼ノ長技ヲ取ル」学校で、しかも「此学校ハ師範学校同様ノモノニシテ其学術ヲ得シモノハ将来我邦語ヲ以テ我邦人ニ教授スル目的ノモノ」であり、将来「大学」の教師となるべき学生の育成が目的であった。この規定に基づき法・理・工等の学科をおく開成学校（英語で授業）と東京医学校（ドイツ語で授業）が開校された。この「高工」は東京職工学校（一八八一）、東京工業学校（一八九〇）をへた東京高等工業学校（一九〇一）であり、この「商大」は東京商法講習所（一八七五）、東京商業学校（一八八四）、東京高等商業学校（一八八七）をへた東京商科大学（一九二〇）である。また、神戸高商は一九〇二年に創立された神戸高等商業学校である（天野郁夫『旧制専門学校』一九七八、日経新書）。

（十）　復興院（帝都復興院）は、一九二三年九月一日起こった関東大震災翌日に帝都復興省案とともに検討され、九月二七日に山本権之兵衛により設置された政府機関である。総裁は内務大臣後藤新平（元鉄道員総裁・東京市長）が兼務し、総裁官房・計画局・土地整理局・土木局・建築局・経理局・物資供給局を置いた。帝都復興計画は伊東巳代治（枢密院顧問）や野党政友会の反発により大幅に縮小された。第二次山本内閣が総辞職すると、総裁が後藤から水野錬太郎に交代し、二四年二月に帝都復興院は廃止された。この復興事業は内務省外局として設置された復興局に引き継がれ、さらに三〇年四月に復興事務局に改組されたが、三二年四月に廃止された（『国史大辞典』第九巻）。なお、この復興事業についての記録として「帝都復興事業に就て」が『東京市・府社会調査報告書8』（大正十三年（3））「日本近代都市社会調査資料集成2」近現代資料刊行会、一九九五）に収録されている。

（十一）　徳富健次郎（蘆花　とくとみ　けんじろう（ロカ）、一八六八―一九二七）は、一九一三年『みみずのたはこと』初版を出版し以降版を重ね、一九二四年に一〇八版を出版した。この震災時の版に「大正十二年十二月三十日」の奥付のある「読者に」が追加された。そこで関東大震災に言及し、「九月一日の地震に、千歳村は幸に大した損害はありませんでした。……鮮人騒ぎは如何でした？……隣字の烏山では到頭労働に行く途中の鮮人を三名殺してしまいました。済まぬ事恥かしい事です。……粕谷［徳富の住所］の人々が相談して、九月六日に西瓜、玉蜀黍《タマネギ》、茄子、夏大根、馬鈴薯《ジャガイモ》などを牛車十一台に満載して、東京へお見舞いしました」（岩波文庫、下、一九三八［初版］、一九九六［第二四刷］、一四三―四四）。また、「復活百〇八版『みみずのたはこと』の巻首に」（同書、二〇三―四頁）を参照のこと。

（十二）　汐見三郎（しおみ　さぶろう、一八九五―一九六二）大阪市に生まれ、第三高等学校から、京都帝国大学法科大学に入学し、一九一八年に卒業し、大蔵省に入省。退職後の一九一九年に京都帝国大学大学院に入学し、財政学を研究。一九二〇年に京都帝国大学経済学部講師、その後助教授となり、一九二三年から一五年まで欧米へ留学。一九二八年教授。一九三七年経済学部学部長、一九四六年退職し、同年四月から法学部講師、五八年に定年退職した。関東大震災前の業績として『経済統計研究』（一九二三）、「物価騰貴と通貨との関係に就て福田博士に答ふ」（一九一九）などがある

（「故汐見三郎博士略歴・主要著書論文目録」『経済論叢』［京都大学］第九一巻第三号、一九六三）。

（十三）ベルリーナ（Siegfried Berliner, 1884-?）東京帝国大学のお雇い外国人教師で、専門は商業学。在職は一九一三年九月から二〇年三月、再任され一九二五年三月まで。担当課目は、①商業数学（一）：大正九年度～一三年度、②商業数学（2）：大正九年度～一二年度、③国際金融論：大正九年度～一一年度（『東京大学経済学部五十年史』）。

（十四）ピグー（Arthur Cecil Pigou, 1877-1959）マーシャル（A. Marshall, 1842-1924）の後継者としてケンブリッジ大学教授。マーシャル以来の基数的効用理論に依拠したピグーの厚生経済学は「旧厚生経済学」と呼ばれることもあるが、その先駆性と視野の広さにおいて優れている。主著『厚生経済学』（一九二〇）では、社会全体の経済的福祉（経済厚生）は国民分配分の増大、分配の公正と安定によって向上するという「厚生経済学の三命題」を明らかにするだけでなく、この目標達成のためにはレッセフェールに委ねるだけでは達成されず、課税・補助金による政府的介入が必要だと主張した。他に『戦争経済学』（一九二一）、『失業の理論』（一九三三）、『社会主義対資本主義』（一九三七）、『雇用と均衡』（一九四一）がある（『経済思想史辞典』）。

二　欧洲の戦後経済と日本の復興経済

（一）「ムーア氏」とは、「ムーア氏の震災損失観」（『東洋経済新報』大正十二年十月二十号、一〇七〇号、二四頁）という短文のことである。そこでは、ホワード・ビー・ムーア（米国海外保険協会総支配人）が「震災の損失を二十億円以下」と見積もり、同時に「日本の国富を八百六十億円と計算せられることを挙て、二十億に足らぬ損失の埋合わせには、左迄長く懸からぬであろうと述て居る」と紹介されている。

（二）小泉信三（こいずみ　しんぞう、一八八八―一九六六）銀行家・慶應義塾位総長・塾長であった小泉信吉（一八四九―九四）の息子で、信吉死亡後福沢諭吉邸で同居。慶応義塾に在籍中（一九〇五―一一、一九一二―一八）の福田徳三に学ぶ。一九一〇年慶應義塾大学卒業後教員となり、ヨーロッパに留学（一九一二年九月―一六）中の一九一三年に

「内外経済学名著」の一冊として、W・S・ジェヴォンズの *The Theory of Political Economy*『経済学の理論』（一八七一）を、福田徳三が監修者でもあった福田徳三が序文を付して出版した。経済学と社会思想を専攻。一九三三年の塾長に就任後も研究を継続し、リカードウ研究で博士号を取得した。塾長就任後は保守的自由主義者としてマルクス主義批判を行うなど活躍し、一九三四年経済学者として初めて文化勲章を受賞した。ここで福沢の批判の対象となった論文は「震災所見」（『改造』一〇月号「大震災号」第五巻第一〇号、『小泉信三全集』第二巻［文藝春秋、一九六三、四四六―五四頁］に再録されている。『雑誌『改造』の四十年　付・改造目次總覧』光和堂、一九七七）である（『経済思想史辞典』）。

（三）「ヴキーダー・アウフバウ・ヴキルトシャフト」は'Wieder-aufbau-Wirtschaft'のこと。

（四）渡邊鐵蔵（わたなべ　てつぞう、一八八五―一九八〇）一九一〇年東京帝国大政治学科卒業後、ドイツ、ベルギーに留学。帰国後の一九一三年東京帝国大学法科大学経済学科助教授となり商学を担当。一六年教授。一九年経済学部の独立にともない同学部教授。一九二七年教授を辞職し、翌年日本商工会議所専務理事、産業組合運動に反対し辞職。三六年立憲民政党代議士となり、軍部・右翼を批判。翌年の選挙で落選し、渡辺経済研究所を設立し反ナチス運動に参加し、投獄。四七年争議に揺れる東宝映画の社長、大量の人員整理を強行。退社後の一九五二年に芦田均らと軍備促進連盟を結成し、改憲・再軍備・反共を唱えた。著書に『都市計画及住宅政策』（一九二三）、『英国の労働組合運動』（一九二四）などがある（『日本近現代人名辞典』）。

（五）「インコメンズラブル」は'incommensurable'のことで、同じ標準で計れないこと、比較できないこと、通分できないこと。

（六）「コントラヂクション・イン・アヂクト」は'contradiction in adject [ive]'のこと。

（七）「ベグリフス・フェルベイリング」は'Begriffsverwirrug'のこと。

（八）居留地は、安政五（一八五八）年、江戸幕府が米・英・仏・蘭・露の五カ国と結んだ修好通商条約によって設置された外国人の居留（開港場）と交易区域（開市場）として特に定めた地域のことで、東京築地居留地、横浜居留地、大阪川口居留地、神戸居留地、長崎居留地、新潟居留地、函館居留地であり、条約改正によって一八九九年に廃止された（『国史大辞典』第四巻）。

（九）本所被服廠とは、震災時、両国の被服廠跡に逃げこんだ三八、〇〇〇名が折柄捲き起こった七―八〇米の旋風にあおられた火のため全員が焼死するという惨事が起こった（『丸善百年史』下巻、丸善、一九八一、七九二頁）。

（十）オルソドックス経済学とは、福田のいう厚生経済学と区別された価格経済学のことで、スミスから福田と同時代人であったマーシャル、ピグーなどの経済学のことである。スミスは教師を不生産的であると考えている。福田の師ブレンターノには *Die klassische Nationalökonomie*（1889）という著書がある（「価格闘争より厚生闘争」（『改造』第三巻第五号、一九二一。なお、『社会政策と階級闘争』第二に収録。福田徳三『厚生経済』講談社学術文庫、一九八〇、四二頁）。

（十一）正しくは 'Stübengelehrte' のことで、世間・実際を知らない書斎にこもる学者のことである。

（十二）立憲政友会の原敬が一九一八年「平民宰相」「無爵宰相」として総理大臣に就任すると高橋是清を蔵相にすえ、積極財政政策を進めた。とりわけ、鉄道敷設におけるローカル線拡張や道路網の新設・整備を実施した。この「地方開発」政策は政友会の党勢拡張に大きな役割を果たした（『日本近現代人名辞典』）。

三　復興經濟の厚生的意義

（一）救世軍は、一八六五年にイギリスのメソヂストの牧師ブース（W. Booth, 1829-1912）によって創立された。彼はロンドン東部の人びとの救いのために働くように神の召命を感じ、蔓延していた社会悪の改善に取り組んだ。このボランティア運動は 'The Salvation Army'（救いの軍隊）と呼ばれた。あくまでも「軍隊の模倣ではなく、軍隊流」に活動し、ブースが大将となった。日本では一八九五年に始まり、日本人最初の救世軍士官には、同志社で学んだキリスト教伝道者山室軍平（一八七二―一九四〇）が就任し、「救世軍」として廃娼運動や「社会鍋」と呼ばれる募金運動などに取り組んだ。大正年間には皇室から御下賜金が与えられていた。しかし一九四〇年、政府の弾圧により解散され救世団となり、翌年の日本基督教団設立時にも参加した（『国史大辞典』第四巻）。

基督教青年会（ＹＭＣＡ）は、一八四四年にイギリスのロンドンでキリスト者に限らず青年層に対する啓蒙や社会改善事業のための奉仕活動として創立された。日本では一八八〇年青年牧師有志により東京で発足した。初代会長には小崎弘道（一八五六—一九三八）が就任した。福田も一八～一九歳頃に青年会で活躍した（『国史大辞典』第四巻）。

桜楓会は、日本女子大学が一九〇四年最初の卒業生を送り出すに際して創立者成瀬仁蔵（一八五八—一九一九）が生涯学習と社会貢献を目指して構想したもので『家庭週報』の刊行、バザー開催、託児所開所、さらには日本で最初の職業婦人のための近代的な桜楓会アパートメントを建設した（『国史大辞典』第一一巻『日本女子大学学園事典』〈二〇〇一〉）。

（二）「ヂスクレシヨン」とは‘discretion’のことで、判断・選択など行為の自由、自由裁量のこと。

（三）「プソイド・コントラクト」は‘pseudo contract’のこと。

（四）「ヴアイタル・インタレスト」は‘vital interest’のことで、生命に関わるような重大な利害・利害関係のこと。

（五）スミス（Adam Smith, 1723-90）スコットランドで生まれ、グラスゴウ大学を卒業後の一七四〇年にオックスフォード大学に入学。一七五一年にグラスゴウ大学の論理学教授、翌年道徳哲学の講座に移り、道徳哲学を研究講義した。『道徳感情論』（一七五九）を出版した。そこでは、利害関係のない観察者が立場を交換して当事者のおかれた事情を考慮し、同感する場合、行為や感情の適宜性が認められると説かれた。『国富論』（一七七六）では、交換性向に支えられた自己改善の願望が、人定法の障害を破って、社会全体としての福祉を秩序的に実現することを説かれた（『経済思想史辞典』）。

（六）「厚生哲学の闘士としてのアダム・スミス」（東京商科大学『商学研究』第三巻第一号「アダム、スミス生誕二百年記念論集」、四二〇頁）。なお、‘consumption is the sole aim of production’という文章については『国富論』（水田洋監訳・杉山忠平訳、岩波文庫、第三巻、二九六頁）を参照のこと。ここでスミスは以下のように書いている。「消費はすべての生産の唯一の目標であり目的であって、生産者の利益は、それが消費者の利益を促進するのに必要であるかぎりでのみ、留意されるべきである。この命題は完全に自明であり、それを証明しようと試みるのは、ばかげているだろう。ところが重商主義では……消費でなく生産が、すべての産業や商業の究極的な目標であり目的だと考えているいるように思われる」。なお、この論文について福田と杉村廣蔵および谷口吉彦との間にいわゆる「アダム・スミス論争」（杉村とは、一九二四年五月に、谷口とは五月・六月・七月）が戦わされた。また、福田と谷口との論争については山崎怜「谷口博士のアダム・スミス論」（『香川大学経済論叢』第三〇巻第二・三号、一九五七）を参照のこと。

（七）　マルクス（Karl Marx, 1818-83）ベルリン大学で青年ヘーゲル派として法学・哲学・史学を学び、急進民主主義の論陣を張ったが、封建的弾圧からしだいに共産主義へ移行し、『共産党宣言』（一八四八、共著）等で独自の世界観・共産主義像を明らかにした。彼の世界観は「人は、物質的生活の社会的生産で、生産諸力の一定の発展段階に相応しい生産諸関係に入る。この諸関係が社会の経済構造を形成し、この土台の上に、法的・政治的・宗教的・芸術的などのイデオロギー的諸形態が上部構造としてそびえる」という史的唯物論である。この世界観にもとづき、プロレタリアートが止揚された後の人間の解放、個人の自由な発展と運動の諸条件を自己の統制下にいた後の諸個人の結合、人間の経済的自己疎外となる私的所有を積極的に止揚することで、人間のための人間的本質を実際に獲得できると考えた（『経済思想史辞典』）。

（八）　河上肇（かわかみ　はじめ、一八七九―一九四六）一九〇二年東京帝国大学法科大学政治学科卒業後大学院で学び、一九〇八年京都帝国大学講師に就任。イギリス・ドイツ留学を契機に社会問題への関心を深め、『貧乏物語』（一九一七）で人道的社会政策を説くが、あきたらず自ら絶版。『社会問題研究』（一九一九）を創刊し、マルクス主義研究と普及に努める一方、その成果を『資本主義経済学の史的発展』（一九二三）として発表。しかし、櫛田民蔵や福本和夫による批判を機会に、本格的研究をさらに行い「唯物史観に関する自己精算」（一九二七―二八）や『経済学大綱』（一九二八）で研究の深化を示した。学生運動や山本宣治の憤死以降、河上の進退が教授会で問われ、その決定に従って辞表を提出。一九三〇年上京し、大山郁夫とともに新労農党樹立に努力するが、意見の相違から決別し、日本共産党へ入党・検挙。実践運動から手を引き、マルクス主義研究の断念を表明したが、獄中の研究成果を『資本論入門』（一九三二）として出版した。河上は福田徳三とともに、ドイツの影響を受けた歴史学派に属しながらも、理論・歴史・政策の全体を包括する業績で学会をリードした（『経済思想史辞典』）。

（九）　福田の弟子の一人であった山田雄三は、福田の「余剰の生産・交換・分配」（一九二九〔『厚生経済』所収〕）および「失業の必然・不必然と失業対策の可能・不可能」（一九三〇〔『厚生経済』所収〕）の論点をもここに求めている。すなわち「『各人からはその能力に応じて、各人へはその必要に応じて』なる共産主義社会の原則が、マルクスのいうように資本主義の崩壊後に実現するのではなく、『すでに資本主義社会の機構の中に一つの赤い糸のごとくに織り込まれている』」と（山田雄三「『厚生経済』研究における福田先生の遍歴」福田徳三『厚生経済』講談社学術文庫、一九八〇、二二五頁）。

（十）　「或学者の所謂文化価値」とは、福田の弟子で、リッカートの新カント派哲学の影響を受けた左右田喜一郎（一八八一―一九二七）が『経済哲学の諸問題』（一九一七）や『文化価値と極限概念』（一九二二）で主張した文化価値の哲学を指している。左右田には『左右田喜一郎全集』（全五巻、岩波書店、一九三〇―三一）がある（『経済思想史辞典』）。

（十一）　パレト（Vilfredo Federico Damaso Pareto, 1848-1923）トリノ大学で数学を専攻し、トリノ理工大学で工学の学位を取得後、鉄道技師と鉄道会社の支配人となる。パンタレオーニ（Maffeo Pantaaleoni, 1857-1924）と会い、数理経済学に興味をもち、数理経済学的論文を発表し、一八九三年「一般均衡論」の主唱者L・ワルラスの後任としてローザンヌ大学の教授に就任し、経済学ついで社会学を講義した。パレートは生涯を通じて徹底した自由主義者であったが、一九〇〇年以降しだいに「エリート史観」へと転換した。この転換は経済学の分野でも起こりワルラスの理論圏に属していた『経済学講義〔教科書〕』（一八九六―九七）から、ワルラスに残存していた価値の「原因」に関する思考を一切放逐した『経済学提要〔綱要〕』（一九〇六）を公刊した。「パレート最適〔法則〕」と呼ばれる彼の法則は、「他の個人の満足を減少させずにある個人の満足を増大させることができない、改善の余地のない経済状況を」を示している。厚生経済学では、完全競争均衡はパレート最適であり、任意のパレート最適は適当な資源の再配分により完全競争均衡として達成できるとされていた。しかし、パレート最適は所得分配の公平性に関する判断を保留しているため、異なるパレート最適を比較できず、それらを比較するために、補償原理や社会的厚生関数が導入された。晩年のパレートは、「合理的」諸個人の合意によって形成される「理性的社会」「理想社会」に懐疑的なペシミストとなり、『一般社会学概要』（一九一六）でそれを拒否しようとした（『経済思想史辞典』）。

（十二）この論文とは、「価格闘争より厚生闘争」（『改造』第三巻第五号、一九二一）であり、『社会政策と階級闘争』（一九二二）の第二として所収されている。また、当該引用箇所は、福田徳三『厚生経済』（講談社学術文庫、一九八〇、八四—八六頁）に再録されている。

（十三）「レドクチド・アド・アブストドム」は'reductio ad abusurdum''réduction à l'absurde'のこと。

（十四）この「流通経済の権力の作用」の考察は、例えば、日本では高田保馬（一八八三—一九七二）によって展開されていった。階級や分業への関心から『分業論』（一九一三）を刊行し、河上とのマルクスをめぐる論争を背景に『階級考』（一九二二）を刊行し『勢力論』（一九四〇）を刊行した。彼は社会学の勢力説を経済学へ適用し、新古典派・ケインズ経済学に対する批判を積極的に展開するようになった。高田は、京都帝国大学文学部哲学科で社会学専攻、一九一〇年卒業後、大学院入学。一四年京都帝国大学法科大学講師。その後、広島高等師範学校、東京商科大学、九州帝国大学法文学部教授を務め、二九年に京都帝国大学経済学部教授。戦後五一年、大阪大学法経学部、経済学部教授、社会経済研究所室長を務める。階級や分業現象への関心から勢力説を提唱し、日本における社会学の第一人者となる。また、一般均衡論・独占理論などの分野で、日本への近代経済学の導入に貢献した（井上琢智「高田保馬」『日本の経済思想』一、『経済思想』9、日本経済評論社、二〇〇六）。

（十五）「アドヴエント」は'advent'であり、キリスト降臨を意味し、重要な人物や事件の出現を意味する。クリスチャンとしての福田の用語法であろう。

（十六）『イン・ヌチエ』の意味は不明である。なお、福田徳三『厚生経済』（講談社学術文庫、一九八〇、一二四）では「『イン・ヌチエ』に於いて、」は省略されている。

（十七）リーフマン（Robert Liefmann, 1874-1941）フライブルグ大学助教授（一九〇四—一四）、同教授（一九一四—三三）。

独占的企業形態を研究し、経済的態度における心的要素を重視した。著書に *Kartell*（1905）, *Beteiligungs- und Finanzierungs- gesellschaften*（1909）, *Grundsätze der Volkswirtschaftslehre*（1917-19）がある（『岩波西洋人名辞典』）。福田はリーフマンの論文 "Die Entstelung des Preises aus subjektiven Wertschätzungen"（1921）を高く評価し、松浦要に邦訳をさせた。その邦訳は「価格新論」として『国民経済雑誌』（第一四巻第六号〜第一五巻第一号―第六号）に掲載された。（井上琢智『黎明期日本の経済思想――イギリス留学生・お雇い外国人・経済学の制度化』日本評論社、二〇〇六、二九三―九四頁）。

（十八）『コンラッド年報』とは、*Jahrbücher für Nationalökonomie und Statistik* のことである。

（十九）メンガー（C. Menger, 1840-1921）の *Drundsätze der Volkswirtschaftlehre*『経済学原理』二版（一九二三）への息子の序文（八木紀一郎・中村友太郎・中島芳郎訳『一般理論経済学――遺稿による「経済学」原理第二版』みすず書房、一九八二―八四、七頁）を参照のこと。なお、このメンガーの『一般理論経済学』の意義について、同邦訳の中で玉野井芳郎は「人間の生活上の活動すべてが『経済活動』であるのではないが、L・ロビンズや現代の多数の経済理論家のように、人間の生活を捨象したところに経済的効率を考えるのは、それ以上に誤りなのである」と指摘し、この二版で追加された「人間にとって〈欲望《ベデュルフニス》〉とはいったい何なのか、〈経済《ヴィルトシャフト》〉とはいったい何なのか」という「人間の経済の基本的二方向」の議論に注目している。この玉野井が提起した問題意識は、福田の問題意識と同類であろう。福田はこの二版出版の翌年にこの二版を読み、自らの問題意識がメンガーにもあることを追認しているが、それは福田の研究が世界の経済学研究だけでなく、その問題意識についても世界の学界の先端を行っていることを示している（『経済思想史辞典』）。

（二十）シユムペーター（Schumpeter, Joseph Alois, 1883-1950）ウイーン大学で法律学、経済学、経済史を学び、グラーツ大学、ボン大学などで教える。最初の著作『理論経済学の本質と主要内容』（一九〇八）は新古典派経済学の再構築をワルラスの一般均衡論とE・マッハの道具主義方法論によって基礎づけた。道具主義によれば、理論は現実の記述ではなく、有益な結論を導くための道具であり、それ自体は真でも偽でもないとした。そこにはウエーバーの理念型と相通じるものがある。他に企業者のイノベーションを主張した『経済発展の理論』（一九一二）や資本主義はその成功ゆえに崩壊すると主張した『資本主義・社会主義・民主主義』（一九四二）などがある（『経済思想史辞典』）。

（二十一）シュパーン（Othmar Spann, 1878-1950）一九一九年ウィーン大学教授。経済学と社会学から哲学、とくにドイツ観念論およびロマン主義の研究に進み、「普遍主義」と称する体系を確立した。その「全体性」の理念によれば、全体は部分の総和以上のもの、部分に優先するものであり、社会は個人の単なる集合ではなく諸個人を分肢とする全体であると説いた。機械論・原子論・経験論・個人主義・自由主義・マルクス主義など近代哲学・思想を批判した。著書に『経済と社会——社会科学方法論』（一九〇七）、『真正国家論』（一九二一）などがある（『経済思想史辞典』）。

（二十二）アモン（Alfred Amonn, 1883-1962）チェコスロバキア人でオーストリアの経済学者。チェルノヴィッツ大学（一九一七―二〇）、プラーハ大学（一九二〇―二六）、東京帝国大学（一九二六―二九）、ベルリン大学教授（一九二九―三八）で教えた。限界効用学派から出発し、価格決定理論については、G・カッセルと同じ立場をとった。著書に、*Objekt und Grundbegriffe der theoretischen Nationalökonomie* (1911), *Ricardo als Begründer der theoretischen Nationalökonomie* (1924), *Grundzüge der Volkswohl- standslehre* (1926), *Volkswirtschaftliche Grundbegriffe und Grundprobleme* (1938) などがある。なお、邦訳に「正統派経済学」、「経済理論と経済政策」（馬場敬治訳［日本評論社編、『経済学』（一九二九）、社会科学叢書二五編］に収録）などがある。東京帝国大学では、経済学（第一外国語：英語）を一九二七・二八年度に担当し、「若手の研究者に大きな影響を与えた」（『岩波西洋人名辞典』、『東京大学経済学部五十年史』）。

（二十三）ウェバー（Max Weber, 1864-1920）ベルリン大学、ゲッティンゲン大学で法学を学び、一八九四年フライブルグ大学経済学教授、一八九六年ハイデルベルグ大学経済学教授に就任。「プロテスタンティズムの倫理と資本主義の精神」（一九〇四―〇五）によって、「宗教的合理化」の進行が各国の文明の経済倫理や行為を大きく規定するという歴史解釈を提示し、非西洋を「非合理的」であると指摘するのはあくまでも西洋の立場からのものであると自覚した。また、『社会科学と社会政策に関わる認識の「客観性」』（一九〇四）では、経済学を経済現象の具体的認識を課題とする現実科学であるとしたが、それは現象の因果的解釈と意味解明のことであった。そのために考案されたのが「理念型」であった（『経済思想史辞典』）。

（二十四）土方成美（ひじかた　しげよし、旧姓町田、一八九〇―一九七五）第六高等学校から東京帝国大学を卒業後、大学院に在籍し、一九一七年に同大学助教授。欧米留学後、教授となり財政学を担当。マルクス学者と論争をする。国民所得の研究として先駆的な『わが国民所得の構成』（一九三三）を刊行。平賀粛清で休職。定年後、中央大学、獨協大学教授となった（『日本人名大辞典 現代』）。

（二十五）シヂユウヰツク（Henry Sidgwick, 1838-1900）ケンブリッジ大学入学後、J・S・ミルの科学方法論から影響を受ける。一八八三年、ケンブリッジ大学の道徳哲学教授を務める。『倫理学の諸方法』（一八七四）で利己主義・直覚主義・功利主義の検討を行い、直覚主義（公正・思慮・合理的仁愛を自明の原理とする）を再評価することによって功利主義を基礎付け、自己犠牲を要請するミルの功利主義に反対し、利己主義の合理性を認め「実理性の二元論」を主張し、現実の人間は利己心と利他心との間で葛藤せざるを得ない非合理的なものであるとした。また *The Principles of Political Economy* (1883) では、あくまで経済学はモラル・サイエンスの一部門であり、倫理学などの学問分野と切り離して考えられないとした。すなわちシジウイックにとって経済の問題とは、人間にとって「望ましい生き方とは何か」、「あるべき社会の姿とは何か」という倫理的・哲学的問題と直接関連するかたちで究明されるべき問題であった（『経済思想史辞典』、中井大介『功利主義と経済学 シジウイックの実践哲学の射程』二〇〇九、晃洋書房）。

（二十六）ホブソン（John Atkinson Hobson, 1858-1940）オックスフォード大学で学び、卒業後中学校の古典の教師を務めて後、オックスフォード大学とロンドン大学の公開講座講師となる一方、経済学と社会研究につとめた。共著 *The Physiology of Industry* (1889) は、過少消費説と不均衡説を主張し、「異端の経済学者」とされたが、そこにはJ・M・ケインズの先駆性を認めることができる。また『帝国主義論』（一九〇二）は、帝国拡大の原因を過剰資本に求め、その担い手の金融業者は寄生的性格をもつとする見解は、レーニンの『帝国主義論』（一九一六）に大きな影響を与えた。これらの基礎には、個人の非同質性を尊重し、その個別の能力を生かす共同の厚生（＝新自由主義）を求めるという社会哲学に基づいた「人間経済学（humanism economics）」を主張した（『経済思想史辞典』、姫野順一『人間福祉の経済学』二〇一〇、昭和堂）。

（二十七）「ヴエステッド・インテレスト」とは'vested interest'であり、権利などの所有が特定のものに帰属すると決定された利害、既得の利害、付与された利害のこと。

（二十八）日本橋魚市場は江戸時代初頭から昭和期までに日本橋に開かれていた魚市場で天正年間徳川家康関東入国のときに家康と因縁のあった摂州西成郡佃村の漁民が移住し、漁業を営み、その漁獲物を膳所に収めた、その残余を市販した。明治期に停滞し続けていた日本の漁業生産は大正期以降急速に発展し、新たな市場体制確立のために、一九二三年三月中央卸売市場法が公布されたが、利害対立のため実施が危ぶまれたが関東大震災によって強行され、築地に中央卸売市場が開設されることになった（『国史大辞典』第一一巻）。また、江戸の青物市場は多数あり慶長年間には神田市場、寛文年間には京橋市場、万治年間には本所四ツ目市場、元禄年間には日本橋浜町市場、享保年間には中之郷竹町市場、天保年間には千住市場が開設された。これらは幕府膳所の用命を受けた（『国史大辞典』第一巻）。

四　復興日本當面の問題

（一）通学した小学校は、神田お玉ケ池桜池（現千桜）小学校、下谷練塀小学校、築地文海小学校、山城町泰明小学校であるが、特定化は困難である。

（二）関東大震災の「七八萬を算する不幸なる惨死者」については、正確には「死者九九、三三一名、負傷者一〇三、七三三名、行方不明四三、四七六名、全壊家屋一二八、二六六戸、半壊家屋一二六、二三三戸、焼失家屋四四七、一二八戸、流失家屋八六八戸」である（『国史大辞典』第三巻）。

（三）桑港の大震災とは一九〇六年四月一八日にサンフランシスコを襲った震災である。被害はサンアンドレアス断層の北部セグメントに沿った数百キロの細長い地域に集中したが、震動はオレゴン州からロスアンゼルスおよびネバダ州中央部まで感じられた。市内では十分な耐震強度を備えていなかった建物の多くが倒壊し、火災も起こり三日間延焼しつづけた。陸軍は残った建物を爆破し、防火帯を作った。当時の人口四〇万人に対して、死者は当時の公式発表では約五百人であったが、後年の研究では約三千人とされ、二二万五千人が家を失った。被害総額は約五億ドルを上回った。保険会社は地震で倒壊した建物には火災保険が適用されないという条項を盾にして保険金の支払いを渋り、市当局や産業界は逆に被害のほとんどが地震ではなく火災によるもの（つまり天災ではなく人災）だとすることによって投資の落ち込みを避けようとした。それでも西海岸の中心的都市の座がサンフランシスコからロサンゼルスに移ることは止められなかった。日露戦争翌年のこの地震に、日本政府は国家予算の一〇〇〇分の一にあたる当時の金額で五〇万円を、苦しい財政の中から見舞・援助金としてサンフランシスコ市に贈った。更に、在サンフランシスコの邦人にと五万円を送った（サイモン・ウインチェスター、柴田裕之訳『世界の果てが砕け散る』早川書房、二〇〇六）。

（四）　一六六五年にロンドンに蔓延した黒死病（ペスト）では、市民の三分の一が死亡したと伝えられ、さらに翌六六年に起こった大火は、シティのプディング・レインのパン屋から出火。火は四日間続きシティの五分の四の木造家屋を焼き尽くした。国王はハムステッドなどの野原に仮小屋を建てる許可を与えた。復興に際しては、勅令により新しい建物はすべて煉瓦か石造りでなければ許可されなかった。このロンドンの大改造には膨大な資金が必要であったが、シティにはその財政的余裕はなかった。しかし、ウエスト・エンドの新しい町づくりはめざましかった（『イギリスの生活と文化事典』）。

（五）　グローント（John Graunt, 1620–74）イングランドのハンプシャー生まれの政治算術家で、『死亡表に関する自然的及び政治的諸観察』（1662）で生死の現象を時空間的に正確に規定された人口との関係で分析した。この功績で「近代人口統計の父」と呼ばれる。また本書は大量観察による統計的法則の抽出という点で、統計学史上重要な意味をもっている（『経済思想史辞典』）。

（六）　ペテー（William Petty, 1623–87）ペテーの創造的活動の特徴は、新興諸科学の摂取・継承を行いながら、実践活動と学問活動の相互関連的な展開を貫き、「自然体」の科学（医学・解剖学・数学等）研究から「政治体」への適用として経済学への試みを最初にしたことである。彼はクロムウエル軍医から始まるアイルランドでの活動として、土地測量、土地分配、人口統計を統括し、行政官として能力を発揮し、「政治体」の解剖研究の成果を『租税貢納論』（一六九一）を刊行した。彼は「物事にはそれ自身の道」があり、「自然は欺かない」という視点から、政治の「自然の働き」を観察し、それに従う立場をとり、解剖の方法としてアイルランドでの社会実践の方法論的基盤となったベーコン等の実験的・数量的方法を使った（『経済思想史辞典』）。

（七）　キング（Gregory King, 1648-1712）『死亡表に関する自然的及び政治的諸観察』（一六六二）のG・グラントやペテーに続くイギリスの政治算術学者。紋章学や系図学を学び、地図制作や彫刻の実習をして後、紋章官補、紋章院登録官、公共感情委員会書記、陸軍勘定官秘書等を歴任。彼の数学への熱意とともに痴呆の系図学や地形学等の仕事、さらには政治算術学者C・ダヴェナントとの親交により草稿 *Natural and Political Observations and Conclusions upon the State and Condition of England*（1696）を書いた。その中でイングランドの人口を炉税収入を手がかりに推計し、それを基礎に国民所得を算出し、さらにそれらの国際比較を行った。この点で同書は人口統計上先駆的な研究であった（『経済思想史辞典』）。

（八）　レン（Christopher Wren, 1632-1723）イギリスの建築家。オックスフォード大学天文学教授（一六六一―七三）。その間、宮廷工務局総監督の助手となり、建築に向かう。ロンドン大火からの復興を行い、バロック建築をイギリスに取り入れた。数学者としても活躍。イープリンは彼を「奇蹟の若者」と呼び、ニュートンも彼を当時のもっとも優秀な幾何学者の一人であると考えていた。ロンドン大火前から広場や都市計画のあり方について独自に研究していた。ロンドン復興のため壮大な都市計画を構想したが、彼のユートピア的な都市計画は大地主の反対により実現しなかったが、レンは大火が起きるのを防ぐための法制度整備に努めた。ロンドンの大火の後に制定された再建法（一六六七）に基づいて監督官の一人として指名され、六九年には王立の建築総監となった。この「再建法」により家屋の不燃化や道路の幅員などが定められ、今日に続くロンドンの都市の骨格が形成されることになった。五二の焼失した教会堂の再建に当たった。王立協会創設時のメンバーでもある。ポール大聖堂はじめ五二の小教区教会や宮殿を建築し、ロンドンのめぼしい建物で彼の手にならない建物を探すのは困難であった（『岩波西洋人名辞典』増補版、『イギリスの生活と文化事典』）。

（九）　イヴリン（John Evelyn, 1620–1706）はイングランドの作家、造園家、日記作者であり、ピープス（S. Pepys, 1633–1703）の日記とともに当時の芸術、文化、政治に光を投げかける資料である。その経験の中には、チャールズ一世やクロムウエルの死、ペストの流行、ロンドン大火などがある。オックスフォード大学とミドル・テンプルで学ぶ。一六六〇年、王立協会の創立に協力し、会員となる。ロンドンの大気汚染を扱った最初の書物 *The Inconvenience of the Aer and Smoak of London Dissipated*（1661）を出版した。一六六六年のロンドン大火の後、彼はロンドン再建の計画を提案した。しかし、チャールズ二世はこれを無視したが、レンの提案したセント・ポール大聖堂の再建には興味を示した（『岩波西洋人名辞典』増補版）。

（十）　フック（R. Hooke, 1635–1703）フックの法則を発見（一六六〇）。オックスフォード大学のグレシャム・カレッジ幾何学教授（一六六五）。地球および月の重心は太陽の周囲に楕円形を描く点であることを実験的に証明、またオリオン座の一等星を発見、時計に初めてスプリングを採用、植物細胞の発見、顕微鏡の使用など多方面の業績を残している。王立協会会員。彼の一般的な名声は、レンの助手としてロンドンの測量を行ったことからである。二人はロンドン大火後、ロンドン復興に尽力した。大火後の再建において、フックは幹線道路を幅広くして街区を格子状に設計し直すことを提案。この考え方は後にパリ改造、リバプール、アメリカの各都市で採用されている。また、グリニッジ天文台、後に大英博物館となったモンタギューハウスなどを設計した。レンと共同でセント・ポール大聖堂の建築に関わっており、ドーム建設にはフックが考案した工法が使われた（『岩波西洋人名辞典』増補版）。

（十一）バーボン（Nicholas Barbon, 1640–98）ロンドンに生まれ、オランダのライデン大学で医学を修める。一六六六年の大火で被災したロンドンの復興に従事するなか、イギリスで最初の火災保険会社を設立し、一六九五年にはアスギル（アルギル　John Asgil）とともに土地銀行の設立に関わるなど、多くの事業活動を行った。また、トーリー的重商主義の立場から経済問題や時事問題について活発な論陣を張り、一六九五年には下院議員に選出された。『交易論』（一六九〇）では、交易の制限は自国産商品の生産増大と国内産業の確立の障害となることを主張し、自由貿易を唱える一方、高関税による国内産業の保護を主張するなど、一貫性を欠いている（『経済思想史辞典』）。

（十二）'Act of Parliament for rebuilding the City of London（Act of the Parliament of England〈19 Car. II. c. 8〉)'とは、ロンドンの大火の後に制定された再建法（一六六七）のことであり、この「再建法」により家屋の不燃化や道路の幅員などが定められ、今日に続くロンドンの都市の骨格が形成されることになった。

（十三）オースマン（Georges-Eugèe Haussmann, 1809-91）フランス（ドイツ系）の行政官。第二帝政下にセーヌ県知事（一七五三―七〇）。ナポレオン三世に奨励されパリ市の都市計画を遂行し、ノートルダム大聖堂があるシテ島とクロアゼ・ド・パリ両地区を改革した。凱旋門や広場から放射状に広がる大通りを建設した。オペラ座などの公共工事にあたり、上下水道、橋梁、街路の整備を行った。彼のパリ都市改造計画は、単なる紙上計画の実現にすぎず、そのために多くの歴史的建築や公園を破壊し、また交通計画を顧みずに巨大な道路を作り、富裕層が中心部に居住し、貧困層が周辺部に居住するといった階級的差別を導入したと批判されている。この「オースマン化」とともにプランタンなどの大規模店舗（デパート）が次々と開店され、富裕層の婦人が購買層となった（『岩波西洋人名辞典』増補版）。

（十四）ビリングス・ゲート市場（Billingsgate Market）とは、東ロンドンに位置する魚卸市場であり、ロンドンで流通している魚介類のほとんどはここで仕入れられているイギリス国内最大の魚卸市場。この市場はエリザベス一世の治世下にすでに開かれていた。レデンホール市場（Leadenhall Market）とは、ロンドンの金融街の中心にある市場であり、高級ブティクから肉、食品、飲食店などが並ぶ。この市場の起源は中世に遡り、古くから市民のための市場として有名であった。これらの市場はロンドン大火後の復興と、その後の人口増加にともなって開設されたものである（『イギリスの生活と文化事典』）。

（十五）「パーゲーター」とは'purgatoire'のことであり、ダンテの神曲第二部「煉獄篇」（The Purgatory）を連想する。

（十六）片岡安（かたおか　やすし、一八七六―一九四六）金沢生まれの建築家。一八九七年東京帝国大学建築科卒業後、日本銀行技師となり日銀大阪支店（一九〇三）の建築に従事。その縁で後の大蔵大臣片岡直温の娘婿となる（旧姓は細野）。一九〇三年大阪に辰野（金吾）・片岡建築事務所を設立し、関西の代表的な建築事務所となった。関一とも交遊があり（『関一日記』〔東京大学出版会、一九八六〕を参照のこと）、建築家・実業人・政治家を備えた人物であり、金沢名誉市長となった。都市計画にも関心をもち、この分野の先駆者として評価が高い（『日本人名大事典』）。

（十七）「グードウヰル」とは、'good will'で、信用のこと。

（十八）戸田海市（とだ　かいいち、一八七二―一九二四）東京帝国大学法科大学選科を卒業。一八九九年第四高等学校教授となり、一九〇一年京都帝国大学法科大学助教授となり、〇三―〇六年欧州に留学。一九〇六年教授に就任。関一大阪市長の依頼で、大阪市の労働調査事業を指導した。社会政策学会の有力な会員で、治安警察法第一七条の撤廃を主張した。著書に『工業経済』（一九一〇）『社会政策論』（弘文堂、一九二五）などがあり、河上肇・河田嗣郎共編『戸田海市著作集』（全四巻、弘文堂、一九二四―二五）がある（『経済論叢』京都大学、第十八巻第四号、一九二四）。

（十九）「インジフェンス」とは、'indifference'で、無関心、冷静、無頓着のこと。

（二十）ラッセル（Bertrand Arthur William Russell, 1872-1970）はイギリスの論理学者、哲学者、社会評論家で、ケンブリッジ大学で学び、第一世界大戦での反戦運動に参加し、辞職した。『数学原理』（共著、一九一〇―一三）など多数。一九二〇年日本を訪問した。一九五〇年にノーベル文学賞受賞した。戦後も運動に積極的にかかわった（『岩波西洋人名辞典』増補版）。なお、福田はおそらくラッセルの*Principles of Social Reconstruction*（1916）に注目し「流通経済の考察からでなく、その哲学的見地からしてみずからのこの解放〔生存権の理論に徹底するものは価格経済学の束縛からの解放〕に想到した」と高く評価している（福田徳三『厚生経済』講談社版、三八頁）。なお、「ホセシヴ・インパルス」については不明である。

（二十一）安政の震災は、安政二（一八五五）年一〇月二日夜江戸で起こった大地震で「直下型」と考えられる。マグニチュードは六・九であった。被害が集中したのは江戸とその東隣の地域に限られ、直径五、六里内に限られた。江戸市中の被害でもっともひどかったのは深川・本所・下谷・浅草で、日本橋・京橋・新橋はそれほどでもなかった。江戸奉行の支配下の死者は三千八百九十五人、市内全体の推定死者は七千～一万人である。この頃黒船が渡来し、和親条約が結ばれ人心が極度に動揺していた時期の地震であったため、幕府の基礎を揺るがす一因ともなった。『安政見聞録』などこの地震を報道した（『国史大辞典』第一巻）。

（二十二）一九一八年一二月に大学令が公布され、官立に加えた公立・私立の大学を認め、予科を置くことができるようになっただけでなく、単科大学も認められるようになった。これによって、一九二〇年には、東京に慶応義塾大学、早稲田大学、法政大学、中央大学、日本大学、国学院大学が、二一年には、専修大学、立教大学が、京都には一九二〇年に同志社大学が、一九二一年には龍谷大学、大谷大学、立命館大学が設置されたが、大阪には大学令にもとづく最初の公立の単科大学として大阪医科大学（一九二〇）が、そして関西大学（一九二二）が認可されたのみで、総合大学が一つもなかった。なお、東京帝国大学は一九二一年度から学年の開始を四月へと変更し、他の官立大学もそれに従った（文部省『学制百年史』年表、一九七二）。関西学院大学は遅れて、一九三二年に設置された。

（二十三）検閲による伏字は現時点では復刻できない。

五　經濟復興は先づ半倒壊物の爆破から

（一）浅草十二階とは、一八九〇年に完成された凌雲閣のことであり、展望台兼飲食店で、東京一の高さを誇る建物として連日見物客で賑わった。関東大震災のとき、凌雲閣の八階部分から折れ、浅草の大部分は焼失したにもかかわらず、浅草寺本堂以下の堂宇《ドウウ》が焼け残ったことから、その霊験を信じる人びとで賑わった（『日本史大事典』平凡社、一九九二）。

（二）被災を受けた日本橋丸善洋書店は、明治四三年赤煉瓦の建物として新築され、防火設備には十分な注意が払われたにもかかわらず、延焼し、焼け落ちた。「近代建築の粋を誇ったその結構も、鉄骨は飴のように曲がり、崩れ落ちた煉瓦や石材は山のようにうず高く積み重なり、行くものの目を見張らしめた」（『丸善百年史』下巻、丸善、一九八一、七九二頁）。

（三）三十四銀行は、奈良の岡橋治助、大阪の原嘉助・野田吉兵衛・永井仙助・村上嘉兵衛・渡辺庄助・山口善五郎の七人

によって、一八七八年大阪高麗橋に設立された国立銀行のことであり、一八九七年九月より普通銀行法により普通銀行に転換した。頭取は岡橋治助から一八九九年には小山健三に引き継がれた。一九三三年に山口銀行、鴻池銀行との三銀行が合併し、三和銀行となった。合併交渉は三十四銀行頭取菊池恭三が日本銀行大阪支店にこの合併を依頼したことに始まる（『国史大辞典』第六巻）。現在の三菱東京ＵＦＪ銀行の前身の一つである。

（四）「レビリンス」とは'labyrinth'のこと。

（五）ユスチチア女神（Justitia）はギリシアのディケー（アストライアー）と同じく、ローマの「正義の女神」で、黄金時代には人間とともに住んでいたが、人間の堕落とともに天にのがれ、乙女座の星となった（『ギリシア・ローマ神話辞典』岩波書店、一九六〇〈一九七五、第一一刷〉）。

（六）花岡敏夫（はなおか　としお、一八七四―一九三七）長岡県出身の明治から昭和前期の法学博士。桐原直節の次男として生まれ、花岡真節の養子となる。東京帝国大学教授。法学博士。のち弁護士事務所を開設。著書に『国際私法ノ根本的観念』（一九〇二）、『英國新會社法論』（一九一四）、『地震約款無効論』（一九二三）、『災後の法律問題』（一九二三）などがある（田村祐一郎「地震火災と裁判所(3)――弁護士花岡敏夫」『流通科学大学論集――流通・経営論』第二〇巻第一号、二〇〇七）。

（七）戒厳令とは、一般行政権を制限した法令で、一八八二年に制定され、太平洋戦争後の失効まで存続した。これは「戦時若クハ事変ニ際シ、兵備ヲ以テ、全国若クハ一地方ヲ警戒スル」ものである。一九〇五年九月の日露講和条約を不満として東京で起こった焼き討ち事件や関東大震災の混乱事件に際して発動された（『国史大辞典』第三巻）。

支払猶予令とは、政府が債務の支払いを一定期間猶予することであり、モラトリアム（Moratorium）と呼ばれ、一九二三年の関東大震災の際（九月七日）と一九二七年の昭和台恐慌の際の二度実施された。関東大震災が起きると金融恐慌の勃発を懸念した井上準之助蔵相が人心の安定と金融の疎通のために実施した。この猶予令は被災地（東京・神奈川・静岡・埼玉・千葉）に住所もしくは営業所を持つ債務者の金銭的債務の支払いを三〇日間延期することを定めたが、俸給・賃金の支払い、国・公共団体の債務の支払い、一日百円以下の銀行預金の支払いは除外された（『国史大辞典』第七巻）。

（八）モッブ（mob）的破壊とは、群集・暴徒による破壊のこと。

（九）徳川頼倫（とくがわ　よりみち、一八七二―一九二五）明治・大正の公爵で貴族院議員。日本図書館協会総裁。一八九六年欧米に留学し、一九〇六年旧徳川紀州藩主である徳川茂承の家督を相続し、一九一二年学習院卒業。一九二二年宮内省宗秩寮総裁。自邸内に私設図書館南葵文庫を創設したが、関東大震災後に同文庫を東京帝国大学へ寄付した（『二〇世紀日本人名事典』日外アソシエーツ、二〇〇四）。

六　誰か復興の經濟計劃者たる

（一）ケネー（François Quesnay, 1694–1774）外科医の資格を得て後、一七一八年に開業。王立外科医学院の常任幹事として、内科医との論争を通じてその地位向上に努めた。一七四九年ルイ十五世の愛人ポンパドール夫人の侍医、五五年に十五世の顧問医、五九年に常医頭となった。ケネーはアンシャン・レジームの政治経済の解明に心を砕き、一七五八一七五八年に『経済表』初版を出版した。その政策的含意は重農主義であり、当時の政治に反映させようとした。彼によれば、農業は王国の戦略的産業であり、必需品を供給し王と地主に収入を、僧侶に税を、耕作者に利潤を与えるものであった（『経済思想史辞典』）。なお、「クラス・スチパンヂエール la classe stipendiée（寄食階級）」の出典は不明である。

（二）フィヒテ（Johann Gottlieb Fichte, 1762–1814）ザクセン生まれでイェナ大学、ライプチッヒ大学で神学を修めたが、スピノザに関する講義を聴き哲学に興味を抱く。カント哲学を研究し、『あらゆる啓示の批判の試み』（『フィヒテ全集』第一巻、哲書房、二〇一一）をカントに認められ出版。これによりイェナ大学教授となる。道徳秩序が神であるとする論文（九八）で無神論争を引き起こし、罷免。その後自ら創立にかかわったベルリン大学教授。『ドイツ国民に告ぐ』という連続講演を行い、ドイツ再建を説いた。彼はカント哲学の本質を観念論と解釈し、カントに欠けた統一性原理からあらゆる知識の根源の学として哲学すなわち知識の学の体系を立てた（『岩波西洋人名辞典』増補改訂版）。「生きよ而して生かしめよ」は一八〇〇年の *Der geschlossene Handelsstaat*『封鎖商業国論』（出口勇蔵訳、弘文堂書房、一九三八、二九頁）の中と説かれている。すなわち「『すべての人間の活動の目的は生きることができるといふことである、そして生きることができるといふこの可能性に対して、自然により生を享けたすべての人が平等の法的要求を有す。それ故に（財産契約による）配分は、何よりも先づ、すべての人がそれによつて生存し得るように行はれなければならぬ。生きよ、而して生かしめよ』。これが即ち生存権の要求である。そしてこの平等の要求に従つて配分は、すべての人が同時に愉快に生活し得るように——生活しなければならぬと言ふのではない——行われなければならぬ。」（高島善哉「フィヒテ『封鎖商業国』の一研究——特にリストの国民経済学体系に関連して」東京商科大学研究年報『経済学研究』六、一九三九、一九九頁）。

（三）後藤新平（ごとう　しんぺい、一八五七—一九二九）水沢藩主留守家の奥小姓、胆沢県大参事の学僕などをつとめた後、須賀川医学校で学ぶ。愛知県病院に勤務し、一八八一年同病院院長兼愛知医学校校長。負傷した板垣退助の治療にあたる。一五年に留学後衛生局長に就任。相馬事件に連座し非職。復帰後、台湾の民政局長時代に鉄道敷設、築港など植民地行政に辣腕を振るう。三九年満州鉄道総裁。四一年鉄道院総裁就任し、国鉄の広軌改築計画立案は財政難のため失敗。一九一六年の選挙で、立憲政友会を勝利に導く。一九二〇年東京市長に就任、関東大震災直後内相として入閣し、帝都復興院総裁を兼任し、大規模な東京復興計画を立案したが、政友会らの反対に遭う。虎の門事件で内閣総辞職し下野（『日本近現代人名辞典』）。

（四）「アウゲン・マース」とは'Augenmaß'のことで、目測、目測能力のこと。

（五）ビスマルク（Otto Eduard Leopold Bismarck, 1815-98）プロイセン（ドイツ）の政治家。ドイツ帝国初代宰相。ドイツ統一とその帝国主義的発展に貢献した。社会主義的鎮圧法（一九七八）を制定する一方、シュモラーら講壇社会主義を取り入れ傷病、養老保険らの社会政策を進め、保護貿易政策をとり（七九年以降）、ドイツの重工業を急速に成長させるなどして、帝国の基礎を築いた（『岩波西洋人名辞典』増補版）。

（六）伊奈忠次（いな　ただつぐ、一五五〇—一六一〇）江戸前期の関東郡代。徳川領国の新政策の実施に際し地方行政を担当し、検地、知行、年貢制度等の改革に功績があった。一五九〇年の家康関東入国後は、江戸を中心とした関東を豊かな農耕地帯にするために灌漑・治水事業に尽力した。彼の地方仕法は備前検地・伊奈流と呼ばれ、幕府の基本政策となった（『新潮日本人名辞典』）。

（七）河村瑞軒（かわむら　ずいけん、一六一八—九九）江戸時代前期の商人、海運・治水功労者。阿武隈川河口の荒浜から相模三崎か伊豆下田を経由して直接江戸湾に入る東回りと、下関から瀬戸内海、紀州沖、遠州灘、下田を経て江戸に入る西回りの両海運の刷新、安治川の開削など畿内の治水工事は有名である（『新潮日本人名辞典』）。

（八）「ポール・ド・メール」とは'port de mer'のこと。

七　營生機會の復興を急げ

（一）ローマ法とは、紀元前四四九年からユスティニアヌスの『市民法大全』（五三〇年頃）までの千年以上にわたって発展した法律。ユスティニアヌス法典として記録されたローマ法は、まず東ローマ帝国で成立・発展し東ヨーロッパにおける法制度および法実務の基礎となった。西ヨーロッパでは、ゲルマンの習慣から影響を受けて、一時期影響がなくなったが、教会法などと混交された結果、普通法（ユス・コムーネ）として独自の発展を遂げ、イングランドとウエールズを除いたヨーロッパ大陸の法制度および法実務の基礎となり、英米法（いわゆる慣習法）と対比される大陸法（成文法）の基礎となった。明治以降、日本は大陸法を受け入れたため、例えば「契約締結の過失」、「合意は守られるべし」、「先例拘束の原則」などの用語にもその影響を読みとることができる。

（二）「エキストリーム・ニード」とは'extreme need'のこと。

（三）「イノセント」とは'innocent'のことで、ばかげた、無邪気なということ。

（四）「エルヴェルプス・ゲレーゲンハイト」とは'Erwerbs-gelegenheit'のこと。

（五）「アトリーエ・ナショナール」とは'Ateliers Nationaux'のことで、アンシャン・レジームの慈善作業所の伝統に倣った失業対策事業で、一八四八年二月にセーヌ県に設置されたが、経費増大と与えるべき仕事が見つからず、六月には解散された。なお、栗田啓子「経済的効率と経済的公平――フランス土木公団のエンジニアとアトリエ・ナショナル」（一橋大学『経済研究』第四二巻第二号、一九九一、一一七―一二六頁〈『フランス土木公団のエンジニアと経済学』東京大学出版会、一九九二に再録〉、二二〇―二二一頁）を参照のこと。

（六）「ソヴヰエチズム」とは‘sovietism’のことで、労農社会主義、共産主義のこと。

（七）「ボルシエヴヰキ」とは‘Bolshevik’のことで、ロシアにおける独自の革命的マルクス主義政党のこと。本来は党組織をめぐり左派が多数派を意味し、少数は「メンシェヴィキ」と呼ばれた。「ボリシェヴィキ」は左派の後進であるロシア共産党の公式の別称となった（『社会思想事典』中央大学出版部、一九八二）。なお、福田には『ボルシェヴィズム研究』（一九二二年九月）があり、その「序」において「世界の最新現象たる労農主義を主として理論的に、而して傍ら実際的に研究しようとした努力の産物である」と指摘している（福田徳三『経済学全集』第五集、一四頁）。

（八）二階堂保則（にかいどう　やすのり、一八六五―一九二五）新潟県出身の明治後期から大正期の統計学者。一八九八年内務技手、九九年に内閣統計局嘱託となり、「人口動態調査」を担当し、詳細な死因分類の作成とその改善・充実に努めた。第一回国勢調査の実施が決まると臨時国勢調査局調査課長となる、実施にあたる。退官後、早稲田大学、東京帝国大学で統計学の講師を勤めた。衛生統計、人口統計などの著書多数（二階堂つる『そのおもかげ――二階堂保則遺稿』カリホルニア大学、一九二六）。

（九）日本労働総同盟は戦前の労働組合の全国組織であり、一九一二年に結成された友愛会が次第に左翼化したため、一九一九年には大日本労働総同盟友愛会と改称、さらに一九二一年に日本労働総同盟と改称された。しかし、関東大震災後、内部で共産主義者と社会民主主義者との対立が表面化し、総同盟は日本共産党員を除名したため、一九二五年には分裂し、共産党系は日本労働組合評議会を結成した（『国史大辞典』第一一巻）。

八　失業及火災保険問題

（一）　海外集団移民は、一八八五年の日本ハワイ労働移民条約締結による「官約移民」に始まる。それに対して南米移民（ブラジル、ペルー、ボリビア、アルゼンチン）は一九〇八年、日本から南米に移民が集団で渡航した「笠戸丸移民」であった。この移民の数は八百名ともいわれるが、当初ペルーで行く予定であったが、皇国植民会社の都合で、神戸を出発し、ブラジルのサントス港へ向かった。募集条件は現地のコーヒー園で家族と働くことであった。到着後の移民生活は不作であったため、生活にも困る事態となり、公使館や通訳に陳情したが、受け入れられず、反感から逃亡者が増加していった。資料には例えば、香山六郎編『日本移民四十年史』（一九四九）、日本アルゼンチン協会『日本アルゼンチン交流史』（一九九〇）、鈴木譲二『日本人出稼ぎ移民』（平凡社選書、一九九二）などがある（水谷史男「南米への日本移民の定着過程――沖縄からアルゼンチン移民に関する覚え書き」明治学院大学社会学部『研究所年報』第三九号、二〇〇九）。なお、財団法人日伯協会（神戸）は「神戸市立海外移住と文化の交流センター」を運営している。このセンターの建物は一九二八年に完成した「国立移民収容所」であった。

（二）　博文館とは、一八八七年、大橋佐平が創業した出版社で社名は伊藤博文に由来する。明治時代には富国強兵の時代風潮にのり、種々の国粋的な雑誌を創刊した。一八九五年、最初の総合雑誌『太陽』（一九二七年廃刊）を創刊し黄金時代を築いた。関東大震災で社屋を焼失した。印刷所は一八九六年に設置、共同印刷の前身（『国史大辞典』第一一巻）。秀英社は佐久間貞一を中心に一八七六年創立され、一九三五年日清印刷と合併し、大日本印刷となった。中村正直『西国立志編』を出版した。その工場は一八九四年建築された日本最初の鉄骨造りであった。日清印刷は東京専門学校（早稲田大学）の印刷所として創立されたが、しだいに一般の印刷も引き受けるようになり。一九〇七年会社組織となった。創立にかかわったのは高田早苗らであった。一九一三年のオフセット印刷など、積極的な技術開発を試みた（『国史大辞典』第七巻）。行政学会は、一八九三年に京都で宮中の図書御用であった大谷仁兵衛が帝国地方行政学会を設立した会社の印刷所で、一九〇四年に加除式法規書を発案し、これを採用した『法規全書』を出版した。現在の「ぎょうせい」の前身である。

（三）アームス・ハウス（almshouse）は、イギリスで発達した制度にもとづくもので、救貧法にその歴史をもつが、同じ救貧院と訳される「ワークハウス workhouse」や「プアハウス poorhouse」のように授産施設としての性格はもたず、高齢で働けず、家賃を支払えなくなったようなあくまでも「働けない者」の入居を前提としており、特定の地域社会に住み続けることを可能にする施設であり、慈善団体などが運営している。

九　火災保険金問題について

（一）ロイド・ヂヨーヂ（Lloyd George, 1863-1945）靴製造業者の叔父に助けられ弁護士になり、下院に入り（一八九〇）自由党に属した。蔵相の時代に上層階級の負担増大をもたらす画期的な予算案を提出し（一九〇九）、上院の猛反対を招いたが、議会法を成立させた（一九一一）。また、第一次大戦後首相アスキスに反対し、これに代わって連立内閣を組織し、自ら首相として戦争を完遂し、ヴェルサイユ条約調印に指導力を発揮した（『岩波西洋人名辞典』増補改訂版）。

（二）「二十三日会」とは、改造社の山本実彦が旧黎明会会員を中心に呼びかけた震災復興にあたる会合のこと（金沢幾子前掲論文「福田徳三とは――その人となり（三）――関東大震災をめぐって」）。

十　失業問題の數的考察

（一）「センサス」とは‘census’で国勢調査のこと。

（二）「スイトン」とはうどん粉を水でこね、団子大にして汁で煮たもので、食料不足の戦中・戦後も代用食の代表とされた（新村出『広辞苑』岩波書店、一九七五）。

十一　エコノミツク・デモグラフヰーより見たる震災前の東京市

（一）「エコノミツク・デモグラフヰー」は‘economic demography’のことで、経済人口学のこと。マルサスの人口原理を全面的に容認した古典派経済学では、人口は経済の内生変数であったが、近代経済学では人口は所与とされ、外生変数として扱われ、経済学の外に放逐された。しかし、一九五〇年代に経済発展論が登場によって、再び開発途上国の発展戦略を探る試みの中で再登場した。それは第二次世界大戦後の開発途上国での爆発的人口増が貧困の悪循環を生む元凶とされたことによる（『経済学辞典』第三版）。ただ、福田はこの用語を「經濟する人間の生活態様《タイヨウ》の統計的研究」であり、「現在の價格經濟の經濟的捕捉に、其の基礎を供し、物の變動を單なる物の變動として觀察するのみに止まらず、之を人間變動の外的表徴《ヒヨウチヨウ》として補捉することを得せしめ、客觀觀察に必要なる主觀基調を授けること」と「此の價格經濟に起り來る可《べ》き幷《ナラビ》に遠き將來の諸變動を豫測し、之れに向つて準備する爲めの根柢を與《アタ》ふること」（本書、一八六頁）であると理解している。

（二）「モルフォロギー」は、‘morphology, morphologie’で「形態学」のこと。ルー（W. Roux, 1850–1924）は、ドイツの生物学者であり、形と形の生成との因果論的分析としてとらえ、この因果論的形態学の研究を発生機構学と名づけた。生気論に反対し、学問や人生において因果論的研究方法すなわち因果論的、分析的思惟のみが真の認識に導くと考え、因果法則の永遠の妥当性を主張した（『哲学事典』平凡社、一九七一）。

（三）ビュヒアー（Karl Bücher, 1874–1930）ボン大学、ゲッチンゲン大学卒業後フランクフルト新聞入社。一八九〇年カールスルーエ工科大学教授、一八九二年ライプチッヒ大学教授。新歴史学派の一人に数えられるが最新歴史学派のゾンバルトやヴェーバーへの過渡期的な位置を占める。中世都市の人口史や職業統計の研究で活躍後、一八九三年の『国民経済の成立』で定式化した経済発展段階論を主張した。それは自給自足的な家内経済・顧客生産的な都市経済・不特定多数間の商品流通をともなう国民経済への発展段階である。また社会主義思想に共感を示してラディカルな左翼リベラリストとして知られ、独占を批判し、現代社会の問題点は、独占資本と国家の結合、大衆の消費生活が資本の意志に支配される一種の消費者疎外にあるとした（『経済思想史辞典』）。

（四）マイア（Georg von Mayr, 1841-1925）ドイツの統計学者。ミューヘン大学に学び、バイエルン統計局長、シュトラースブルグ大学講師（一八九一）を経て、母校の教授（一八九八）。官吏として主として統計業務に携わり、統計のカード式機械集計の第一歩を拓き、統計学を官房学から解法することに努めた（『岩波西洋人名辞典』増補版）。彼の蔵書は、現在京都大学経済学部に「マイヤー文庫」として収められている。

（五）メーヨ‐スミス（Richmond Mayo-Smith, 1854-1901）コロンビア大学経済学、社会科学教授（一八八五―一九〇一）を務めたアメリカの経済学者。歴史学派に属し、社会科学へ統計学を導入した先駆者。主著に *Statistics and Economics*（1888）や *Science of Statistics*（1895-99）がある（『岩波西洋人名辞典』増補版）。また *Statistics and Sociology*（1895）の邦訳が、『社会統計学』（呉文聡訳、一九〇〇）である。

（六）'Ausarbeitung' は仕上げ、完成のこと。

（七）福田によれば「経済単位の縮小経済組織の拡張は、其国民経済生産力の発達を招致し」「此の発展の後るれば後るゝ程国民経済亦後れ、其進めば進む丈国民経済も亦進歩する」と考えている（井上琢智前掲書『黎明期日本の経済思想』三一三頁）。

十二　失業調査と其に基く若干の推定

（一）カーコネル（Watson Kirkconnell, 1895-1977）の *International Aspects of Unemployment*（1923）のことである。

（二）ローントリーの著書とは B. S. Rowntree（1871-1954）& B. Lasker（1880-1965）, *Unemployment: Social Study*（1911）のことである。

（三）A. C. Pigou, *Unemployment*（1813）『失業問題』（玉井茂訳、一九二二、一〇頁）。

（四）「インヴォランタリー」は‘involuntary’のこと。
（五）「カジユアル・レーボア」は‘casual laboure’で、臨時仕事のこと。
（六）調査票の記入に際して調査員自身が記入する他計式と、被調査者自身が書き入れる自計式とがある。後者の欠点は調査項目が誤解されやすく、また記入が不正確になりやすい、記入漏れが生じやすいといった欠点がある（森岡清志『ガイドブック社会調査』日本評論社、第二版［二〇〇七］一四〇―四一頁）。
（七）「ビユレタン」は‘Bulletin’で、「シエヂユール」は‘Schedul’のこと。
（八）交錯質問法とは社会調査法の一種で、人に反対尋問すること。
（九）「デカジユアリゼーション」は減少、退職、断念を意味するラテン語の‘dēcēdō’を語源とすることばで、‘decaduarization’であろうか。

【参考文献】

安東伸介他編『イギリスの生活と文化事典』研究社出版、一九八二。
『関西学院事典』二〇〇一、関西学院大学出版会。
『経済思想史辞典』経済学史学会、二〇〇〇、丸善。
『国史大辞典』一九八八（二〇〇六）、吉川弘文館。
『現代日本　朝日人物事典』一九九〇年版、朝日新聞。
『日本近現代人名辞典』二〇〇一、吉川弘文館。
『日本人名大事典　現代』一九七九、平凡社。
『東京大学経済学部五十年史』一九七六、東京大学出版会

【追記】フランス語については、阪南大学経済学部の大田一廣教授のお世話になった。記して感謝いたします。

解説

福田徳三の関東大震災体験と出版の経緯(1)

井上琢智

福田徳三『復興経済の原理及若干問題』(同文館、一九二四年九月)は以下のような福田徳三自身の一九二三(大正一二)年九月一日以降の関東大震災の体験にもとづき、執筆されたものである。

福田の居宅は中野本郷であったが、震災当日福田は箱根強羅館で『流通経済講話』の「価格論」の執筆のために滞在していた。「箱根籠城中私を労はつて下さつた乾博士、日向利兵衛君」、さらには「災後私の行衛不明と傳へられたとき、……大阪神戸に於ける學友諸君、就中、關博士、坂西教授、車谷、中谷両學士」の「非常なる配慮を給」(本書二頁)わりながら、彼は箱根から四日間の徒歩と露営で帰宅し、おそらく六日もしくは七日に帰宅した。一〇日には市政調査会の依頼により、助手中山伊知郎と東京商科大学生ら延べ人員六五名を率いて五日間罹災実地調査を指導した。一五日には「復興日本当面の問題」(本書第四章)を書き終え、雑誌『改造』の一〇月号に掲載した。二三日には浅草一二階の爆破を目撃し、帰途日本橋丸善書店の倒壊跡を過ぎた。翌二四日から二五日にかけて「経済復興は先づ半倒壊物の爆破から」(本書第五章)を書き終え、『我観』の一〇月号に掲載した。二九日には「誰か復興の経済計画者たる」（本書六章）を書き、『実業之世界』の一一月一五日号に掲載した。

一〇月八日には「営生機会の復興を急げ」（本書七章）を書き上げ、『報知新聞』に分載された（一〇月一五日から二四日）。一方、一三日からの七日間にわたって延べ人員七二名で東京市役所調査課から依頼のあった芝離宮および芝公園内のバラック調査を実施した。その調査対象は、総計二、八六六世帯、一二、九六九名に及んだ。その調査のさなかにあって一八日には「火災保険金問題について」（本書九章）を書き、『改造』の一一月号に掲載した。おそらくこれを前後して「失業及火災保険問題」（本書第八章）を書き、『エコノミスト』の一一月号に掲載した。他方、二〇日には、彼が所属していた東京商科大学罹災学生救援希望者九六名中五名を福田個人が求人した。二一日には「復興経済の第一原理」（本書第一章）を書き、『改造』一一月号に掲載した。一〇月二四日「倒ることの過大観、興ることの過小観――欧州の戦後経済と日本の復興経済」（本書二章）を執筆し、『我等』の一一月号に掲載した。また、三一日には、東京市役所社会教育課の依頼で、市内のバラックに於ける罹災夫人の内職調査に際して講話・指導した。

この年の六月三日、経済学攻究会主催のアダム・スミス生誕二百年記念会で「厚生哲学の闘士としてのアダム・スミス」を講演（「学者の口から躍如たる　経済学始祖の面目　帝国大学に於ける都下大学連合生誕二百年記念講会」『中外商業新報』六月五日に記事）したが、その原稿を一一月一日の夜中一二時に「厚生哲学の闘士としてのアダム、スミス」を書き上げ、その後バラック踏査に出かけた。この原稿は、東京商科大学『商学研究』（第三巻第一号、一二月）「アダム、スミス生誕二百年記念論集」に掲載された。このような調査のさなかにあって二〇日から二二日にかけて、「失業の数的考察」（本書一〇章）を書き上げ、『報知新聞』に分載した（一一月二八日―一二月四日）。一一月二一日には「エコノミック・デモグラフヰーより見たる震災前の東京市」（本書一一章）を書き、『復興叢書』第一輯に掲載した。さらに二四日から二六日にかけて、「復興経済の厚生的意義」（本書三章）を書き、『改造』の大正一三年一月号に掲載した。さらに一一月三〇日には「失業調査と其に基く若干の推定」（本書一二章）を書き、『太陽』の第三〇巻第一・二号に分載した。[2]

また、翌二四年三月二六日には「復興経済の厚生的意義」の追記を書き、『復興経済の原理及若干問題』の出版に際して収録した。さらに五月三一日には『復興経済の原理及若干問題』序の一を認め、六月一日には同書の『復興経済の原理及若干問題』序の二を記した。

このような執筆・公刊を背景に、七月三日に『復興経済の原理及若干問題』が同文館から出版された。総頁数四七〇頁であった。出版と同時に、各紙に書評が掲載された。『福田徳三全集』第六集下（五分冊）に納められた書評（二、一一四―一一六頁）は、『東京日々新聞』（七月二八日）、『中外商業新報』（八月七日）、『時事新報』（八月二二日）、『読売新聞』（八月二三日）、『国民新聞』（九月一八日）、『東京朝日新聞』（一〇月一九日）である。例えば、本書は「試練の時として、震災当時より今日に至るまでの陰となり日向となつて、一般社会のために努力し」（『日々』）、「帝国経済会議の委員として急救と復興とに献身的な努力をした一人である」（『読売』）「確に力強い博士の所論である。その上で福田は「経済学上の再生産費の法則から見たる復興経済の第一原理なるものを提唱」したが、「其説の卓抜」（『時事』）である。そしてこの本を「震災後一箇年未だ復興事業はその端緒にも着いて居ない此の際直に復興とは如何なるものかを考察せんとする人々にとつて唯一の羅針盤として一読を薦める」（『朝日』）と指摘している。

その後、一九二六年一一月二五日に『経済学全集』第六集「経済政策及時事問題」が上下二冊（二、三六二＋三三頁）が出版された際に、『黎明録』『暗雲録』『経済危機と経済恢復』とともにこの『復興経済の原理及若干問題』も収録された。その再販はその年の一二月二日に出版され、さらに第三版が一九二九年五月に出版された。

福田徳三の厚生経済[3]

福田徳三は、その経済学研究をイギリスの新古典派経済学の創設者の一人であるマーシャル（A. Marshall）の *Principles of Economics*『経済学原理』（初版）から始めた。この本が出版された一八九〇（明治二三）年は東京高等商業学校予科の学生時代のことであった。その東京高等商業学校を九四年七月（当時の日本の学校は九月入学、七月卒業であった）の卒業式で卒業生代表として答辞を述べた。一旦兵庫県立神戸商業学校教師となったものの、九五年九月に東京高等商業学校研究科に入学し、九六年七月最初の商学士となった。その年の九月には同校の講師となり研究者の道を歩み始めた。九七年五月からライプチッヒ大学でドイツ新歴史学派に属するビューヒャー（K. Bücher, 1847–1930）に、さらに九月にはミュンヘン大学へ転学し、ドイツ新歴史学派のブレンターノ（L. Brentano, 1844–1931）から学んだ（一九〇〇年七月に学位を受け、八月にミュンヘンを辞した）。一方、マーシャルには関心を持ち続け、*Principles of Economics* の第四版（一八九八）が出版されたとき、マーシャルのその改訂内容に大きな関心を払った。それは、福田にとって少なくとも経済学の本質に関わる問題であった。

第四版以降 'Political Economy, or Economics is a study of mankind in the ordinary business of life: it examines that part of individual and social action which is most closely connected with the attainment and with the use of the material requisites of wellbeing.'「経済学は人生日常の行事に於ける人類を研究す。即ち人間の個人的・社会的行動の中に於て生活維持に要する物質的要件の獲得及び充用に関する部分を主題とする」（福田訳）となったが、四版でなされたこの修正は、第一に 'man's action' から 'mankind' への、第二に 'the ordinary action' から 'the ordinary and social action' への、第三に 'income' から 'the material requisites' への修正であった。第一の変更は、J・S・ミルが重視した女性差別問題に関わる修正であるが、[4] 福田が注目したのは、第二と第三の修正であった。第二の修正について金井延（一八六五―一九三三）は「有機体としての国家・社会」を重視する立場から、マーシャルの「一個人のみを眼中に置く」立場を批判していたが、この修正により「有機体」視点が導入されたとして歓迎した。それに対して「個人本位の出発点」を重視する福田にとって、この修正は「改悪」であった。また、第三の修正については、「所得」概念を重視していた福田にとって、「所得」（福田の「所得」とは「余剰利用 Surplus utility」[5] のことであり、「一つの経済単位に追加される利用の増加」のことである）から「物質的要件」へのマーシャルの修正もまた「改悪」であった。まさに「貨幣経済」から「厚生経済」の構築を目指して奮闘していた福田にとって、マーシャルのこれらの修正はまさに「改悪」であった。

このようにマーシャル経済学の研究と教育を続け、一九〇七年にはそのマーシャル経済学とその批判的研究を含む『経済学講義』（全三巻、一九〇七―一九〇九〈合本は一九〇九年一〇月に刊行〉）を公刊した。というのは、福田は「純粋個人本位説」からの変節があったとはいえ、マーシャルの「経済学は富の研究であるとともに人間の研究の一部でもある。世界の歴史は宗教的な力と経済的な力とによって形成された」や「経済学の扱うものは主として経済生活の一側面にすぎないが、それは擬製された人間ではなく、現実の人間の生活に関するものである」との考えに共感を覚えていたからである。しかし、マーシャルの「経済学は、……貨幣をもって計測できるところの、行動への誘因および行動に対する阻害要因を主として取り扱う」という考えには批判的は立場をとり、それが福田の「厚生経済」への出発点となった。

このような福田の「厚生経済」研究は、彼の自覚によれば、一九一二年にピグー（A. C. Pigou, 1877–1959）の *The Economics of Welfare*『厚生経済学』（1920）の実質的初版であった *Wealth and Welfare*（1912）が出版され、第一次世界大戦のさなかの一九一五年末頃から始まった。この厚生経済学の基礎となった論文は、一九一六年一一月の「生存権の社会政策」（『経済学考証』第四篇、『改訂経済学考証』第四篇、『全集』第五巻下八に収録）であった。

さらにこの福田の思想は、一九一八年に民本主義の吉野作造らとともに結成した黎明会活動にも反映された。黎明会の結成の趣旨は「日本の国本を学理的に闡明し、世界人文の発達に於ける日本の使命を発揮」し、「世界の大勢に逆行する危険な頑迷思想〈専制主義・保守主義・軍国主義〉を撲滅」し、「戦後世界の新趨勢〈自由主義・進歩主義・民本主義〉に順応シテ国民生活の安固充実を促進すること」であったからである。福田は、関東大震災直前の一九二二年には『社会政策と階級闘争』を出版し、「戦後世界の新趨勢」に沿って、厚生経済学の構築を目指していたのである。この頃、金井延は講壇社会主義から国家社会主義へ、河上肇が近代経済学からマルクス社会主義へと変貌していった。

経済学研究の初期の段階で、福田はすでに「工業労働者、農業労働者の自立とその資質の向上を求め、……利己心の肯定から出発し、その個人の育成に大きな関心をいだいていた」し、その「利己心に動機付けられた経済主体の自発的活動に社会の進歩の源泉を求め、政策干渉をそのような諸個人の自助（self-help）を促進する限りで最小限にとどめるべきだとする『社会政策的自由主義』の立場に立っていた」。その後の経済学の研究の結果、その『厚生経済研究』序文の中で明らかにしているように、「経済学は行詰つたと云はれてゐます。歴史学派の滅亡とか、限界理論の破産とか云ふ叫び聲も折々は聞へます。……最も手取り早い抜け道をマルキシズムに、殊に唯物弁証論に見出された人も尠からずあります。又他の人々は、米国流行の『インスチチューショナリズム〈制度主義〉』又は『ビヘーヴィオリズム〈行動主義〉』、英国の『ダグラシズム』又は新自由主義、大陸のシュンペーター張り、またシュトレラー〈Streller〉流の動態経済理論、カッセル〈K. G. Cassel, 1866–1944〉などの函数理論、乃至はシュパーン〈O. Spann, 1878–1950〉の『ウニヴェルサリズム』マックス・ウェーバー〈M. Weber, 1864–1920〉の『理想類型』など、など、其れぞれに新しい旗印を求め出して、其れに馳せ参ぜられます。私は右何れにも與すること出来ないのであります〈傍点は筆者による〉。私は、一方には、ワルラス〈M. E. L. Walras, 1834–1910〉、エヂヴォース〈F. Y. Edgeworth, 1845–1926〉、パレト〈V. F. D. Pareto, 1848–1923〉、フヰツシアー〈I. Fisher, 1867–1947〉諸氏の数理的研究に大なる期待をかけるものであります。しかし私自ら数学に拙い為め、其方面のことは、唯僅かにこれを学び得るのみで、自分で工夫を着ける資格も勇気も有ちません。幸ひ私の同学中二三の方々[6]は其方面に精進して居られます。他日大なる収穫を期待し得ると思います」。

スミス経済学以来現代経済学に至る伝統的な経済学、マルクス経済学をも含む経済学を福田は「価格の経済学」と名付け、「従来の価格経済学の中にもその萌芽を見つけることができ、ドイツの『倫理学派経済学』者や『英国経済学の宿儒アルフレッド・マーシャル其人』によってその体系化が試みられているにもかかわらず、今なお未完成のまま」であると考えた。そして福田はその「萌芽」をA・スミスに求め、関東大震災発生した年の六月三日に経済学攻究会主催のアダム・スミス生誕二百年記念会で「厚生哲学の闘士としてのアダム・スミス」を報告した。その上で、福田は厚生経済構築への「従って私に残された唯一の道は、ホブソン〈J. A. Hobson, 1858–1940〉、ピグー、キャナン〈E. Cannan, 1861–1935〉諸先生が荊刺を拓かれた厚生経済理論への進出これであります」と告白した。

このように未完の厚生の経済学の完成にむけて福田が努力しているときに、この関東大震災が起こった。そこでこの災害を「価格の経済学」から「厚生の経済学」への転換の契機となると考えた。その転換は福田にとって「ユークリッド幾何学から非ユークリッド幾何学への転換」「ニュートン〈I. Newton, 1643–1727〉古典物理学からアインシュタイン〈A. Einstein, 1879–1955〉[7]の相対性理論への転換」と同じだととらえた。その視点から「復興経済の厚生経済的意義」（第三章）と書き、「今日の経済生活は、貨幣経済、価格経済の殆んど最絶頂に到達した生活である。其改造とは、厚生経済への進化でなくてはならぬ〈傍点は筆者による〉。……私は、其意味する復興経済なるものは、此の進化の一道程たるものであると信ず。……破壊せられたるものを復旧するに止まる経済には、此の進化はない」（六六頁）。その厚生経済では「価格経済の欠陥、弊害たりし者を、可能的に撤去し、之に代わるに、構成的作用を助長することであらねばならぬのである。価格経済、殊に貨幣経済のタームに於てしか物事を考ふることの出来ない私経済学、商業学、財政学等は、抑々復興経済に容喙すべき資格を全然有せざるもである」（六七頁）。福田がここで指摘する価格経済とは「貨幣価値の得喪を以つて、人間の経済的努力をの中心とない又其の標的とする」ことであった。これは「経済学は、……貨幣をもって計測できるところの、行動への誘因および行動に対する阻害要因を主として取り扱う」というマーシャルへの批判でもあった。

とはいえ「厚生の経済学と雖も、経済的厚生（economic welfare）の概念を限定するには、貨幣秤量てふ事を以て標準とせねばならぬ」限り、「秤量せられたもの〈厚生〉」と「価格」とは「多くの場合に於て一に帰」し、「厚生経済学と価格経済学との分界線は甚だ曖昧に陥り易い」からだと福田は考えた。前者が「満足（satisfaction）の度合い」を、後者が「願望（desirability or desiredness）の度合い」を取扱はなければならないにもかかわらず、この二つの意味を「利用（utility）」という一つの用語で表すことが、従来の経済学の慣例であったため、厚生経済学と価格経済学との区別も曖昧にされてきたという。この曖昧さが、経済学のこの転換を困難にしているというのが福田の主張であった。

この曖昧さを気付かせ、厚生経済学への道を切り拓く契機となるのが、限界利用（効用）理論であり、その点でこの「新らしい経済学」すなわちジェヴォンズ、パレート、ピグーなどの効用理論を高く評価し、それを利用することによって厚生経済学の構築が可能になると考えた。すなわち、福田は‘utility’を「満足の度合い」の意味でのみ用いるために、「願望の度合い」に対応する専門用語として、パレートが「ophélimité」を、ピグーが「desiredness」を、またアメリカの経済学者の一人は「wantability」を用いるべきだとの主張していた。このように概念および用語を区別することによって、貨幣が測定するのはあくまでもこの「願望の度合い」であり、この「願望の度合い」が「満足の度合い」と一致することは一般的でないと考えた。そこで、福田は真の厚生経済学の核にこの「満足の度合い」を据えるべきだと考えた。この区別にこそ「価格の経済学と厚生の経済学との根本的差異が力強く働く」（「価格闘争より厚生闘争へ」『全集』第五巻、二六五—三四一頁）からである。このように福田は、世界の学界での成果を単に紹介するだけでなく、自らの問題意識に従って、それらの成果を自己の経済学の構築のために利用しようとしたのである。

【注】

（1）この解説は、金沢幾子編『福田徳三書誌』（日本経済評論社、二〇一一）の「福田徳三年譜」および「福田徳三著作年譜」にもとづき書かれている。金沢幾子さんに記して感謝の意を表します。

（2）福田は、神戸商業学校辞職後に東京に戻り高等商業学校研究科に入学したが、その時期恩師神田乃武を助けて *The Sun*（『太陽』の英語版）編集に参加していた。なお、この『太陽』の編輯兼発行人を一九〇九年一月から一三年一一月まで勤め、一九一七年六月から二一年九月まで主筆を務めた浅田彦一（空花、江村）は一八九二年から九五年まで関西学院普通学部に在籍（三月頃に中途退学）していた（井上琢智「四　浅田彦一（空花、江村）」「シリーズ　関西学院の人びと」『関西学院史　紀要』第八号、二〇〇二年三月）。

（3）井上琢智「福田徳三と厚生経済学の形成」『黎明期日本の経済思想——イギリス留学生・お雇い外国人・経済学の制度化』第一一章、日本評論社、二〇〇六年。

（4）婦人参政権をもとめる多数の請願に鼓舞されたミルは、当時審議中であった選挙法改正案の逐条審議に入った一八六七年五月二〇日に原案第四項にある‘man’を‘person’と変えるという提案をした。その趣旨は「女性をたんに女性であるという理由だけで選挙から排除することは、正義の一般原則を侵害するだけでなく、イギリス憲政上の特定の原理のなかでも最古のもの、すなわち課税と代表とは共存すべきだという原理を侵害している」というものであった。というのは、'man'が男性のみを示すのに対して、'person'と変えることで、そこに女性をも含めることができるのであるからである（『杉原四郎著作集Ⅱ　自由と進歩──J・S・ミル研究』藤原書店、二〇〇三、一五頁）。同じ意図から彼は、例えば『論理学』や「経済学の定義」（井上琢智訳『経済学試論集』杉原四郎・山下重一編『J・S・ミル初期著作集（四）一八四〇―一八四四』御茶の水書房、一九九七。例えば、三四四頁、三四六頁）においても、必要に応じて'man〈men〉'から'person〈persons〉'や'mankind'へと修正した。

（5）'utility'の訳語について、福田はそれを「利用」と訳し、河上肇は「効用」と訳した。この訳語の問題については、両者の間でのいわゆる「utility論争」（一九一三）があった。したがって福田の「利用」（例えば、本書二一頁）は、この'utility'のことである。

（6）ジェヴォンズ研究の小泉信三（一八八八―一九六六）、ゴッセン研究の手塚寿郎（一八九六―一九四三）、パレート研究の中山伊知郎（一八九八―一九八〇）のことである。

（7）関東大震災前年の一九二二年一一月九日には、来日中のアインシュタインの慶應義塾大学での講演「一般性及び特殊相対理論」を福田は聞きに出かけ、さらに二八日にはアインシュタイン夫妻が東京商科大学へ来訪し、講演した際、福田はその講演を通訳した。

論　文

「人間復興」の今日的意義

福田徳三的「市民的災害復興論」を構築しよう

関西学院大学災害復興制度研究所主任研究員　山中茂樹

福田徳三の唱えた「人間復興」の理念は、災害復興の現場に市場原理が持ち込まれようとしている今日ほど再評価の必要性が高まっている時はないといえるだろう。福田は、関東大震災における復興について、表現を変え、言葉を連ね、くどいと思えるほど「人的要件」の保証、すなわち被災者に収入を得る道を与えることこそ急務だとした。避難所、もしくは仮設住宅にあたる東京市営のバラックに押し込められ、政府によって「強制的惰民」であることを余儀なくされている人たちに生を営む源泉を確保すべきである。彼らが持つ技能・熟練と言った「無形の財物」を活用することによってこそ、震災によって被害を受けた有形財物の損失を補えると喝破した。高台移転と原発事故で東北の人々が長期にわたって「強制的惰民」でいることを強いられた東日本大震災。為政者たちの失政を目のあたりにするに連れ、福田徳三の人間復興の理念を再構築することは、きわめて今日的意義があると考えている。

福田の説く「人間復興」の理念がもっともよく表れているのは、関東大震災の折、帝都復興の儀を掲げ、「理想的帝都建設の為の絶好の機会なり」として首都の大改造をめざした、時の内務大臣・後藤新平に対し、異議を申し立てた次の一文にあるだろう。

《私は復興事業の第一は、人間の復興でなければならむと主張する。人間の復興とは大災によって破壊せられた生存の機会の復興を意味する。今日の人間は、生存するために生活し、営業し、労働せねばならぬ。すなわち生存機会の復興は、生活・営業・及び労働機会（これを総称して営生という）の復興を意味する。道路や建物は、この営生の機会を維持し、擁護する道具立てに過ぎない。それらを復興しても本体たり実質たる営生の機会が復興せられなければ何にもならないのである（本書、一三三頁）。

国家は生存する人よりなる。焼溺餓死者の累々たる屍からは成立せぬ。人民生存せざれば国家また生きず。国家最高の必要は生存者の生存権擁護、これである。その生存が危殆に瀕することは、国家の最緊急時である。》

†

普通の常識人にとって、「人間復興」の理念には、なんの違和感もないだろう。災害復興の主体に、「人間」及び「人間の集団」を据えようというのである。だれしも至極、当たり前のことと捉えるのではないか。しかし、このまっとうな考え方が、なぜか災害復興の現場では、政策的にも学説的にもメインストリームとはならなかったのだ。その理由を明らかにすることが、災害多発時代を迎えたわが国における災害復興の方向性を考えるうえで、きわめて重要のように思える。

「人間の復興」が重要視されなかったことについて、一般的には二つの理由が挙げられている。一つには、法律はこの世界が合理的理性人で成り立っているとの前提に立つからだという。自然災害に国家は責任がない。ゆえに被災からの再起は理性人たる個々人の自助努力によって果たされるべきだとの結論が導き出されるというのだ。

もう一つは実体面からの理由だ。被災地内では、平時を上回る復旧・復興事業が実施される。この公共投資が回り回って被災者の懐を潤すという理屈だ。古典的な「復興経済の地域内循環説」である。東日本大震災からの復興財源に消費税を充てるかどうかの議論の際、消費税は被災地にも等しく課せられるから適当ではないとの主張に対し、消費税で徴収された税が被災地に厚く投じられるのだから、課税分は被災地に戻ってくるので問題はないとした意見も同じ論理だろう。

しかし、この二つの説明には、根源的な問題が抜け落ちているように思える。つまり、災害復興を為政者の視点でみるのか、被災者の立場で考えるのか、ということだ。それは後藤新平と福田徳三の目線の違いでもある。この目線の先では、当然のことながら異なる復興施策が実施され、異なる復興像が結ばれることになる。もちろん、二つの復興観は相反するものではなく、互いに相補いながら、よりよい災害復興を果たすものだという理想論にも近い模範回答もあるだろう。

だが、実際の被災現場で、そのような感傷的な考え方が通用するわけもない。十万人からの犠牲者が出ているにもかかわらず「理想的帝都建設の為の絶好の機会なり」と言ってのけた後藤新平にとどまらず、「災害を奇貨」として、政治的野心を実現させようとした為政者の例は枚挙にいとまがない。真相はさておくとして、ローマ大火の後、黄金宮殿を建設し、放火の噂が絶えなかった皇帝ネロの逸話は、その典型例だろう。阪神・淡路大震災の折も下町の長田区が燃えたことを「幸か不幸か」と言って物議を醸した自治体幹部の例がある。

しかも、やっかいなことはアカデミズムの大勢が被災者ではなく、為政者に寄り添って統治的復興論を推し進めて

昭和南海地震（1946 年）	災害救助法（1947 年）
伊勢湾台風（1959 年）	災害対策基本法（1961 年）
新潟地震（1964 年）	地震保険法（1966 年）
羽越水害（1967 年）	災害弔慰金法（1973 年）
7 月豪雨（1972 年）	防災のための集団移転促進事業に係る国の財政上の特別措置等に関する法律（1972 年）
雲仙普賢岳噴火災害（1991 年）	食事供与事業（1991 年） 災害対策基金（1991 年）
阪神・淡路大震災（1995 年）	被災者生活再建支援法（1998 年）
有珠山噴火災害（2000 年）	有珠山噴火災害生活支援事業（2000 年）
鳥取県西部地震（2000 年）	鳥取県被災者住宅再建支援制度（2000 年）
三宅島全島避難（2000 年）	三宅村災害保護特別事業（2003–05 年）
阪神・淡路大震災（1995 年）	兵庫県住宅共済制度（2004 年）

きた点だ。そこでは「人間の復興」という市民的復興論をオーソライズする学問分野が切り拓かれることはなく、せいぜい生活支援という慈恵的福祉施策に矮小化されてきたのが現実だ。作家・故小田実（一九三二—二〇〇七）ならずとも「これが人間の国か」と異議申し立てしたくなるのも無理からぬところだろう。

わが国の災害復興は、関東大震災以来、一九九五年の阪神・淡路大震災にいたるまで、災害復興の主体は「都市＝空間」であった。この理念を支えたのは、主に都市計画学であり、土木工学であった。商店街を焼き尽くす大火に見舞われながら、わずか八カ月で焼け跡をクリアランスして区画整理を進め、防災都市づくりを果たした一九七六年の酒田大火は、まさに、この都市復興のモデルケースであった。そこでは、災害の種別・規模・時期・地域に応じて、操作可能な変数としての「街区の改変」を施策とすることで、まさに「目に見える」効果を挙げてきた。

一方、「人間復興論」は「救貧」のカテゴリーの中で処理され、不可視化状況が創られることにより、制度としての成熟を妨げられてきた。こちら側からは、一九六七年八月、山形県と新潟県下越地方を中心に百人超の死者を出す大惨事となった羽越水害で、遺児の佐藤隆・参院議員（自民）が粘り強く「個人災害救済法案」の制定運動を進めたあたりから、ようやく反撃の狼煙を挙げ始めたといえるだろう。佐藤議員の発議は、自民党、公明党、社会党をも巻き込んで、国会審議にまで発展するが、被災者の生活・生業、つまり福田徳三流にいうならば、営生権そのものを復興させる法律にまでは成熟せず、命を失ったり、障害を負ったりしたときに国民互助の精神から見舞金を給付するという「災害弔慰金の支給等に関する法律（弔慰金法）」として一九七三年に決着をみた。

当時の政府答弁をみると、その後の人間復興論をめぐる論争の一端が垣間見える。国会議事録によると、政府答弁は次の通りだ。

――総理府（当時）といたしましては、何とかしてこれを前向きにいたしたい。実現可能な方向に持って行きたいということで、関係者と意見の出し合いをし、それの調整をすべく鋭意検討中でございます。ただ、個人災害の程度をどういう風に考えるかということでございますけれども、総理府の考え方としましては個人の災害による生命及び身体の被害、要するに物的損害を除きまして生命及び身体ということに関する被害という点に限りたいという方向で……。――

政府主張の要点は二つある。

一つは、自然災害で国が補償することはありえない。二つ目は、何らかの形で被災者のケアをするにしても生命・身体に限る。「物的損害」は考えていない、ということだ。

営生権をめぐる議論が再び世に問われることになるのは一九九五年の阪神・淡路大震災だ。作家小田実は、著書『これは「人間の国」か』（筑摩書房）の中で次のように述べている。

《国と地方自治体がこれまで推進して来た復興は、つまるところ、建物、道路の復旧、さらには人工島、海上空港の建設など乱開発の再開だった。（中略）しかし（中略）判りきった話だが、市民の生活再建を欠いては、経済の回復はない。いくらきらびやかに店舗が建ち並び、電飾がほどこされようとも、客が来なければ、客が来ても物を買わなければ、回復はただの絵に描いたモチだ。》（一二四頁）

†

福田徳三の主張とあまりにも似通っていることに驚かされる。いや七十年余りたっても災害復興をめぐる状況が変わっていないこの国のありように驚くしかない。阪神・淡路大震災では、「住まいの再建なくして復興はない」という被災地の思いが政公民挙げての立法運動となり、一九九八年、被災者生活再建支援法として結実した。ただ、住宅本体への直接給付は阻まれ、これが逆に推進力となって、鳥取県西部地震を契機とした「被災者住宅再建支援基金制度」をはじめ、各自治体による独自支援策を生み出すことになった。

この間、不協和音として聞こえてきたのが生活保守主義からのクレームだ。

「被災者は甘えている」「焼け太りをつくるな」。阪神・淡路大震災で浴びせられた中傷だ。公営住宅の大量供給は直ちには難しいことから、補完的な制度として実施された民間賃貸住宅に入居した際の家賃補助や被災高齢者世帯への生活再建支援金に対する攻撃だった。

新潟県の泉田裕彦知事は、新潟県中越地震の折、都市住民から「われわれが収めた税金をそこまで使うな。（山間集落の被災者は）山から出た方がいい」「公共事業をやめて山間集落から人を（平場に）下ろし、一軒ずつお金を配分すればいい」と言ったクレームが届いたことを明らかにしている。

バブル期に生まれたこの生活保守主義の風潮は、景気が落ち込むに連れ先鋭化し、被災地への支援が自分たちの生活に増税や社会保障の後退という形で及んでこないかという怯えに変換され、被災者への攻撃に転じていった様子がうかがえる。

一方、「ショック・ドクトリン」という言葉がある。「惨事便乗型資本主義＝大惨事につけ込んで実施される過激な市場原理主義」のことだという。カナダのジャーナリスト、ナオミ・クライン（Naomi Klein）氏が著した本のタイトルだ。岩波書店の出した同書の表紙には「ショック・ドクトリンの源は、ケインズ主義に反対して徹底的な市場至上主義、規制撤廃、民営化を主張したアメリカの経済学者ミルトン・フリードマンであり、過激な荒療治の発想には、個人の精神を破壊して言いなりにさせる「ショック療法」＝アメリカＣＩＡによる拷問手法が重なる」とある。

ナオミ氏によると二〇〇五年八月、ハリケーン・カトリーナがアメリカ南部を襲った直後、現地入りし被災現場に新自由主義的復興論がとぐろを巻き始めていた状況を取材している。

†

その日、避難施設の被災者の間で話題となっていたのは、ニューオーリンズ選出の有名な下院議員リチャード・ベーカーがロビイストたちに向けて語った言葉だった。「これでニューオーリンズの低所得者用公営住宅がきれいさっぱり一掃できた。われわれの力ではとうてい無理だった。これぞ神の御業だ」。ニューオーリンズ屈指の不動産開発業者ジョゼフ・カニザーロも、これとよく似た意見を述べていた。「私が思うに、今なら一から着手できる白紙状態にある。このまっさらな状態は、またとないチャンスをもたらしてくれている」。その週からバトンルージュのルイジアナ州議会には、このビッグチャンスを逃すまいと企業ロビイストたちが群がり始めていた。彼らロビイストたちが州議会を通そうとしていたのが、減税、規制緩和、低賃金労働力、そして「より安全でコンパクトな都市」の構想だった。要するに公営住宅の再建計画を潰してマンションを建設しようという案だ。

†

新潟県中越地震では、旧山古志村の復興に「コンパクトシティ」が唱えられ、今、東日本大震災では「規制緩和」が特区の中で実施されようとしている。復興特別区域（特区）法に盛り込まれた復興交付金（総額約一・九兆円）についても、野田政権は「もっぱら個人、法人の資産を形成するための事業」には支給を認めない「ネガティブリスト案」を作っていたという。生活保守主義からの攻撃は個別的であり、レベルの低い中傷でとどまっていたが、惨事便乗型復興論は、組織的であり、ある種、論理的でさえある。

二〇一一年十月、月刊雑誌リベラルタイムに依頼され、「十年後の日本」特集の中で十年後の東北というポリティカル・フィクションを架空の首長の独白の形で描いた。その一部をまず紹介しよう。

†

十年前の夏、私たちは時の政権が示した復興指針に背を向け、独自の道を選んだ。高台移転ではなく、「避災」の思想を取り入れた街の再建、「復興のまちづくり」ではなく、「復興のまちそだて」、漁業の企業化ではなく、漁業の公社化、日本経済の復興ではなく、日本社会の分権化……。それは東北の反乱と呼ばれた。

私は十年前の3・11を知る数少ない首長として、震災復興の総括を依頼され、筆を執っている。しかし、震災復興の評価は容易ではない。なぜなら、被災地の復興と被災者の復興とは必ずしも一致しないからだ。日本経済の利益を享受する「政」「官」「アカデミズム」の目から復興の成果を判断するのか。それとも東北の文化と歴史の中で呼吸してきた生活者としての視点から捉えるのかでも違ってくる。

今から思えば十年前、日本の知を結集したとの触れ込みでメンバーが集められた復興構想会議の提言には、この視座が文脈に応じ、巧みにすり替えられていた。「被災地域の復興なくして日本経済の再生はない」。原則5に登場した、この一節は、被災地に寄り添うがごとく装いながら、実は東北に「内国植民地」としての役割を露骨に押しつけたものではなかったか。その後に続く「日本経済の再生なくして被災地域の真の復興はない」とのくだりが、まさに日本財界の本音をかいまみせていることに、これまで気づかなかったことは不覚というほかない。

漁業への企業参入という特区構想に押し切られ、新エネルギー基地を誘致し、高台移転をはかった地域はどうなったか。

漁業者から漁業権を奪い、がら空きになった沿岸部を東京の不動産業者が買い占めているとのうわさがある。企業が手に入れた漁業権はエネルギー基地が沿岸部に建設されることにでもなれば、ただちに転売されるのかもしれない。なにせ、海で生活している漁業者のように強く抵抗することはないのだから。

漁業参入を果たした企業の雇用も最初こそ、地元の漁業者を優先していたが、今では空飛ぶ漁業者、つまり外国人労働者や被災地外から雇われた者たちが中心になりつつあるという。地元に根を張らない海の労働者にとって、沿岸部から遠く離れた高台のアパートで寝泊まりすることに、さして不都合はないだろう。一九七〇年代、新産業都市の工場地帯に中山間地から吸い出された労働者たちがバスで毎日、運ばれて行ったように、海の労働者たちも毎日、通勤バスに揺られながら海に運ばれていく。

一方、高台に移り住んだお年寄りたちはすっかり水産業から離れ、細々と内職に明け暮れる日々だ。都会に仕事を求めて出て行った若者たちも少なくないという。

阪神・淡路大震災の折、被災地から遠く離れた郊外の復興住宅で「中抜け現象」という奇妙な事態が生じたことを随分以前、耳にしたことがある。神戸の震災から十年後の復興住宅調査によると、震災前に比べ、高齢者と未成年の割合は増えているのに、働き盛りの階層が大幅に減っていたというのだ。被災した人たちの多くは、ケミカルシューズ業界など、職住一体の零細企業で働いていた人たちだった。東京の学者は車通勤すればよいというが、それは夢物語だ。必然、遠く離れた復興住宅を捨て、都心部に移り住むようになった。そうこうしているうちに震災の心労から亡くなったり、あるいは家族を捨てて蒸発したり、随所で家族崩壊が起こった結果の現象というのだ。

十年前、時の宰相が「車で通勤する漁業者」を提案したとき、直感的に、神戸の教訓を思い出した。

†

東北で政治による壮大な地上げが行われるという近未来の超短編小説だ。

東日本大震災復興構想会議は、復興構想7原則の中で次のように書いた。

「原則5：被災地域の復興なくして日本経済の再生はない。日本経済の再生なくして被災地域の真の復興はない。この認識に立ち、大震災からの復興と日本再生の同時進行を目指す。」

東北地方、いや地方は戦後、日本中枢に「内国植民地」として収奪され、その利潤は公共事業という形で地方に配分されてきた。しかし、バブル景気が弾け、国家財政が厳しくなるにつれ、公共事業は先細りし、パイの奪い合いが

	統治的復興論	災　　害	市民的復興論
1923年 9月	都市復興（列強コンプレックス）	関東大震災	人間復興
1967年 8月		羽越水害	個人災害救済法案（命と健康）
1976年10月	空間復興	酒田大火	
1990年11月		雲仙普賢岳噴火災害	食事供与事業
1995年 1月	財政規律（私有財産自己責任論）	阪神・淡路大震災	公的補償論（住まい）
2000年 9月 2005年 8月		三宅島全島避難 （ハリケーン・カトリーナ）	災害保護特別事業
2007年 3月		能登半島地震	中小企業復興支援基金、能登ふるさと住宅（生業支援）
2007年11月			改正被災者生活再建支援法成立
2011年 3月	市場原理主義	東日本大震災	

始まったところへ災害多発時代を迎えてしまったのだ。

当然のことながら、公共事業はなやかなりし頃、統治的復興論を支えてきた空間復興論は脇に追いやられ、新自由主義的復興論が表舞台に登場してきた。東日本大震災の現場では、防災を盾にとった空間（土木）復興論（高台移転・一〇メートルを超える防潮堤の建設）と日本経済の復興という錦の御旗を掲げた新自由主義的復興論がせめぎあい、時には合体をして市民的復興論を退場させようとしているようにみえる。確かに、住宅の再建支援に三百万円を支給するという被災者生活再建支援基金は破綻し、新たな制度設計が求められている。三宅島噴火災害の折には、生活保護を緩和した「災害保護特別事業」が創設されたが、福島県双葉地方では、災害保護どころか、生活保護さえ義援金の支給を受ければ、打ち切りという苛酷な事態が生じた。一九六三年に厚生省から出された「災害等によって損害を受けたことにより臨時的に受ける補償金、保険金、または見舞金のうち当該被保護世帯の自立更生に当てられる額は収入として認定しない」という次官通達さえ反古にされる危機的状況を迎えているのだ。

まさに、復興構想会議の「日本経済の再生なくして被災地域の真の復興はない」の文言は、被災地東北に対する恫喝であり、被災地を新たな収奪の場とすることへの釈明でもあるように思える。構想会議の提言は、再生可能エネルギーの拠点形成や水産業への企業導入など日本経済の再生を図る先導的役割を、満身創痍になった被災地に担わせるというものだ。しかし、構想通りに進んだとしても疲弊した東北の被災者は退場し、都市が養い切れない雇い止めの派遣労働者たちが、新たなエンジン役として取って代わるという未来構図も考えられなくもない。被災地の復興と被災者の復興とは、必ずしも一致しないのだ。

われわれは、いまこそ人間復興の原点を見据え、新自由主義に太刀打ちできる市民的復興論を構築しなければならない。そこで、もう一度、福田徳三に立ち戻ろうではないか。

福田は、こう言っている（本書五四—五五頁）。

> 我々の復興は出来るだけ復旧を避けなければならぬ。我々の復興は改良、改善、向上でなければならぬ。興ること愈々大なれば、倒れたること愈々小とすることが出来る。反対に興ること愈々小なれば倒れたるものは全部我々の損失となる。問題を決定するものは、倒れたるもの焼かれたるものではない。興ることの大小之である

一見、新自由主義的右肩上がりの復興成長主義を唱えているようにも思える。しかし、福田は同時に、こうも言っている（本書五五頁）。

今目前に於いては無形物の活動は其の道具たる有形物の恢復せられざるが為に妨げられて居るに過ぎない。決して消滅したのではない。倒され焼かれたのではない。其の善きものも悪しきものも有形物の道具立てさへ復興されば直ちに活動すべく待ち構えている。其の悪しきものを悉く捨て去り、其の善きものを助長して、此の活動を災前よりより多く活動せしむるならば、其の有形的道具の改良、改善に費やされた費用は悉く生産的となる。

あくまで、福田にとって、復興とは「その人的要件を保証することでなければならぬ」のである。福田は、「罹災救護と復興とは、決して同一視すべきものではない（中略）罹災救護は、とにかく失われたる営生の物的要件を支給することである」とした。さしずめ住宅再建支援などは「失われたものの物的要件」を支給する「罹災救護」にあたり、復興は「この七十万の人々（強制的惰民）にそのまったく、もしくは一部分的に奪われた営生の機会を回復すること」にあるのだろう。東日本大震災にあてはめるなら、高台移転の前にとにかく水産業や商業などの回復が優先されるべきであったのだ。

東日本大震災発生直後の四月十二日、当時の首相・菅直人氏は記者会見で「今回のこの大震災に対する復興は、ただ元に戻すという復旧であってはならない」と述べ、「創造的復興」という政策目標を打ち上げた。一方、阪神・淡路大震災の際も「創造的復興」という旗印が掲げられたのに対し、市民運動は開発指向に反対し、「生活は復旧でよい」と主張した。どうやら、人間復興を理念とした市民的復興論を構築していく手がかりはここらあたりにあるようだ。菅総理は「創造的復興」といい、阪神の市民運動は「生活復旧」という。そして、福田は「改良・改善・向上」だとした。このわかりにくさは、統治的復興論者と市民的復興論者が違った復興見取り図で論議をしているためではないか。そこが両者の議論がかみ合わない根源であるように思える。

防災の世界でよく使われる「災害サイクル」図というものがある。災害が発生し、救急・救命が行われ、そして復

旧、復興があり、次の災害に備えて防災を進めるというものだ。

だが、果たして、この一種類の図で議論することが適当なのかどうか。市民運動は、災害前の「あの日」に帰る「復旧」こそが大切だといい、防災学者は、元通りにすることを原則とする原形復旧がいけない。前よりよくするという復興の足かせになっていると指摘する。前者は一般的用語としての「復旧」であり、後者は法律用語としての「復旧」である。

わが国の災害法制度で復旧に国費を充当することを定めた法律には、「公共土木施設災害復旧事業費国庫負担法」「公立学校施設災害復旧費国庫負担法」「農林水産業施設災害復旧事業費国庫補助の暫定措置に関する法律」などがある。しかし、いずれも公共的な施設の機能復元を対象にしている。このうち国庫で満額めんどうをみるのが、施設を災害前と同じ機能を持つようにする「原形復旧」である。前より機能をよくする場合は「改良復旧」といわれ、国庫補助が五〇パーセントになる。防災学者たちが問題にするのは、この原形復旧の考え方である。

一方、民間の復旧に公的資金は一銭も出ない。民間は災害直後こそ、災害救助法で避難所及び食事の提供、医療支援、簡単な住宅補修などの援助を受けられるが、あとはすべて自力再建である。民間人にとって、法的には災害サイクルの「発災」―「救急・救命」―「復旧」―「復興」―「防災」のうち、「復旧」は存在しないのだ。しかも、被災者は「創造的復興」

と言ったような大それた野心は持ち合わせていない。ただ、災害前の生活が取り戻せれば、それで十分なのだ。そこで、市民運動の「生活復旧」という主張になる。ただ、被災すれば、住まいを失っていたり、家族の死傷や行方不明という取り返しのつかない痛手を被っていたりする場合も多々ある。まったく、被災前と同じ状態に戻ることはないのだ。しかも、生活復旧には原則として公費の援助はない。

ここで、「創造的復興」と「生活復旧」の思想的対立が生まれることになる。しかし、ここは二項対立的に考えず、もう一つの災害サイクル図を描いてみてはどうだろう。

福田は、「創造的復興」でも「生活復旧」でもなく、「向上」という言葉を使っている。つまり、「復旧」―「復興」との間に切れ目はなく、なだらかに続いているのだ。たとえば、橋や堤防の復旧を考えてみよう。元通りの復旧にせよ、多少、強度や高さを変えた改良復旧にせよ、工事が完成すればそれで終わりである。復興につながる発展性はない。

しかし、人々の生活や事業はそうではないだろう。工場の再開がフル操業ではないにせよ、まちづくりが仮設に近いものであるにせよ、人々は明日の完全操業を、未来のまちづくりを夢見て頑張っていくはずだ。

そこで「復旧」ではなく、「復興準備」期間とするのが福田の考えに最も近いと思える。高台移転や復興まちづくりも、なにやら頭ごなしに模範解答を用意され、それに自分たちの生活や財力をあてはめろと言われているようで落ち着かない。やはり、ここは「復興まちそだて」であるべきだ。試行錯誤しながら、自分たちの身の丈に合った、自分たちで考えた町に仕上げていくべきだろう。

復興計画は、いきなり天から降ってくるものではなく、可塑的で、何度も創り直せるものであるべきだ。それが、福田の言う「改良・改善・向上」だと考える。

これに加え、市民的災害サイクル図では「防災」も「事前復興」に改めるべきだと考えている。「防災」も災害サイクル図の流れとは無関係にいきなり答えが示される。たとえば三宅島のように三十年に一度、噴く山なら、集団移転した方がよいという答えが示される。しかし、島の人たちは「三十年に一度のことだから」と言って、火砕流に呑まれる覚悟で家をつくる。「二十九年間は火山島の恩恵を得られるのだから」というのが島の人たちの考え方だ。地震の揺れに対する住宅の耐震改良もした方がよいことは誰もわかっている。しかし、それを出来ない階層があることも忘れてはならない。

「事前復興」とは、災害前に地域や企業、家族の脆弱性を見つけ、どうやって、その弱さを乗り越えるのかを考えることなのだ。こうやって「発災」―「罹災救護」―「復興準備」―「復興」―「事前復興」という福田徳三的災害サイクル図が完成することになる。これこそが市民的災害復興論の骨格になるものだと考えている。災害多発時代を迎えている現代だからこそ、福田徳三の考え方を今に映し、真の災害復興思想を確立しなければならない。

福田徳三年譜

一八七四（明治七）　一歳
一二月二日　東京市神田区元柳原町二四番地に生まれる。父は徳兵衛、母は信子。徳三は長男。

一八八五（明治一八）一二歳
築地新栄教会にて受洗。

一八八八（明治二一）一五歳
七月　京橋区公立泰明小学校卒業、母の意志は第一には神学校、第二には商法講習所（一橋の源流）に入るにあり。

一八八九（明治二二）一六歳
一月　素修学校に入学。
七月　商工徒弟講習所補充科二年へ入学。

一八九〇（明治二三）一七歳
九月　高等商業学校予科へ進入。米人スウィフト氏（後に商大講師）の秘書役。
一七、八歳頃は基督教青年会員として活躍。

一八九一（明治二四）一八歳
青年会夜学校の教師。

一八九四（明治二七）二一歳
七月　第四回高等商業学校卒業証授与式にて卒業生代表として答辞。
九月　兵庫県立神戸商業学校教諭に関一と共に任命。マーシャル先生の経済学原論は君（福田）の愛読書。

一八九五（明治二八）二二歳
九月　神戸商業学校を辞し、高等商業学校研究科入学。神田乃武の恩を受ける。*The Sun* の編輯に参加。

一八九六（明治二九）二三歳
和田垣謙三の指導で、卒業論文'Commercial crisis and depression of trade'提出。
七月　高等商業学校第六回卒業証書授与式、専攻部卒業。
九月　高等商業学校商業実践科講師。

一八九七（明治三〇）二四歳
日本学生基督教青年会同盟の代議員として活動。

一八九八（明治三一）二五歳
三月　商業学研究のため満三年ドイツ留学を命じられる。
五月　ライプチヒ大学に入り、ビュッヒャーに就く。
九月　ミュンヘン大学に転学、ブレンターノに就く。

一八九九（明治三二）二六歳
一二月　ブレンターノとの合著『労働経済論』の序を識す。

一九〇〇（明治三三）二七歳
一月　留学延期一カ年。イギリス、フランス、アメリカ三国へ留学。
四月　高等商業学校教授に任命。
七月　ミュンヘン大学卒業、ドクトル・デル・シュターツヴィルトシヤフトの学位。
この年 *Die gesellschaftliche und wirtschaftliche Entwickelung in Japan* を Cotta から出版。

一九〇一（明治三四）二八歳
一月　留学中の神田乃武、瀧本美夫、津村秀松、関一らとベルリンで「商科大学設立ノ必要」なる意見書を草す。
九月　帰朝。
一一月　高等商業学校で講義を始める。経済学、商業実践を担当。

一九〇二（明治三五）二九歳
四月　東京高等商業学校と校名改称。経済学、商業歴史を担当。
秋～冬　ゼミナールでマーシャル輪講。以降も続く。

一九〇三（明治三六）三〇歳
四月　社会政策学会（創立一八九六）に出席し始める。

一九〇四（明治三七）三一歳
八月　東京高等商業学校休職。
この頃　鎌倉円覚寺で参禅（如意団創立の発端）。

一九〇五（明治三八）三二歳
五月　休職中の教授福田徳三、博士会の推薦により法学博士の学位。
一〇月　慶応義塾教員に就任。

一九〇六（明治三九）三三歳
四月　慶応義塾大学部政治科、理財科教授となり経済原論を担当（理財科はマーシャルの『経済原論』を使用）。
八月　東京高等商業学校休職満期、退官。

一九〇八（明治四一）三五歳
四月　東京統計協会入会。

一九一〇（明治四三）三七歳
一月　東京高等商業学校講師を嘱託、経済原論担当。

一九一一（明治四四）三八歳
二月　マーシャル『経済学原理』の講義内容について堀切善兵衛と対立。慶応義塾退職。

一九一二（明治四五）三九歳
三月　慶応義塾復職、経済史関係担当。

一九一八（大正七）　四五歳
三月　慶応義塾辞職。
一二月　黎明会創立総会、福田、吉野、左右田、森戸ら参加。

一九一九（大正八）　四六歳
五月　東京高等商業学校教授就任。

一九二〇（大正九）　四七歳
四月　東京高等商業学校廃校、東京商科大学教授就任。

一九二三（大正一二）五〇歳
六月三日　アダム・スミス生誕二百年記念会で「厚生哲学の闘士としてのアダム・スミス」講演。
九月一日　関東大震災（当時自宅は中野本郷、本人は箱根滞在中）。
九月一〇日　東京商科大学生ら延べ人員六五名を率いて五日間罹災者実地調査を指導。
九月一五日　「復興日本当面の問題」（『改造』一〇月号掲載）。
九月二三日　浅草十二階の爆破を目撃、帰途日本橋丸善書店の倒壊跡を過ぎる。
九月二四―二五日　「経済復興は先づ半倒壊物の爆破から」（『我観』大正一二年一〇月掲載）。
九月二九日　「誰か復興の経済計画者たる」［稿］（『実業之世界』一一月一五日掲載）。
一〇月八日　「営生機会の復興を急げ」［稿］（『報知新聞』一〇月一五日から二四日に掲載）。
一〇月一三日　七日間延人員七二名をもって芝離宮および芝公園内のバラック調査を実施。総計二、八六六世帯、一二、九六九人に及ぶ。
一〇月一八日　「火災保険金問題について」［稿］（『改造』一一月号掲載）。
この頃　「失業及火災保険問題」（『エコノミスト』一一月号掲載）。
一〇月二一日　「復興経済の第一原理」［稿］（『改造』一一月号掲載）。

一〇月二四日　「倒ることの過大観、興ることの過小観」［稿］（『我観』一一月号掲載）。
一一月一日　「厚生哲学の闘士としてのアダム・スミス」（『商学研究』第三巻第二号、一二月二〇日掲載）。
一二月二〇―二三日　「失業問題の数的考察」［稿］（『報知新聞』一二月二八日から一二月四日に掲載）。
一二月二一日　「エコノミック・デモグラフィーより見たる震災前の東京市」［稿］（『復興叢書』第一輯掲載）。
一二月二四―二六日　「復興経済の厚生的意義」［稿］（『改造』大正一三年一月掲載）。
一二月三〇日　「失業調査と其に基く若干の推定」［稿］（『太陽』大正一三年一月・二月掲載）。

一九二五（大正一四）**五二歳**

三月二日　帝国学士院会員代表として第六回万国学士院連合会議へ参列を命じられる。

一九二六（大正一五）**五三歳**

八月一日　一年半の欧州旅行を終えて帰国。
九月　府下谷保村国立の地に理想的学園都市の建設の敷地予定委員会、復興計画委員会委員の一人に選定。

一九二七（昭和二）　**五四歳**

二月　仏国学士院客員に挙げられる。

一九三〇（昭和五）　**五七歳**

一月八日　糖尿病のため慶応病院に入院。
五月八日　午後二時三〇分慶応病院にて危篤、自宅に帰り永眠。
五月一一日　午後一時～四時、神田一ツ橋の東京商科大学講堂にて大学葬（基督教式）。賛美歌二四九番「主よみもとにちかずかん」、聖書朗読　貴山幸次郎詩篇九〇篇、ヨハネ伝第一四章、葬儀の辞　井深梶之助　讃美歌三六三番「エスきみにありて」。

福田徳三主要著作年譜

一八九九（明治三二）二六歳

一二月『労働経済論』（ルヨ・ブレンタノと合著）

一九〇〇（明治三三）二七歳

Die gesellschaftliche und wirtschaftliche Entwickelung in Japan 一九〇七年坂西由蔵訳『日本経済史論』、一九二五年自訳『日本経済史論』

一九〇三（明治三六）三〇歳

一二月『国民経済原論』（第一巻上　総論、『経済学概論』第一編）

一九〇七（明治四〇）三四歳

六月『経済学研究』

九月『経済学講義』（上巻）

一九〇九（明治四二）三六歳

六月『経済学講義』（中巻）

九月『経済学講義』（下巻）

一〇月『経済学講義』（全）

一九一〇（明治四三）三七歳

一月『国民経済原論　総論』（第二版）

一九一一（明治四四）三八歳

一二月『経済学教科書』

一九一二（明治四五・大正一）三九歳

七月「生存権の理論」（『国家学会雑誌』第二六巻七号）

一九一三（大正二）四〇歳

三月「流通生活ノ意義」（『国民経済雑誌』第一三巻六号）

五月『続経済学講義』（第一編）

一一月『続経済学研究』

一九一五（大正四）四二歳

三月『改定経済学研究』

一一月『改定経済学講義』（第一巻）

一九一七（大正六）四四歳

二月『国民経済講話』（乾巻）

一九一八（大正七）　四五歳
一月『国民経済講話』（坤前冊）
三月『経済学考証』

一九一九（大正八）　四六歳
一一月『国民経済講話』（坤二）

一九二〇（大正九）　四七歳
一月『経済学研究』（『改正〔定〕経済学研究』、『続経済学研究』との合冊）

一九二一（大正一〇）四八歳
二月『改訂増補国民経済講話』（合冊版）
三月『改訂経済学考証』
五月「価格闘争より厚生闘争へ」（『改造』第三巻五号）
『経済学論攷』

一九二二（大正一一）四九歳
二月『社会政策と階級闘争』
六月『社会運動と労銀制度』
九月『ボルシェヴヰズム研究』

一九二三（大正一二）五〇歳
三月『経済危機と経済恢復』

一九二四（大正一三）五一歳
七月『復興経済の原理及若干問題』

一九二五（大正一四）五二歳
一月『経済原論教科書』
三月『経済学全集』第一集「経済学講義」
『経済学全集』第二集「国民経済講話」
五月『流通経済講話』
一〇月『経済学全集』第三集「経済史経済学史研究」
『経済学全集』第四集「経済学研究」

一九二六（大正一五）五三歳
九月『経済学全集』第五集「社会政策研究」
一一月『経済学全集』第六集「経済政策及時事問題」

一九二七（昭和二）　五四歳
一月『経済学全集』（廉価版）全二四冊
五月『経済学全集』総索引

一九二八（昭和三）　五五歳
五月『唯物史観経済史出立点の再吟味』前冊
九月『経済学原理』総論及生産篇（改造社版『経済学全集』第二巻）

一九三〇（昭和五）　五七歳

二月　『厚生経済研究』二冊（合冊、同年三月）

『経済学原理』流通篇上（改造社版『経済学全集』第三巻）、流通篇下（改造社版『経済学全集』第四巻）

一九四八（昭和二三）

『生存権の社会政策』赤松要編（講談社学術文庫〈五二二、一九八〇〉として再録）

一九八〇（昭和五五）

六月　『厚生経済』〔山田雄三解説〕　講談社（講談社学術文庫五二一）

〔追記〕

「福田徳三年譜」および「福田徳三著作年譜」は金沢幾子『福田徳三書誌』（日本経済評論社、二〇一一）にもとづいている。記して深く感謝します。

復刻版　復興経済の原理及若干問題

2012年3月30日初版第一刷発行

著　　　者　福田徳三
編　　　者　山中茂樹　井上琢智

発　行　者　田中きく代
発　行　所　関西学院大学出版会
所　在　地　〒662-0891
　　　　　　兵庫県西宮市上ケ原一番町1-155
電　　　話　0798-53-7002

印　　　刷　株式会社クイックス

ISBN 978-4-86283-113-2

http://www.kwansei.ac.jp/press